教师教育课程建构丛书

名誉主编　朱小蔓｜丛书主编　戴联荣

文化选择：
民族中小学校本课程资源开发研究

马志颖　著

该研究为全国教育科学"十三五"规划2016年度教育部重点课题
"西北地区民族中小学课程文化选择与实践研究"（项目编号：DMA160240）研究成果

南京师范大学出版社
NANJING NORMAL UNIVERSITY PRESS

图书在版编目(CIP)数据

文化选择:民族中小学校本课程资源开发研究 / 马志颖著. —— 南京:南京师范大学出版社,2016.8
(教师教育课程建构丛书)
ISBN 978-7-5651-2840-0

Ⅰ. ①文… Ⅱ. ①马… Ⅲ. ①课程－教学研究－中小学 Ⅳ. ①G632.3

中国版本图书馆 CIP 数据核字(2016)第 194328 号

书　　名	文化选择:民族中小学校本课程资源开发研究
作　　者	马志颖
丛书主编	戴联荣
责任编辑	项雷达　王迎春
出版发行	南京师范大学出版社
地　　址	江苏省南京市宁海路 122 号(邮编:210097)
电　　话	(025)83598919(总编办)　83598412(营销部)　83598297(邮购部)
网　　址	http://www.njnup.com
电子信箱	nspzbb@163.com
照　　排	南京理工大学印刷照排中心
印　　刷	兴化印刷有限责任公司
开　　本	787 毫米×960 毫米　1/16
印　　张	21
字　　数	312 千
版　　次	2016 年 8 月第 1 版　2016 年 8 月第 1 次印刷
书　　号	ISBN 978-7-5651-2840-0
定　　价	55.00 元

出版人　彭志斌

南京师大版图书若有印装问题请与销售商调换
版权所有　侵权必究

总 序

朱小蔓

我曾应宁夏大学邀请于2013年5月给宁夏大学教育学院的师生，宁夏大学的管理者和教学、科研人员分别做过讲座，与宁夏大学的党、政负责人进行了深入、友好、畅快的会见交谈，给我留下了新鲜而美好的印象："天下黄河富宁夏"，这个黄土高原上的银川平原居然可以种水稻，天高云淡，芦苇摇曳，碧波荡漾，水草丰足，牛羊成群，一排排白杨礼赞"不到长城非好汉"的宁夏精神，一阵阵惠风和畅天赐宁夏避暑胜地；这个塞上江南的"211"大学，学校领导思想解放，富有远见，稳健而不乏魄力，特别重视大学的特色发展，强调大学要为西部的经济社会和文化的可持续发展做出实实在在的贡献；高度重视教学及管理工作都要为立德树人、为人自身的全面综合素质提升，以及文化与信仰的包容、融合和交流服务。短短的两三天里，我直接感受到教育学院老师们的专业思考能力，参与互动、讨论的热情，了解到教育学院的工作生机勃勃，风清气正，同心聚力，尊重和关心师生和专家，重视学科建设尤其是教师教育专业的发展，打开了教育学院与当地政府合作、中小学协同合作的新局面。学校主要领导评价戴联荣院长"给学院吹进了一阵清风，学院的发展思路和目标清晰，老师们越来越有信心"。这些，被宁夏大学时任校长风趣地概括、赞誉为"戴—高乐"组合（意在肯定戴联荣院长与高石钢书记是好搭档，带领师生赢得学院和谐、活跃的新局面）。

银川之行让我与宁夏大学教育学院结下不解之缘,有兴趣和情感上的牵挂,持续关注宁夏大学和教育学院的发展动态,欢迎宁夏大学的师生参加我在北京参与主办的小学教育国际会议、第五届全国情感教育学术研讨会,以及其他有关的国际、国内教育学术交流与科研合作活动,鼓励宁夏大学的师生报考北京师范大学、南京师范大学的研究生。后来,我高兴地了解到,该学院近几年来获得国家自然科学基金5项,国家社会科学基金5项,省部级科研项目10多项;一些重要科研成果在该校"211"大学评估验收中独领风骚,还有许多专家的科研成果在宁夏全区教育科研成果获奖中屡屡名列前茅;建立学术对话论坛,鼓励青年老师和专家积极参加国内外学术交流,邀请海内外专家做系列讲座;别开生面地组织实施"国培计划""骨干教师"等多项省级、国家级中小学教师培训项目;教育学院还获得宁夏大学2013年度最高奖"精神文明建设奖",颇为不易。南京师范大学党委书记在全校干部大会上表扬外派支教院长戴联荣,肯定这一东西部大学合作的成功模式和可喜成果。

宁夏大学作为地方综合性大学,十分重视将培养优质师资的教师教育作为学校义不容辞服务好地方基础教育、培养德才兼备人才的重要任务之一。2013年至2015年初,南京师范大学与宁夏大学友好合作,联合聘任戴联荣教授为宁夏大学教育学院院长、学科带头人的时期,恰逢国家为支持中西部普通高校发展制定了《中西部高等教育振兴计划(2012—2020年)》,正好参与申请和负责执行、落实宁夏大学"中西部高校综合实力提升工程"("一省一校"新一期资助子项目);他主编的这套"教师教育课程建构"丛书即被学院确定为该项目执行内容之一,我是很支持的。

我国教师教育存在一些亟须进一步改革和调整的问题,例如:课堂"教"与"学"的理念、方式的新变化;教师教育实习和见习制度的改革;对中小学基础教育改革的切实了解与把握;培养面向农村的中小学教师;加强大学通识课程和文化基础课;提升大学整体教师教育氛围;等等。

这套丛书研究和关注的是我国西部教师教育课程建构以及教师教育专业人才培养的重要问题,有几个特色:

首先是关注教师队伍建设的硬件和软件问题。

教师教育专业学生以及教师的职后培训,对教师职业特点的认识、认同感,与教师流动的伦理和文化问题紧密相关,提出认真思考这两者的关系问题,有助于我们寻找到什么样的学校文化软环境,才能够真正吸引老师们扎根当地教书育人,充满理想、智慧和奉献爱心。进行这方面的调研,能够为教师教育公共政策的完善提供建议。因此特别需要教育政策的制定者和教育管理者,教育工作者,充分理解教师专业和复杂劳动的创造性、个体性、自主性、交流性和精神性的鲜明特征:一是教师职业在本质上是一个需要自由、创造的职业。老师们需要感兴趣、热爱,愿意不断摸索、调适,善于激励他人也激励自己。二是教师的知识,既是自己所学习、积累、信奉、公共化(客观化)的,也是在现场、在特定情境中产生,大量是用身体表达的、默会的、多变的、不定型的,是一种个人化的知识结构。三是教师的工作既要团队合作,但大多时空又需要个人灵活自主应对。教师职业当然应有一定规范约束,但其工作总在无法掩饰地表达着、展现着自我。四是教师工作需要物质奖励,但他们也特别看重教学以及与学生交往过程中的成功体验,珍惜从中获得的成就感。

《教师流动论》提出、建构了一个理解教师流动的崭新体系。对中国教师流动的具体问题,既阐述了教师流动的"硬问题"——教师流动的制度、政策和机制问题,也阐述了影响教师流动的"软问题"——教师流动的伦理和文化问题,这是很有创新价值的。

其次是关注课堂和学习的新理念,有效地帮助教师实现角色的转型。

在学习化社会、"全纳教育"、"翻转课堂"等理念引领下,应该大力倡导教师角色的转变:教师以学习者为中心,为学习者服务;教师要为不同的受教育者寻找资源,教会受教育者使用工具,并且鼓励他们树立自信心;教师应作为行动的参与者及合作者;教师必须不仅能帮助和指导学习者吸收知识,而且能使学习者认识到自己的特性,并对他人和其他文化表示宽容和开放以及能进行终身学习,从而使他们能够满怀信心地面对未来;教师不仅应促进学习,还应促进公民的培训和积极的融合于社会,发展好奇性、批判性思维、创造性、首创精神以及自我觉醒。

《课堂教学分析:理论视角》,一方面着力于形成适合于教师教育专业学生学习水平的课堂教学研究的理论架构,梳理清楚现代教学理论中的重点问题的清晰线索与新理论、新动态,与时俱进;另一方面,致力于将教学、教育的理论与中小学课堂体验有机结合,促使教师教育专业学生真正地理解教师角色、学生角色的内涵,课堂的作用,学会反思、学以致用。

第三是关注用扎根、行动研究方法,开发和建构校本课程资源。

中国幅员辽阔,东、中、西部的教育差异太大,除了一些共性的教学内容之外,自下而上的扎根研究所取得的校本课程资源,是当下和未来教师专业成长的生命力源泉。对于行动研究方法、实证研究法、质性研究方法,应该因人制宜、因地制宜、因问题研究的需要来选择,抱着一种实事求是和"各美其美,美美与共"的研究价值观。这样的方法取得的校本课程研究成果,既可以在国内不同地区间分享,也可以在国际社会分享。

《文化选择:民族中小学校本课程资源开发研究》,对宁夏回族中小学校校本课程进行了详尽的"实证研究",用"文化选择"的相关理论视野和方法对民族地区校本课程资源的开发提出了独到、切实的思考与建议。

第四是关注教育技术、信息化内容背后的中外教育观念差异性。

互联网+教育的时代,使得边远地区、少数民族地区、农村地区的学校的课堂活动和老师的教研活动,可以互联互通城市或者国外的优质教育资源,这是教师教育专业发展的大好机遇,也是面临的一种挑战。在富媒体、新媒体背景下,学科老师要努力成为课堂这个特殊舞台的"教学导演",学会整合知识内容、方法,形成交互传播技术、审美体验之间的创新结构和关系。我们要在国际全民教育的视野下,既研究中国本土的教育技术和教育信息化问题,也研究他国的问题和经验,并相互映照,这需要我们更多地采用比较研究,更加重视实证研究与质性研究方法的融合,取长补短。

我们不只是自己做研究,还要更多地和国外学者合作,共同研究中国的教育信息化的硬件和软件问题,也一起研究他国的教育技术课程和内容设置的先进经验。在一个团队中合作更容易形成可以彼此理解并能够分享的研究成果。

《美国教育技术学专业课程设置研究》提出了独到的见解:导致我

国教育技术学专业在课程设置上的很多现实问题的原因是多方面的，特别对教育技术及其学科本质认识存在的偏差最为关键；其中调研了美国九所高校教育技术学专业，揭示美国高校教育技术学专业课程设置的共性与规律，涉及、凸显的研究成果，荣获了 2014 年美国 AECT 国际部颁发的"国际教育技术学生杰出实践奖"，这是全球华人青年研究者的难得殊荣。

除了以上专家对教师队伍建设的硬件和软件问题、学习和课堂的转型、校本课程资源的开发和整合、教育技术课程设置的中外教育观念比较等等，提出了颇有新意的或者独到的思考与建议之外，建议可以继续关注研究相关教师教育课程与教师专业发展问题，比如：关心城乡学校教育质量的提高问题，关注乡村学校的管理问题，关心困境儿童的关怀与教育等。

我知道，完成该丛书项目时间紧，写作进度不一，有的还需要专题审批，质量要求高，任务艰巨，因此存在一些不足、瑕疵是难免的。经过诸位老师的反复修改，与编者一起共同努力，终于有了首批著作出版面世，其中得到南京师范大学有关领导以及南京师范大学出版社领导的大力支持、帮助，这是我曾经工作的大学，也向他们表示敬意。

欣闻该套丛书仅是近年来教育学院老师和专家们的部分优秀成果，愿其阵容不断壮大和发展，成为一个开放的、融汇海内外专家合作研究西部教育问题的平台；不断地修正完善，精益求精，持之以恒，为我国的西部教育事业添砖加瓦，奉献智慧和爱心。

是为序。

2016 年 6 月 20 日于北京

（朱小蔓，系中国陶行知研究会会长、俄罗斯教育科学院外籍院士、北京师范大学教育学部教授、博士生导师。原中央教育科学研究所所长兼党委书记，曾任南京师范大学副校长。）

目 录

图表目录 003

导 论 001

一、研究缘起与研究意义 001
二、核心概念界定 006
三、研究现状述评 011
四、研究目的与研究方法 025

第一章 民族中小学校本课程资源开发中文化选择的理论解读 031

一、民族中小学校本课程资源开发中文化选择的理论基础 031
二、民族中小学校本课程资源开发中文化选择的理论拓展 038
三、我国基础教育课程改革的文化选择理念 052

第二章 民族中小学校本课程资源开发中文化选择的背景考察 056

一、宁夏自然地理环境与社会文化变迁 056
二、宁夏文化与宁夏教育 059
三、宁夏民族中小学校本课程资源开发中的文化选择 068

第三章 民族中小学校本课程资源开发中文化选择的意识与行为 078

一、文化选择意识与行为的意义探寻 078
二、民族中小学教师的文化选择意识与行为 089
三、民族中小学学生的文化选择意识与行为 105
四、民族中小学学校管理者的文化选择意识与行为 122

第四章　民族中小学校本课程资源开发中文化选择的内容与结果　135

一、文化选择内容与结果的内涵与载体　135

二、民族中小学校本教材中的文化选择内容与结果　151

三、民族中小学文化选择主体的文化选择内容与结果　172

四、民族中小学学校环境中的文化选择内容与结果　199

第五章　民族中小学校本课程资源开发中文化选择的实践策略　210

一、民族中小学校本课程资源开发中文化选择的问题反思　210

二、民族中小学校本课程资源开发中文化选择的影响因素　214

三、民族中小学校本课程资源开发中文化选择的价值追求　225

四、民族中小学校本课程资源开发中文化选择的关系定位　240

五、民族中小学校本课程资源开发中文化选择的过程策略　249

结　语　255

参考文献　263

附　录　280

致　谢　317

图表目录

图 0-1　校本课程开发的范围 …………………………… 008
图 0-2　本研究文化选择对象 …………………………… 011
图 1-1　劳顿的文化分析课程规划模式 ………………… 033
图 2-1　宁夏行政区划图 ………………………………… 057
图 2-2　全区独立设置民族中小学校本课程开发比例 … 072
图 2-3　全区民族中小学校本课程开发情况 …………… 072
图 2-4　不同文化类型校本课程比例 …………………… 072
图 3-1　Y-TLHX校本课程资源开发中文化选择主体构成 … 083
图 3-2　文化选择主体的意识与行为关系 ……………… 085
图 3-3　"您认为校本课程资源开发应该由谁来做?"调查结果 … 095
图 3-4　"您对学生最大的期望是什么?"调查结果 …… 099
图 3-5　"您觉得您的学校更重视开设什么课?"调查结果 … 099
图 3-6　"您通常获得与家乡、回族有关的课程资源的最主要途径是什么?"调查结果 ………………………… 104
图 3-7　"您认为学校通过哪种途径能最有效地传承家乡文化和少数民族文化?"调查结果 ……………………… 104
图 3-8　"你喜欢你的家乡吗?"调查结果 ……………… 113
图 3-9　"你希望别人知道你的家乡是哪里吗?"调查结果 … 113
图 3-10　"你希望别人知道你的民族吗?"调查结果 …… 114

图 3-11 "你和你的家人保留的少数民族生活习惯多吗?"调查结果 …… 114
图 3-12 "你希望了解和学习回族文化吗?"调查结果 …… 115
图 3-13 "你希望了解和学习家乡文化吗?"调查结果 …… 116
图 3-14 "当你看到回族的特殊风俗习惯时你会怎么样?"调查结果 …… 117
图 3-15 "你觉得你的学校重视开设什么课?"调查结果 …… 118
图 3-16 "你认为老师在教学中注重民族文化和地方文化的讲授吗?"调查结果 …… 119
图 3-17 "老师们上课分析问题或举例时会经常结合本地区、本民族生活实际吗?"调查结果 …… 119
图 3-18 "你通常主要是从哪里获得关于家乡、回族的文化知识的?"调查结果 …… 121
图 3-19 "你最希望通过什么方式学习关于家乡和少数民族的文化?"调查结果 …… 121
图 3-20 民族中小学学校理念 …… 125
图 3-21 杨达吾得在课堂上展示"泥哇鸣" …… 131
图 4-1 校本课程资源开发中文化选择的内容与结果 …… 137
图 4-2 《易解弟子规》校本教材 …… 153
图 4-3 《中华古诗文读本》校本教材 …… 155
图 4-4 《多米诺骨牌》校本教材 …… 156
图 4-5 《机器人教材》校本教材 …… 157
图 4-6 《语文读本》校本教材 …… 158
图 4-7 《研究性学习》校本教材 …… 159
图 4-8 《唐徕渠灌区多学科综合科学考察》校本教材 …… 160
图 4-9 《西瓜种植、栽培技术》校本教材 …… 161
图 4-10 《西夏的历史》校本教材 …… 162
图 4-11 《木球运动概述》校本教材 …… 163
图 4-12 国家级非物质文化遗产代表作名录项目传承保护基地(宁夏) …… 164
图 4-13 《绽放的花儿》校本教材 …… 165

图 4-14	《回族——从丝绸之路走来的民族》校本教材 ……	166
图 4-15	《回族——从丝绸之路走来的民族》校本教材内容例举 ……	167
图 4-16	《健康教育》校本教材 ……	168
图 4-17	《学会生活》校本教材 ……	169
图 4-18	《宁夏平罗中学校史》校本教材 ……	170
图 4-19	W-CYX综合文化校本教材 ……	171
图 4-20	师生眼中最想了解的内容 ……	176
图 4-21	学生对不同文化内容的了解现状 ……	179
图 4-22	"学生最缺乏的文化是什么?"调查结果 ……	180
图 4-23	教师认为最有用的文化和学生学到最多的文化的比较 ……	180
图 4-24	校本课程资源开发中文化选择的目的 ……	181
图 4-25	"您怎么看待学校所处地区的地方文化及少数民族文化资源?"调查结果 ……	183
图 4-26	"您认为地方文化和少数民族文化引入校本课程资源开发有何价值?"调查结果 ……	184
图 4-27	"您认为校本课程在文化传承中应该发挥什么作用?"调查结果 ……	185
图 4-28	影响校本课程资源开发文化选择内容与结果的主要因素 ……	186
图 4-29	Y-LSX孝道教育——学生成果 ……	187
图 4-30	Y-LSX孝道教育——孝道实践记录(节选) ……	188
图 4-31	Y-LSX孝道教育——广播稿(节选) ……	189
图 4-32	Y-LSX孝道教育——《给爸爸妈妈的一封信》(节选) ……	190
图 4-33	Y-LSX孝道教育——家乡特产广告词(节选) ……	191
图 4-34	在宁夏中卫沙坡头沙漠研究所进行"扎草方格"试验 ……	194
图 4-35	在西夏王陵考察 ……	194
图 4-36	Y-JMHX"西夏的历史"学生作品 ……	195

图 4-37	Y-LDTZ"科技制作"学生作品	196
图 4-38	Y-TLHX"国学经典诵读"学生展演	197
图 4-39	Y-XHYX"绽放的花儿"师生展演	198
图 4-40	学校环境文化的内容构成	199
图 4-41	"你认为校园里的雕塑、墙壁上以及班级墙报的挂图或名言警句等等有什么用?"调查结果	201
图 4-42	W-LSYX 露天书法场	202
图 4-43	Y-LSX 孝道教育文化墙	203
图 4-44	Y-XHSX 特色校园	204
图 5-1	民族中小学校本课程资源开发中文化选择的价值层次与关系	227
图 5-2	劳顿课程文化选择的五阶段	246
图 5-3	民族中小学校本课程资源开发中文化选择的过程	253
表 0-1	本研究中教师问卷结构基本描述	029
表 0-2	本研究中学生问卷结构基本描述	030
表 2-1	文化视域下宁夏民族中小学校本课程资源开发的类型与内容列举	073
表 3-1	本研究中教师测试样本描述	091
表 3-2	宁夏民族小学教师和民族中学教师在文化选择意识与行为维度 T 检验	092
表 3-3	宁夏民族中小学回族教师和汉族教师在文化选择意识与行为维度 T 检验	093
表 3-4	"您同意'教师本身也是重要的课程资源'的观点吗?"调查结果	096
表 3-5	"您在学校参与校本课程资源开发吗?"调查结果	097
表 3-6	"您希望自己能够了解,并向学生传递回族文化吗?"调查结果	097
表 3-7	"您希望自己能够了解,并向学生传递家乡文化吗?"调查结果	098
表 3-8	"您认为让学生学习回族文化有好处吗?"调查结果	100

表 3-9	"您认为让学生学习家乡和回族的文化对今后的学习和生活有用吗?"调查结果	100
表 3-10	"您在所教科目的教学中能主动开发一些课程资源吗?"调查结果	101
表 3-11	"您在所教科目的教学中能主动渗透宁夏文化和回族文化吗?"调查结果	101
表 3-12	"您在教学中注重民族文化和地方文化的讲授吗?"调查结果	102
表 3-13	"您上课分析问题或举例时会有意识结合本地区、本民族文化吗?"调查结果	102
表 3-14	"您的校园里关于家乡文化和回族文化的介绍多吗?"调查结果	103
表 3-15	本研究学生问卷发放样本分布	106
表 3-16	本研究中学生测试样本描述	107
表 3-17	宁夏五市民族中小学学生在文化选择意识与行为维度 F 检验	108
表 3-18	宁夏民族中学学生和小学学生在文化选择意识与行为维度 T 检验	109
表 3-19	"你认为自己是学校里校本课程资源的开发者吗?"调查结果	111
表 3-20	"你觉得学校的校本课程里的那些内容通常是由谁来决定的?"调查结果	111
表 3-21	"你喜欢你的学校吗?"调查结果	114
表 3-22	"你经常会有意识地学习家乡和少数民族文化吗?"调查结果	116
表 3-23	"你觉得汉民族传统文化、家乡文化、少数民族文化被遗忘了吗?"调查结果	117
表 3-24	"你认为学校开设一些关于家乡文化和少数民族文化的课程好吗?"调查结果	118
表 3-25	"你的校园里关于家乡和回族文化的介绍多吗?"调查结果	120

表 3-26	学校管理者基本情况	123
表 4-1	校本课程资源开发中文化选择对象之一:国家文化	140
表 4-2	校本课程资源开发中文化选择对象之二:地域文化	143
表 4-3	校本课程资源开发中文化选择对象之三:学校文化	146
表 4-4	宁夏民族小学教师和民族中学教师在文化选择内容与结果维度 T 检验	173
表 4-5	宁夏民族中小学回族教师和汉族教师在文化选择内容与结果维度 T 检验	174
表 4-6	宁夏民族中学学生和民族小学学生在文化选择内容与结果维度 T 检验	174
表 4-7	"你最希望在学校课程里学习哪些文化?"调查结果	177
表 4-8	师生对不同文化了解程度的比较	178
表 4-9	"您认为以下最适合被选择成为校本课程资源的是什么?"调查结果	181
表 4-10	"你认为学习关于家乡和回族的文化对你的学习和生活有用吗?"调查结果	183
表 4-11	"你认同'在校本课程资源开发中选择家乡文化或少数民族文化的内容是为满足学生成长需要,促进文化传承,培养爱家乡、爱民族的情感'吗?"调查结果	185
表 4-12	宁夏民族中小学校训例举	208
表 5-1	民族中小学校本课程资源开发中文化选择的具体内容分类	243

导 论

一、研究缘起与研究意义

（一）研究缘起

1. 个人经历与课程中知识选择问题的追问

作为一名教育教学领域内的工作者和学习者，在攻读博士学位之前，我一直在思考学校是一种怎样的场所，进入学校学习的必要性究竟何在，学校应当教给学生什么等问题。由于学校教育在教学实践的各个环节忠实地反映了最深层的社会文化形态，因此在某种程度上可以讲，整个教育教学活动都是围绕文化的选择与传承展开的。如果教育教学活动抛开基于文化选择的文化传承，其自身也就会丧失得以存在的基本前提，从而使学生失去得以发展的客观基础。

进入博士阶段的学习，我开始进一步思考，课程作为学校教育中进行文化传承的主要媒介，其应该思考和回应的问题其实就是："什么知识最重要"和"谁的知识最重要"这两个关于课程内容选择的问题，而这两个问题是课程文化发展中最具有代表性的问题。[①] 众所周知，文化选择是教育的一项重要文化功能，就课程而言，能够进入学校课程的文化应当是被精心选择的优秀文化。那么，在选择过程中，什么样的文化

---

① 范兆雄.课程文化发展论[M].广州：广东高等教育出版社，2005：32.

应该进入课程？哪些文化可以被视为"最有价值的文化"？现实中我们的课程保存和传承了什么文化？这些被选择了的文化又是如何被呈现的？尤其在新课程改革提出国家、地方、学校三级课程管理模式之后，不同的课程类型应该体现谁的意志和价值观？学校课程要用什么样的文化或谁的文化来教育我们的孩子？地方课程和校本课程的提出，与文化选择和传承有什么样的关系？基于地方或学校的课程是如何进行文化选择的？现实中它们选择了哪些文化？尤其是在具有文化复杂性背景下的民族地区的课程如何进行文化选择？学校在课程资源开发中的角色是什么？作为一名民族地区的教育工作者和研究者，同时也身为一名少数民族学生，这样的一系列问题逐渐进入我的视野，于是我决定聚焦民族地区课程中的文化选择问题。当前的三级课程当中，校本课程相对于国家课程和地方课程的资源开发而言，自由度较高，涉及的文化选择对象更为丰富，且文化选择过程与结果更贴近学校师生的现实学习生活，所以本研究在三级课程中选择了校本课程作为研究对象。

2. 当代课程论文化研究转向的推动

文化研究本身具有很强的历史性与现实性、反思性与批判性，因此对于课程中文化问题的研究应当紧密结合时代发展的背景与需求。人类社会进入20世纪后，以美国课程论专家麦克唐纳、皮纳等为代表，研究者把课程本身视为一种复杂的文化现象，并且包括哲学、社会学、人类文化学等诸多学科在内的人文学科都开始尝试从跨学科的角度来解释课程的文化制约性，于是课程论研究开始呈现出从文化视角展开研究的转向。

具体看来，课程论的这种文化研究转向以20世纪60年代掀起的课程研究的再概念化运动为起始标志，大致经历了如下几个阶段：20世纪60年代，基于课程作为文化生活经验的现象学，即以存在主义理论进行解释的课程文化研究；20世纪70至80年代，转向课程社会学的课程文化批判研究；20世纪90年代以来，转向多元文化课程的研究。综观当代课程论研究的转向，不难看出，这些研究都将课程现象看作一种文化现象；主张从多学科视角对课程现象进行多文本的解读；强调运用人文科学的质的研究方法、精神分析的方法和社会批判的方法来研究课程。这是课程论研究文化转向的重要特点。也正因为如此,21世纪课程改革中的文化选择不可忽视课程论的文化研究转向,应将文化现象置于课程内部,从历史的经验中去加以审视和研究。

3. 民族教育发展与民族基础教育课程改革的迫切要求

20世纪90年代以来,教育改革逐步深化。针对少数民族地区教育发展,《国家中长期教育改革和发展规划纲要(2010—2020年)》中明确指出:加快民族教育事业发展,对于推动少数民族和民族地区经济社会发展,促进各民族共同团结奋斗、共同繁荣发展,具有重大而深远的意义。要加强对民族教育工作的领导,全面贯彻党的民族政策,切实解决少数民族和民族地区教育事业发展面临的特殊困难和突出问题。在各级各类学校广泛开展民族团结教育。推进党的民族理论和民族政策、国家法律法规进课堂、进教材、进头脑,引导广大师生牢固树立马克思主义祖国观、民族观、宗教观,不断夯实各民族大团结的基础,增强中华民族凝聚力。

长期以来,在教育实践中不可否认的是,以城市文化、精英文化为核心的主流文化在我们的课程中一直处于绝对的主体地位,而民族学校的育人初衷是为民族地区发展培养本民族所期望的、所需要的、能促进本民族进步的新成员。面对这样一种现实的冲突,民族中小学校本课程资源开发中的文化选择所要关注的应当是如何处理好中华民族传统文化与现代文化、一元文化与多元文化、地方文化与少数民族文化这三对关系的问题。所以,在课程标准制定之初,就要客观公正地看待不同文化所具有的价值,以此为基础和出发点思考:我们的课程应该选择什么样的文化内容进入,才有助于更好地实现课程目标?

由此可见,在民族地区的基础教育课程改革中,通过课程资源开发所选择以及提供的文化内容来帮助少数民族学生形成在民族地区社会生活中所需要的文化观,是当前民族基础教育课程改革的一种社会动力和要求。

已经启动的国家新一轮基础教育课程改革所采用的国家、地方、学校三级课程管理模式从开发的过程到最终的结果都不可避免地面临着文化选择的问题。从广泛的意义上来说,民族中小学校本课程资源开发中出现的诸多问题和文化权利及文化选择密切相关。而如何理解与处理这对关系对民族地区校本课程本身的开发与实施确实有着一定的影响。《宁夏中长期教育改革和发展规划纲要(2010—2020年)》中明确提出:义务教育阶段要重视中小学校本课程开发,保证地方课程与校本课程的自主选择空间。所以,在民族中小学,校本课程资源开发应该向学生展示什么样的文化,选择哪些文化进入校本课程,不同文化在校本课程中如何分配,哪些文化是学生发展所真正需要的等问题成为当前民族中小学校本课程资源开发中文化选择所面临的迫切问题与现实困惑。

(二) 研究意义

一个国家的教育总是代表着一定阶级和集团的利益,学校所传递的知识、文化往往都是以此为标准来精心筛选的。我国新课程改革三级课程管理模式的提出,将有助于实现教育决策的民主化,有助于促进学生的个性发展,有助于提升课程的适应性。而民族地区校本课程资源开发中的文化选择研究,希望把课程置于更加广泛的社会政治、经济、文化、民族等背景下,深入思考和探讨如何通过课程资源开发所选择的文化内容来实现对学生社会文化观的引导,让学生形成对各民族持理解和包容的态度,促进学生个体精神的完善。对这一问题的研究,无论在理论上,还是在实践中都具有重要意义。

1. 理论意义

第一,课程改革中表面上看似相同的现象其内在所起作用的文化因素是极其不同的,如果没有一个多角度、多方面、多层次的全方位、系统化的研究,就不可能真正认识到问题的本质。本研究以文化选择为视角,以宁夏民族中小学校本课程资源开发中的文化选择为对象,对学界研究尚不够细致完整的校本课程资源开发进行进一步的整体性和系统性研究,为推进校本课程的实施实现促进少数民族地区经济社会发展、学生个体成长提供有益的视角和线索。

第二,课程的文化研究是一种对课程历史经验的总结,校本课程资源开发中的文化选择亦是对校本课程开发的历史经验总结,本研究在宁夏社会历史文化变迁与转向中思考民族中小学校本课程资源开发中文化选择的应然走向,以期为教育文化学研究提供一种新的思考路径。

第三，影响校本课程资源开发中文化选择的因素是极其复杂多样的，这给研究带来极大的困难，同时也为我们开辟出广阔的思维和研究空间。对民族中小学校本课程资源开发中文化选择的影响因素、价值、过程与策略的分析，一方面有助于完善校本课程理论体系的建设，另一方面也有助于客观公平地理解与认识不同文化进入课程的作用和意义。

第四，本研究以对宁夏民族中小学校本课程资源开发中文化选择的研究与探讨为缩影，寄希望于为我国基础教育课程改革中民族地区校本课程资源的开发与建设从理论上提供一定的借鉴和指导，丰富民族地区校本课程开发与建设的相关理论。

2. 实践意义

第一，学校课程是文化传承、传播、创新的主要途径之一，其不仅要实现对主流文化的继承与传播，同时还不应疏忽对地域文化、少数民族文化的传承。只有这样的课程文化选择才能够满足学生发展的需求，帮助学生更加全面地了解自己的家乡、民族和国家。因此，研究民族中小学校本课程资源开发中的文化选择问题所希望实现的是促进不同民族、不同地域之间学生的沟通和理解，从而正确处理多元文化与现代化的关系，促进社会的和谐发展。

第二，对于民族中小学校本课程资源开发中文化选择问题的研究，在实践中，一方面依据民族地区自身文化所具有的多样性特点，考察实然少数民族文化、地域文化的传承与发展；另一方面从以少数民族师生为主的文化选择主体的需要出发，探寻民族教育实现教育本体功能最大化和促进师生成长的应然路径。因此，本研究有助于在实践中推进课程实施发挥出促进人与文化双重发展的应有价值。

第三，相对于其他文化而言，民族文化具有自身的民族性、地域性等特点，研究民族中小学校本课程资源开发中的文化选择问题有助于在学习、继承、创新优秀民族文化的基础上，形成民族地区民族学校独有的办学特色，推动特色学校的创建与发展。

第四，本研究以宁夏民族中小学校本课程资源开发中文化选择的探讨为缩影，旨在直面地处文化多样性的民族地区的民族中小学在校本课程资源开发中文化选择的已有成就与现实困惑，为今后校本课程资源开发中文化选择的实践从选择的影响因素、价值追求和过程策略上提供有益的借鉴和指导。

二、核心概念界定

任何研究都有具体的研究对象,而"确定研究对象"可以说是一切研究的起点和焦点。"民族中小学校本课程资源开发中的文化选择"问题涉及的研究对象看似单一,实际上却较为复杂,其中,最为核心的关键词就是民族中小学、校本课程资源开发、文化选择。每一个关键词中又包含对于这一问题的多种认识。本研究将对这些相对笼统、宽泛的研究对象进一步厘定与澄明,这不仅有助于明确研究问题本身,还有助于后续研究有的放矢地展开,以增强研究本身的有效性。

(一) 民族中小学

一般意义上,我们将只招收或者主要招收少数民族学生的学校叫作民族学校。它包括民族小学、民族中学、民族师范学校、民族职业技术学校、民族中等专业学校、民族学院以及有关高等学校等各级各类学校。民族学校的学制、教学计划、入学年龄以及授课使用的语言文字等,均根据不同少数民族和民族地区的具体情况确定。这是国家对民族学校实行的特殊政策和措施。

由于少数民族地区的特殊性,各级政府开设了独立设置的民族小学、民族中学,并且在县、乡重点中小学开办了民族班。这一类学校即是各少数民族地区所说的"民族中小学"。这类学校是由各级政府依据当地需要设立的学校,教育部发展规划司在每年度进行相关数据及指标统计时,将其命名为"独立设置民族中小学",并且有独立的统计代码。所以,"民族中小学"也被称作"独立设置民族中小学"。

宁夏回族自治区成立于1958年,地处祖国的西北部,黄河中上游。全区现辖5个地级市,2个县级市,11个县,9个市辖区,首府是银川市。全区总面积6.64万平方千米,总人口630万,其中回族人口227万,占总人口的36.7%,是全国最大的回族聚居区。(详见附录1宁夏回族自治区行政区划表)在宁夏,自治区政府规定少数民族学生比例达到学生总数30%以上的中小学即是民族中小学。截至2012年底,统计在册的宁夏回族自治区普通中学有314所,其中少数民族在校生159 655人,占学生总数的35.45%;普通小学1 896所,其中少数民族在校生 296 319 人,占学生总数的 47.94%。截至 2012 年,统计在册的宁夏独立设置民族中小学中,已有独立设置少数民族中学共 50 所,小学共 153 所,总计 203 所。[①](详见附录 2 宁夏回族自治区独立设置少数民族学校名单)其中,少数民族学生占学生总数的比例已略高于人口自然比例。此外,少数民族学生的这一比例在川区相对较低,在山区相对较高,这与少数民族聚居地域特点有关。在此需要说明的是,宁夏作为回族自治区,全区内的主体少数民族为回族,所以本研究中所说的"宁夏民族中小学"主要是指"宁夏回民中小学"。

(二)校本课程资源开发

"校本课程资源开发"是一个复合的概念,它包括"校本课程开发"和"课程资源"这两层内涵。所以,在探讨什么是"校本课程资源开发"的概念时,"校本课程开发"这一概念的内涵是应该首先加以明确的。综观国内外具有代表性的对校本课程开发的定义可以看出,对"校本课程开发"这一概念的界定一直存在着两种典型的理解:"校本课程的开发"和"校本的课程开发"。综合这两种认识和"校本课程开发"本身所具有的特殊性,本研究认为,"校本课程开发"就是一种"以校为本的课程"的开发,这两者实质上并不存在意义上的冲突和差异,如果一定要区分的话,两者的差别就体现在其所涵盖范围的大小不同。

具体看来,第一,校本课程开发是以学生的发展需要为根本的课程开发,它是一种学生教育需求的集中体现。第二,校本课程开发必须"基于地区""基于学校",由相关人员充分利用学校或社区资源等进行,在这当中必然包括对国家课程和地方课程的校本开发或称为校本转化。第三,校本课程开发就是一种以校为本的课程开发,失去学校特色的校本课程开发就不可以称之为校本课程,不论是学校课程,还是在国家课程和地方课程基础上的校本转化,只要是以满足学生的需要,促进学生发展为本的校本课程开发就是我们所希望和倡导的校本课程开发。具体的关于校本课程开发的范围可见图 0-1。

---

① 宁夏回族自治区教育厅.宁夏回族自治区教育统计手册(2012)[Z].2013.

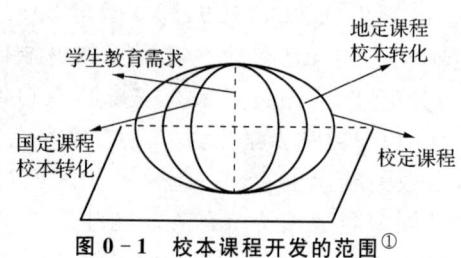

图 0-1 校本课程开发的范围[①]

其次,对"校本课程资源开发"的界定还要建立在对"课程资源"本身的内涵与特点的认识上。教育部《基础教育课程改革纲要(试行)》中关于什么是课程资源的界定,概括地说,是指一切有利于课程实施、有利于达到课程标准、有利于实现教育目的的各种素材。课程资源的价值一方面取决于它是否被选择并投入使用,即课程资源使用状态的丰富程度;另一方面则取决于它是如何被使用的,即课程资源对于课程的适应性或适切性的实现。课程资源作为课程的重要组成部分,只有依据客观现实需要被选择和利用时,其功能才能真正发挥出来,才能真正实现"有利于课程实施",因此可以说,课程资源开发研究的重中之重即是对课程资源的选择与利用。

所以,本研究将"校本课程资源开发"指向校本课程开发中选择和利用了哪些对象来作为校本课程的内容。"校本课程资源开发"横跨"校本课程开发"和"课程资源"这两个事关课程改革的重大问题,且正好位于两者的交叉点。"校本课程资源开发"为各种文化携手走入课程体系,走入真实的课堂,走入学生的生活世界提供了可能和契机。

(三) 文化选择

"就历史发展而言,课程源起于文化传承的需要。"[②]英国的课程论专家劳顿曾明确主张课程即对文化的选择,并将课程定义为"文化选

[①] 李臣之. 校本课程开发——一种广义的认识[J]. 课程·教材·教法,2005(8):21.

[②] LAWTON D. Curriculum and studies planning [M]. London: Hodder & Stoughton,1983:2.

择"①,认为这个定义扩展到了课程研究的视野。劳顿说:"教育不可能与价值无涉,不同价值系统或思想会产生不同的课程。"②因此,任何社会都必须认真规划课程,即使是纯科学的课程也要接受社会文化的选择。

有国内学者提出,文化选择是指对某种文化的自动撷取或排斥。③这一选择具有两种取向,一是按社会的需要,二是按教育的需要。④ 文化社会学认为,课程内容文化是教育机构为学生提供的一个预先选择好和预先确定好的框架,所以课程中的文化的选择实际上所指的应该就是"课程内容的文化选择"。

文化是课程中最为充分的、最具价值和潜力的课程资源,对文化进行类型的划分将为课程在面对众多文化时展开课程资源开发的文化选择提供可资借鉴的依据。依据不同的标准,有多种不同的文化分类理论:有将文化分为物质文化和精神文化的两分说;有将文化分为物质文化、制度文化、精神文化⑤的三因子说;有将文化分为物质、制度、风俗习惯、思想与价值⑥的四因素说;有将文化分为行为—作用体系、价值—规范体系、语言—符号体系、信仰—观念体系、知识—技术体系⑦的五体系说等。我国教育社会学学者鲁洁认为,关于文化可以依据三层标准加以划分:地域的层次上(国家文化、种族文化、民族文化、阶层文化、社区文化、学校文化等)、文化的价值取向上(主流与非主流文化)、内容上(物质文化、制度文化、精神文化)等。⑧

在对文化类型的探讨基础上,还有研究者进一步提出"文化的时代

---

① LAWTON D. Curriculum and studies planning [M]. London: Hodder & Stoughton,1983:2.

② LAWTON D. Curriculum and studies planning [M]. London: Hodder & Stoughton. ,1983:13.

③ 鲁洁,吴康宁.教育社会学[M].北京:人民教育出版社,1990:165.

④ 鲁洁,吴康宁.教育社会学[M].北京:人民教育出版社,1990:166.

⑤ 郑金洲.教育文化学[M].北京:人民教育出版社,2000:4.

⑥ 余英时.中国思想传统的现代诠释[M].台北:台湾联经出版事业公司,1987:48.

⑦ 宋蜀华,陈克进.中国民族概论[M].北京:中央民族大学出版社,2001:281.

⑧ 鲁洁,吴康宁.教育社会学[M].北京:人民教育出版社,1990:56.

性和文化的民族性,是文化的两大特性"①,且这两者之间的关系"说到底,是一个一般与特殊的关系问题"②。在当今世界,文化越具有民族性,就越具有国际性,于是,"每个人都生活在各自的文化中,但又总想了解别样的文化"③。同时,列宁在其著名的"两种文化"理论中指出:"每一种民族文化都有两种"④,即主民族文化和少数民族文化。

由此可见,文化具有多种层次、类型与特性,从文化选择的视角来看,对于课程资源开发来说,并不是所有的文化都具有同样的价值,且现实中课程容量的有限性与课程资源的丰富性是课程资源开发中一对较难调和的矛盾,因此必然存在如何进行文化选择的问题。

本研究中的"文化选择"是指在校本课程资源开发中如何将那些具备良好适应性和价值性的文化选择出来,并使之依据课程的特性进入课程。可见,这种"文化选择"体现为一种手段、一种过程、一种结果。它是一个持续和动态的课程决策的过程,这一过程应当由四个要素构成:第一,文化选择主体;第二,文化选择对象;第三,文化选择内容与结果的组织与呈现;第四,文化选择的价值。

基于"文化选择"的视角,本研究认为,校本课程资源开发区别于校本课程开发的最重要的特征就是,校本课程资源开发真正指向的是以文化为对象的"资源"。所以,本研究中所说的"校本课程资源开发的文化选择"紧紧围绕以文化为对象的"资源"本身,不涉及对校本课程开发的类型、形式、评价、实施过程等问题的探讨。

依据研究对象的现实状况和需要的不同,本研究将课程资源划分为:以中华民族传统文化、现代文化和国家课程中的文化为内容的国家文化课程资源;以"地方性"地域文化和"民族性"地域文化为内容的地域文化课程资源;以校园文化和师生文化为内容的学校文化课程资源。其中,以中华民族传统文化为核心的国家文化是课程文化资源的"源

---

① 朱俊杰,杨昌江.民族教育与民族文化发展研究[M].长沙:湖南教育出版社,2006:21.
② 张岱年,程宜山.中国文化与文化论争[M].北京:中国人民大学出版社,1990:12.
③ 顾明远.中国教育的文化基础[M].太原:山西教育出版社,2004:21.
④ 列宁全集:第24卷[M].北京:人民出版社,1990:125-126.

泉",地域文化是课程文化资源的"沃土",学校文化是课程文化资源的"氛围"。在这三大类课程资源类型下,每一大类又可以依据内容划分出若干小类,见图0-2。本研究也将以这样的层次划分为单元展开分析。

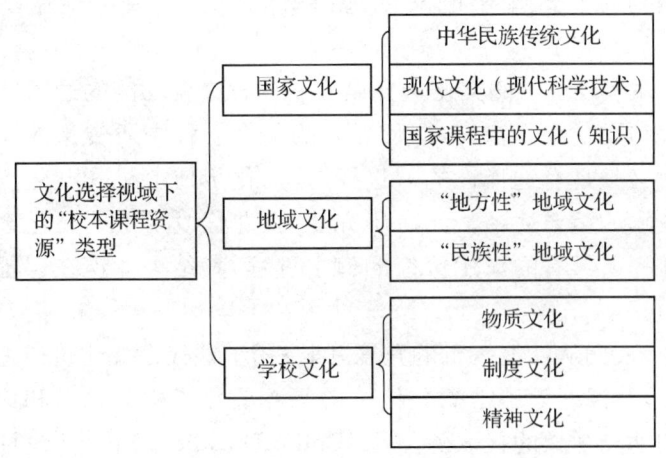

图0-2 本研究文化选择对象

三、研究现状述评

(一)已有研究取得的进展和成果

在论文选题的过程中,笔者分别以"课程改革与文化""校本课程与文化选择""民族文化与校本课程"为主题,结合宁夏地区的实际,通过查阅宁夏大学图书馆、陕西师范大学图书馆、宁夏图书馆的馆藏文献,并借助中国期刊网、百度、谷歌等进行电子文献的检索,将已有相关研究成果聚焦在如下几个方面。

1. 课程改革中的文化选择研究

自20世纪60年代以来,西方就有很多学科和学派就"文化选择"问题展开思考和讨论,但在中国,对这一问题的研究尚处于起步阶段,运用文化选择理论探讨实际问题的研究还很少。20世纪70年代关于不同阶级、不同种族文化与现有课程之间关系的研究拉开了课程文化研究的序幕,其间,国外课程改革的文化研究主要关注学校文化对课程改革质量与效率的影响,以及多元文化对课程改革的影响。在我国,课程改革与文化研究始于 20 世纪 80 年代,主要从关注传统文化与课程现代化发展的研究,过渡到关注经济全球化带来的多元文化对课程的影响的研究。① 在当下现实的课程改革中,文化的影响越来越突出,已有研究中对课程改革中的文化选择研究内容主要集中在以下三个方面。

(1) 课程改革中的文化选择是实现课程文化功能的过程。

课程与文化联系密切,课程开发的整个过程中所传递的文化价值应该是也必须是有选择性的,"选择"是文化价值变化和文化发展中一个不可或缺的重要途径。已有研究认为,课程改革中的文化选择是一个对于课程所具有的文化价值的追求过程,其结果体现在课程功能的实现当中。

首先,人们从功能探析的角度,围绕揭示课程在文化价值追求过程中的功能,对课程改革中的文化价值问题展开了相关思考和研究。如法国早期功能主义的代表涂尔干(Emile Durkheim)认为,包括学校课程在内的"整个教育活动在某种程度上都应该服从国家所施加的影响"②,据此,帕森斯(Talcott Parsons)认为,学校是一种为社会筛选人才的社会机构,而学校课程则是用来对学生进行筛选的途径。③ 以多元文化主义(Multiculturalism)为理论基础的多元文化课程理论主张,课程必须有效、全面地反映所有人的生存利益和发展需要。一些学者提出了一系列的课程以实现这种功能,如沃尔钦(Philip H. Walking)的"转换生成"课程;巴巴拉(BarBara M.)的"全纳"课程;马斯格若伍(Flank Musgrove)的"第三文化"。④ 以阿普尔(M. Apple)、布迪厄(P. Bourdieu)等人为代表的批判理论则选择部分社会文化现象作为研究对象,也赞成课程具有社会文化功能。其中,阿普尔提出了著名的"谁

---

① 胡定荣.课程改革的文化研究[M].北京:教育科学出版社,2005:19-21.

② LAWTON D. Education, culture and the national curriculum[M]. London: Hodder and Stoughton, 1989:31.

③ 唐宗清.帕森斯和教育社会学[J].外国教育研究,1987(2):54-58.

④ MUSGROVE F. Education and anthropology: other cultures and the teacher[M]. New York: Wiley, 1982:183.

的知识最有价值?"这一关于学校中课程知识的价值选择问题。当代法国著名社会学家布迪厄也同样承认学校具有再生产社会关系的功能。此外,以英国杰出的课程论专家劳顿(D. Lawton)为代表的文化分析理论将课程置于整个社会文化内部进行系统分析,认为为确保对文化适应的选择,必须建立起一套筛选原则以认真规划课程。①

其次,已有理论在看到课程改革所具有的文化功能的同时,进一步认识到课程改革的实质是一种文化再生产的过程。布迪厄就把课程视为一种文化再生产活动,从而认为课程中的文化选择即是一种文化资本的分配或再生产的活动过程。同样,阿普尔认为,课程的决定,选择什么知识,如何组织知识和如何传递知识的过程实际上是文化(意识形态)的再生产过程,即是对文化的选择、重组、改造和传播的过程。

再次,研究者分析了课程改革中的文化选择对于课程功能的发挥与实现所产生的重要意义和作用。研究认为,我们的课程改革在强调主体意义和人文精神在人发展中的价值的同时,还要将形成人的健全个性作为其价值追求;将树立全球意识及协调人、自然与文化的关系作为其内在旨趣;将回归生活世界作为其向教育本质回归的必由之路;将培育健康的社会运行机制,增加社会文化含量作为其外在诉求②。这些研究有助于我们更清晰地了解新课改的文化价值取向和追求。

(2) 课程改革中的文化选择是正视多元文化差异的过程。

如今,在教育领域内,多元文化教育业已成为课程改革的重要部分。课程改革在面对社会多元文化格局的当下不得不开始探讨:不同的文化差异如何在课程中得到反映?学校如何对待多元文化的差异性?

国外关于课程改革中的多元文化差异问题的相关研究,主要从群体的角度来理解国家文化与学校文化、教师文化的差异。如,美国的多元文化教育专家詹姆斯·A. 班克斯(James A. Banks)在其著作《多元文化教育研究手册》《西方社会中的多元文化教育》《多元文化教育:问题与前瞻》等当中就多次倡导要设立多民族研究课程,并提出了实施多

---

① LAWTON D. Curriculum studies and educational planning [M]. London: Hodder and Stoughton, 1983:2,13.

② 靳玉乐,陈妙娥. 新课程改革的文化哲学探讨[J]. 教育研究,2003(3):67-71.

元文化教育必须重建学校文化;英国的詹姆斯·林奇(Jamese Lynch)在《多元文化课程》中强调,多元文化课程不仅仅要关注国内群体及其文化问题,而且要关注国家之间及其文化之间的冲突与和谐共存的问题,并指出,教师需要具有多元的民族价值观及态度,能从多元文化的观点来看待社会的诸多问题①;等等。

而国内学者认为,我国有着"多元一体"的文化背景,如何将各民族的文化融入学校课程中,使之有效地反映文化多元价值,培养学生形成多元文化价值观和跨文化适应能力,是课程改革中的文化选择必须面对的现实问题②,因此,"重视多元文化教育是基础教育基本性质和特点的必然要求"③。但研究者也看到现实中的多元文化价值冲突给课程改革带来转折和契机的同时,也带来诸多困惑与问题,如多元文化背景下的主导课程价值应该是什么?现代课程文化建构的基本思路是什么?如何处理课程改革与发展国际性和民族性的关系?④ 等等。解决这些问题的办法就是促进多元文化课程的发展,使得多元文化既能融入学校整体课程之中,又能使得整个学校环境或学校系统得以改变。⑤

(3) 课程改革中的文化选择是进行学校文化重建的过程。

课程改革要确保成功,就要求学校文化和教师文化必须进行同步的配套改革与重建。美国教师教育理论家哈格里夫斯(A. Hargreaves)认为,课程改革最大的障碍就是教学文化,教学文化必须变革,即从个人主义文化转向合作文化⑥,沃森(J. Olson)等人认为,教师文化影响教师对课程改革方案的理解和执行,因此,课程改革必须为教师文化提出挑战

---

① [英]詹姆斯·林奇.多元文化课程[M].黄政杰,主译.台北:台北师大书苑有限公司,1997:73-74.
② 廖辉,徐泽虹.我国多元文化背景中的课程开发模式建构[J].教育理论与实践,2005(12):39-42.
③ 邓艳红.多元文化视野下的基础教育课程改革——兼谈多元文化教育的实质[J].民族教育研究,2004(5):16.
④ 裴娣娜.多元文化与基础教育课程文化建设的几点思考[J].教育发展研究,2002(4):5-8.
⑤ 万明钢.多元文化教育的新发展与课程改革[J].外国中小学教育,2000(2):5-8.
⑥ 胡定荣.课程改革的文化研究[M].北京:教育科学出版社,2005:28.

与应对的办法[1];科兹(Quartz)认为,课程改革是在学校实施的,因此,课程实施必须要考虑到学校文化的特点[2];劳顿(D. Lawton)认为,学校文化由行为、基本信仰和态度三种成分构成,课程改革要考虑到学校文化的三种成分的变化,并且认识到三种成分之间存在冲突[3]。

可见,研究者一方面肯定了学校文化重建具有全局性、根本性意义[4],另一方面又提出校本理念的确立是学校文化重建的前提[5],而学校文化转型的根本在于教师文化的革新[6]。那么,要实现教师文化的重建,其关键就在于使教师确立课程意识和转变教师的行为方式[7]。

2. 校本课程开发与文化选择研究

已有的校本课程开发中的文化选择(尤其是民族地区校本课程开发中的文化选择)研究成果为本研究提供了很多思考和借鉴。已有的研究成果主要体现在三个方面。

(1) 文化多样性与校本课程开发。

如何进行课程改革以培养适应多元文化要求的人,是课程改革要解决的重要课题。研究者一方面认为文化的多元发展是文化发展的必然道路[8];另一方面从多元文化和多元文化教育的关系出发,探讨了多元文化课程发展的路径,认为多元文化课程的发展要坚持多元视野、多样原则和个性指向,以及进行结构统整,将相互作用的各种文化内容加以整合[9],多元文化课程改革要体现多元文化的理念,要对课程进行结

---

[1] 胡定荣.课程改革的文化研究[M].北京:教育科学出版社,2005:28.

[2] 欧用生,杨慧文.新世纪的课程改革——两岸的观点[M].台北:五南图书出版公司,1998:96.

[3] CAIRNS J, GARDNER R, LAWTON D. Values and curriculum[M]. London: Woburn Press, 2000:27 - 30.

[4] 苏鸿.基础教育课程改革与学校文化重建[J].课程·教材·教法,2003(7):20.

[5] 余文森.新课程与学校文化重建[J].人民教育,2004(C1):8 - 10.

[6] 谢登斌.课程改革与学校文化转型[J].当代教育科学,2005(17):26 - 28.

[7] 张晓瑜.课程改革与教师文化重建[J].教育理论与实践:学科版,2005(1):6 - 8.

[8] 王牧华.多元文化与基础教育课程改革的价值取向[J].教育研究,2003(12):71 - 72.

[9] 陈时见.多元文化视域下的课程发展[J].西南师范大学学报:人文社会科学版,2003(6):81 - 84.

构上的调整①。

（2）不同文化类型的校本课程开发。

目前，关于校本课程开发中文化选择的研究较少，研究主要集中在校本课程开发中对某一类文化，如地域性文化的选择；对某一种文化，如时尚文化、网络文化的选择；或对某一民族文化，如蒙古族文化、藏族文化、土族文化的选择等。如刘正伟、李品的《论基于地方文化的校本课程开发》，张广才的《达斡尔民族文化进入校本课程的实践》，徐浩艇、冉煜华的《论民间美术校本课程的开发研究》，刘新华、张华龙的《古村落文化校本课程开发研究》，杨占明的《体育校本课程开发研究》，等等。

（3）校本课程开发的文化价值。

首先，校本课程开发有助于学校文化的重建。研究者认为，校本课程开发与学校文化有着紧密的内在联系，一方面，从本质上讲，校本课程开发是一种文化开发，它对校园文化、社区文化乃至区域现代化都发挥着独特的作用②；另一方面，学校文化也制约着校本课程的开发③。

其次，校本课程开发有助于教师文化的构建。研究者指出，校本课程开发能够使教师真正获得专业上的发展④，而要实现这种发展，则需要在校本课程整合背景下，使教师之间建立起一种开放的、合作的文化⑤。

最后，校本课程开发有助于民族文化的传承。研究者提出，校本课程是少数民族文化传承的重要媒介⑥，它在实现多元文化教育目标的

---

① 涂元玲.论班克斯多元文化课程改革的途径及启示[J].比较教育研究，2003(2)：24-27.

② 董守生.校本课程开发的文化思考[J].当代教育科学，2004(1)：26-28.

③ 吴支奎.校本课程开发与学校文化重建[J].江苏教育研究，2008(5)：21-23.

④ 李莉.校本课程开发与教师专业发展[J].中小学教师培训，2008(5)：12-14.

⑤ 熊梅，马玉宾.校本课程整合与合作的教师文化的生成[J].教育研究，2005(10)：49-54.

⑥ 刘培军，丁红兵.校本课程——少数民族传统文化传承的主要媒介[J].内蒙古师范大学学报：教育科学版，2007(7)：32-35.

同时,实现着学校教育的民族文化传承功能①。

3. 民族文化与校本课程开发研究

西方关于这一问题的研究探讨主要是以多元文化课程理论研究为对象,认为在多元文化社会中,多元文化课程是不同群体之间维护自身利益而引发的冲突与妥协的结果,多元文化课程为学校课程建设与发展提供了新的思路和启发。② 西方多元文化课程的主要目标在于将以主流文化为中心的课程变更为可以容纳不同族群文化的多元文化课程,在实践中的重点是通过对课程目标、实施模式、开发途径的研究将课程材料中那些体现偏见与歧视的内容剔除掉③,即多元文化课程内容如何做出应有的选择。研究者所倡导的多民族研究课程也主要是针对多元文化课程改革的模式研究,比如,上文提及的班克斯教授在《多元文化教育》④一书中以民族研究课为课程改革的个案,探讨了多元文化教育的课程模式。

而在我国,民族地区课程资源的开发研究主要与校本课程、地方课程的开发研究结合在一起。目前在民族文化校本课程研究方面的专著不多,主要有:李定仁先生在对西北民族地区校本课程开发的基本理论、实施现状进行阐释与分析的基础上,主编的《西北民族地区校本课程开发研究》(2006)。金志远博士从文化学的视角出发,撰写的《民族文化传承与民族基础教育课程改革》(2008)。此外,还有一些关于民族文化与课程的研究散见于民族教育类的专著当中,如:王嘉毅、吕国光主编的《西北少数民族地区基础教育发展现状与对策研究》(2006),在该书第七章"西北少数民族地区基础教育发展中的课程问题"中,一方面展示了西北少数民族地区基础教育课程改革的重要意义与发展成就,另一方面针对当前存在的相关问题提出解决的建议和对策。朱俊

---

① 王景.少数民族地区民族文化校本课程开发研究[J].现代教育科学:普教研究,2008(5):86-88.

② 李庶泉.多元文化课程理论研究[D].兰州:西北师范大学博士学位论文,2004.

③ 王鉴.近年来西方多元文化课程与教学研究简论[J].西北师范大学学报:社会科学版,2001(5):50-54.

④ BANKS J A. Multicultural education: theory and practice [M]. 3rd ed. Boston: Allyn and Bacon, 1997: 234.

杰、杨昌江所著的《民族教育与民族文化发展研究》(2006),全书围绕民族教育与民族文化发展的意义及功能展开,提出民族教育与民族文化有着天然的、不可分割的联系。王军、董艳主编的《民族文化传承与教育》(2007),以少数民族优秀文化传承为视角,探讨教育在其中的地位与作用,并从人的发展需要思考与分析民族文化传承与教育的重要意义。

这些研究主要从宏观视角谈我国民族教育与民族课程的发展,而深入到一个具体的民族地区,对民族文化课程开发问题的较深入研究则大多集中在硕博士论文中。如孟凡丽的博士论文《多元文化背景中地方课程开发研究》(2003),该论文基于我国社会与教育发展现状及国外多元文化课程开发的理论,对地方课程开发进行了系统研究;马正学的博士论文《西北少数民族地区校本课程开发研究》(2004),从西北少数民族地区校本课程资源的开发与利用、目标与模式构建两方面展开研究。而硕士论文则更多地选择某一个具体地区或具体民族来展开相关研究。

综观这些研究成果,其内容主要集中在以下五个方面。

(1) 少数民族地区课程资源开发的现状与存在问题研究。

研究者认为,我国少数民族地区校本课程开发存在的问题有:一是课程缺乏地域性、民族性特点;二是基础教育课程功能在民族地区的民族学校未能得到充分发挥;三是课程内容忽视主体文化差异。[1]

(2) 少数民族地区文化特点与课程资源开发路径研究。

宝乐日分析了地方课程如何作为多元文化的载体,为地方课程资源开发提供可能[2];邓达提出课程资源开发的新取向,即"校际课程的开发"[3];顾玉军采用行动研究的模式,提出通过与当地教师进行合作

---

[1] 孟凡丽.多元文化背景中地方课程开发研究[D].兰州:西北师范大学博士学位论文,2003:9-11.

[2] 宝乐日.地方课程——少数民族地区实施多元文化教育的载体[J].民族教育研究,2006(2):59-63.

[3] 邓达,易连云."校际课程"开发——西南少数民族地区课程资源开发新取向[J].广西师范大学学报:哲学社会科学版,2006(3):103-106.

探索校本课程开发的新途径①。

(3)少数民族地区校本课程与文化的关系研究。

研究者提出少数民族教育具有"双重性",因此少数民族教育的目的、教育内容、教学用语等方面都要两面适应。②学校教育应该是为实现各民族之生存理想而进行的文化传承与文化建设活动,学校教育必须建立在民族文化基础之上,学校教育目的就是为达到这个目的而设计的。③此外,民族地区要寻求学校课程建设的心理学依据④,要开发出适合人性基本特征的校本课程。⑤

(4)文化视野下的少数民族地区校本课程构成要素研究。

20世纪80年代,联合国教科文组织在《从现在起到2000年教育内容发展的全球展望》报告中指出,国际社会面临重大的文化变革,针对这种文化变革现象,课程目标的设计要突出价值目标,要在科学技术与人类生活与行动目的的价值观之间建立平衡;课程内容的设计要突出人文课程的比重,并加强民族文化遗产、民族语言的教育作用。⑥于是,在民族地区基础教育课程改革中,研究者意识到要想实现民族文化的学校传承,就必须确立相应的课程目标,发掘民族文化资源,实施主题统整的课程组织形式,并依托多样化的课程形式来加以实现。⑦

研究者认为,在课程目标上,校本课程应有助于实现文化的各项功

---

① 顾玉军.民族地区农村小学校本课程开发之行动研究[D].兰州:西北师范大学硕士学位论文,2004.
② 王锡宏.论少数民族教育双重性[J].民族研究,1999(3):32-40.
③ 张惠淑.中国少数民族教育目的需要之研究[D].重庆:西南大学博士学位论文,2007.
④ 巴登尼玛.民族儿童生活空间与义务教育课程[J].教育研究与实验,1994(3):29-32.
⑤ 肖炬元.人性:校本课程开发的原点与终点[D].长沙:湖南师范大学硕士学位论文,2006.
⑥ S.拉赛克,G.维迪努.从现在起到2000年教育内容发展的全球展望[M].马胜利,等,译.北京:教育科学出版社,1996:78-89.
⑦ 周宏,刘茜.民族文化传承:民族地区基础教育课程改革的使命[J].教育探索,2011(4):25-26.

能[1],少数民族地区校本课程既要满足少数民族地区文化传承的需要,还要考虑到少数民族地区儿童身心发展的需要[2],应当引入多民族、多文化共存的理念,消除文化偏见[3]。在课程内容上,民族地区在校本课程开发中要尊重文化主体的地位和文化选择权[4],将民族文化知识与经验置于情境脉络中,并亲身检验解决问题的方法,以便使学生更易接近和感受到它的意义[5]。在课程实施上,民族地区学校不仅要开发出显性的校本课程,还应注重营造颇具民族特色的学校文化,尤其要重视民族文化潜在课程开发。[6] 教师在课程实施中,要利用多种手段营造民族传统文化氛围,增强学生学习民族文化的兴趣。[7] 在课程评价上,研究者主要对民族地区校本课程开发中应具有的意义和价值给予探讨。[8]

(5)民族地区校本课程开发中的文化权利与文化选择问题研究。

关于这一问题,研究者认为,首先,课程决策者与实践者对课程的认知偏差是民族地区校本课程资源开发中文化选择出现诸多问题的主要根源;其次,由于课程决策者和课程实践者对课程的认知偏差,在对我国民族地区基础教育课程文化进行选择时,应积极协调汉民族文化和少数民族文化在课程文化中的关系,以促进两者在课程文化中的权

---

[1] 朴泰洙,金永林.民族教育的文化选择及其重要性[J].教育评论,1998(4):8-9.

[2] 化得元.少数民族基础教育课程设置问题及改革策略[J].西北师大学报:社会科学版,2000(2):62-66.

[3] 杨爱程.西北多民族杂居地区课程设计初探[J].外国中小学教育,1993(4):41-42.

[4] 海路,滕星.文化差异与民族地区校本课程开发——一种教育人类学的视角[J].中南民族大学学报:人文社会科学版,2009(2):1-7.

[5] 周宏,刘茜.民族文化传承:民族地区基础教育课程改革的使命[J].教育探索,2011(4):25-26.

[6] 周宏,刘茜.民族文化传承:民族地区基础教育课程改革的使命[J].教育探索,2011(4):25-26.

[7] 刘军.校本课程——民族传统文化教育的重要途径[J].中国民族教育,2007(5):7-8.

[8] 王延霞.西南民族地区校本课程的学业评价研究——以贵州省丹寨县为例[D].重庆:西南大学硕士学位论文,2008.

利平衡;最后,在民族地区,教育对文化的选择反映了多元文化与现代性的关系,对这对关系理解与处理的好坏直接影响着民族地区校本课程的开发、校本课程的活跃度与实际功能的发挥。

上述这些问题的实质是文化权利与文化选择的关系,如何理解这一对关系对校本课程的开发与实施有着重要的影响。

4. 宁夏民族中小学校本课程资源开发与文化选择研究

宁夏回族自治区既是回族人口聚居区之一,也是回族学生受教育的主要地区之一,这里丰富的地域文化和回族文化资源是开展校本课程文化选择研究的有利条件。但到目前为止,以宁夏及宁夏回族为研究对象的校本课程文化选择研究较少,主要有:李定仁主编的《西北民族地区校本课程开发研究》[①]中第二部分的案例展示中以宁夏回族自治区为个案,介绍了校本课程开发情况,吴刚平在《校本课程开发》[②]一书中介绍了宁夏灵武校本课程开发的个案,及吴玉玲硕士学位论文《宁夏回族乡土文化校本课程的开发和实施》中的相关研究[③];还有极个别以某一学校为个案的研究,如:汪发的《校本课程开发的中学实践——以宁夏灵武市东塔中学为例》[④],刘喜林、刘孝群的《课堂小天地,天地大课堂——记宁夏银川唐徕回民中学特色校本课程》[⑤];或以回族文化为课程资源进行校本课程开发的具体研究,如:赵红的《"回族民间文学"校本课程的基本构想》[⑥]《民族文化课程资源开发的现状与对

---

① 李定仁.西北民族地区校本课程开发研究[M].北京:民族出版社,2006.
② 吴刚平.校本课程开发[M].成都:四川教育出版社,2002.
③ 吴玉玲.宁夏回族乡土文化校本课程的开发和实施[D].兰州:西北师范大学硕士学位论文,2006.
④ 汪发.校本课程开发的中学实践——以宁夏灵武市东塔中学为例[J].全球教育展望,2002(5):22-25.
⑤ 刘喜林,刘孝群.课堂小天地,天地大课堂——记宁夏银川唐徕回民中学特色校本课程[J].基础教育课程,2010(4):14-15.
⑥ 赵红."回族民间文学"校本课程的基本构想[J].宁夏师范学院学报,2009(2):107-110.

策——以宁夏回族文化课程资源开发为例》①。除此之外,以文化选择为对象进行的宁夏民族中小学校本课程的研究尚无其他。

已有的这些研究,以展示宁夏中小学校本课程资源开发的文化选择成果为主,在一定程度上发挥了在校本课程资源开发方面的示范作用以及宁夏特有文化作为课程资源的启示作用。

(二) 已有研究存在的问题和不足

1. 研究起步较晚

由于历史与现实的种种原因,从文化的角度自觉探讨文化与课程改革之间关系的研究主要源自于 20 世纪 70 年代的西方,代表人物有前文提到的伯恩斯坦(B. Bernstein)、迈克尔·扬(M. Young)、阿普尔(M. W. Apple)等,他们的研究主要是基于知识社会学和批判教育学研究阶级、种族文化和课程改革的关系问题。而在我国,对于课程改革与文化的研究始于 20 世纪 80 年代,当时研究的问题主要集中在关于传统文化与课程现代化发展的关系上。由此可见,国内外对于课程改革的文化研究总体上起步较晚,在这方面的研究普遍不足。

2. 研究主题相对分散

文化本身和课程改革二者都具有复杂性,综观课程改革的文化研究发现,对这二者之间关系的认识很难从一种角度或一个侧面来把握,所以其研究主题趋于多样与分散并存的现实状态。构成和影响课程改革的文化因素是极其复杂多样的,这种复杂性与多样性,一方面给研究理论的深化和问题的分析造成阻力,另一方面也丰富和拓展了理论研究的视域,为研究创造了更为广阔的空间。如已有研究大多从某一方面入手,考虑某一群体的文化利益,即便是以多元文化为切入点,研究也是各自为政、分散开来的;已有研究中对于文化构成要素的分析缺乏系统性把握,因而难以对课程中不同文化成分间的冲突性与一致性进行深入挖掘;已有研究中存在相对忽视现实文化与片面强调民族文化传统的两个分散极端,有可能导致文化的矛盾和冲突;等等。这些因研究主题过于分散所带来的问题,事实上是无助于理论深化和实践指导的。而就课程

---

① 赵红. 民族文化课程资源开发的现状与对策——以宁夏回族文化课程资源开发为例[J]. 教学与管理, 2013(36): 98-101.

改革的文化研究本身所具有的复杂性而言,还有许多问题需要进一步探究,如影响课程改革的具体文化因素有哪些?民族地区、欠发达地区、发达地区等特殊地区课程资源开发中文化选择的特殊性是什么?课程改革中多元文化之间相互作用的机制如何?等等。

现有研究尽管有许多都已经将注意力集中在了课程改革的文化研究上,并形成了一些有价值的研究成果,但是,对于后续的研究而言,我们还应对每一个看似分散的研究主题或领域,进一步进行横纵结合的全方位、系统化考察与探究,从而在分散的现象背后发现问题的实质。此外,在研究中还应思考如何借助传统的课程论研究,将复杂的课程文化同研究主题联系起来,用教育者需要的、可行的课程论来指导课程实施。

3. 研究内容方法待改进

课程改革具有很强的实践性,它的很多问题都来源于实践,并以解决实践中的问题为目标。王鉴教授曾经指出:在中国,从古至今的理论研究者在研究中往往存在的最大问题就是"远离研究对象的思辨性研究"较多,而那种深入实际、"贴近研究对象的实践研究"[1]较少。纵观我国课程改革的文化研究,这一传统在其中也表露无遗,各种研究的思辨色彩较为浓重,研究方法单一,理论的实践指导意义十分有限。

因此,课程改革的文化研究从方法上而言,应积极尝试走出书斋,运用文化人类学、人种学、民族志的一些研究方法,通过亲身参与、体验、交流等多途径来发现现象背后所隐藏的文化价值观念。正如美国文化人类学家克利福德·格尔茨所说:"当我离社会生活的直接体验太远时,我就会感到不舒服"[2],只有"通过一个又一个的实例,提出一个独特的观点来阐明什么是文化"[3],这才是对"文化"的恰当研究与表达。也只有这样,才能使我们的研究更具真实性、现实性。就国际研究的趋势来看,在现有研究的基础上,一方面应该把文化放在一个新的历史高度和确切的时代坐标上加以重视;另一方面则应该看到现实的文化矛盾对于课程的影响,注意到不同时代的文化矛盾在不同的国家和

---

① 王鉴.实践教学论[M].兰州:甘肃教育出版社,2002:13.
② [美]克利福德·格尔茨.文化的解释[M].韩莉,译.南京:译林出版社,1999:1.
③ [美]克利福德·格尔茨.文化的解释[M].韩莉,译.南京:译林出版社,1999:1.

地区所表现出来的不同形式,从现实和客观存在中去对这些问题加以深入探讨。

由此可见,从课程改革文化研究的方法发展趋势来看,单一的研究方法不足以揭示文化现象中文化因素影响的复杂性,课程与文化之间关系的研究应当向采用跨学科的研究方法转变。

4. 研究应加强实践性

第一,少数民族文化校本课程研究中在倡导多元文化理论的同时,应关注实践中如何合理运用多元文化理论。多元文化理论为课程改革走向多样性与选择性、民主性与平等性、差异性与尊重性、全纳性与世界性提供了有力的支持。但是,与此同时,有学者指出:我们在实施多元文化教育与课程过程中要注意思考这样几个问题,一是我们对待多元文化教育的态度,应是"去其糟粕,取其精华";二是多元文化教育具有进步性和局限性这"双重性";三是要在一元与多元之间保持必要的张力。①

第二,民族地区校本课程研究中在关注"课程资源开发"理论的同时,应关注实践中的文化选择机制的研究。现有关于少数民族地区校本课程的研究以"校本课程开发"研究为主,为了促进校本课程开发的深化,一些国内学者将研究重点放在民族地区地方课程资源的开发与利用上,强调利用民族文化资源,丰富课程文化内涵。少数民族地区除了有丰富的地域性、民族性的文化资源可供校本课程开发所用之外,这些地区的校本课程还应关照在课程资源开发过程中如何处理各种民族文化之间的关系、如何在课程开发中进行合理的文化选择等问题,进而全方位地对民族地区校本课程开发给予有针对性的关注,为研究提供有效的、系统的指导。

校本课程建设在宁夏初见成效,但在民族地区校本课程资源开发中以文化选择为视角,研究如何看待、处理校本课程资源开发中的民族文化与他文化之间关系的系统、专门的研究还是空白。尤其,以回族中小学为个案,探究民族地区校本课程资源开发中影响文化选择的因素到底有哪些,其过程是什么,具有哪些意义和价值,相关的策略有哪些,

---

① 王鉴. 多元文化教育的世纪论争[J]. 贵州民族研究,2003(1):125-131.

如何为民族地区校本课程开发中的文化选择问题提供有益的理论支持,等等,这些都是有待在实践中深入研究的问题。

四、研究目的与研究方法

(一)研究目的

在我国的民族地区,课程资源开发对于文化的选择不仅涉及多元文化与一元文化的关系问题,也反映了传统文化与现代性的关系,对于这些关系的探讨与研究既是一个学术范畴内的问题,又是一个实践领域内的问题。

本研究以民族中小学校本课程资源开发中所涉及的文化选择问题为重点,通过文献分析、调查研究的方法,对宁夏回族自治区民族中小学中的校本课程进行搜集、分类、整理和分析,以期从中梳理出宁夏校本课程发展的总体情况,透视宏观的民族地区校本课程资源开发中的文化选择现状,为民族地区校本课程资源开发寻找更为广阔的时空。进一步来说,由于民族地区民族学校从面对的文化类型到参与文化选择的主体都是多种多样的,要想揭示这不同主体、不同文化的文化选择现状,就需要从文化选择意识、文化选择行为、文化选择内容、文化选择结果四个方面对校本课程资源开发的现实状况进行考察,并在此基础上分析民族地区校本课程资源开发中文化选择存在的问题、具有的价值、实践的过程,为发挥学校课程满足个体成长需求、服务民族地区社会发展、探索传承与创新少数民族文化的有效途径、推进民族地区特色学校的创建提供可资借鉴的指导策略和必要的启示。

具体地说,本研究的目标有四点内容。

1. 解读理论性基础

泰勒(Philip H. Taylor)等人在《课程研究导论》(*An Introduction to Curriculum Studies*)一书中指出:"课程是教育事业的核心,是教育运行的手段,没有课程,教育就没有了用于传达信息、表达意义、说明价值的媒介。"[1]而课程的价值或重要性在哪里呢?在于"课程是文化再

---

[1] TAYLOR P H, RICHARDS C M. An introduction to curriculum studies[M]. New York:Nfer and Nelson,1985:11.

造的工具,负起社会对下一代的知识与价值观的筛选的使命"[①]。即课程是文化选择与传承的重要途径。由此可见,在教育领域里,课程与文化之间有着天然的、密不可分的关系。民族中小学校本课程资源开发中的文化选择问题以其特定的研究对象而具有自身特定的理论基础。本研究首先将从研究对象出发,结合教育哲学、教育社会学、教育文化学等多学科理论为研究寻找可资支持的理论基础并加以解读。

2. 考察现实性背景

本研究把课程资源开发问题看作是一种复杂的文化现象,一方面从上述多学科视角对校本课程资源开发中的文化制约性进行探讨;另一方面从民族地区的社会背景与文化现实出发,面对和谐与冲突并存的多元文化,客观公平地审视不同文化在校本课程资源开发的文化选择中的地位和价值。

民族中小学身处民族地区,民族地区社会发展现状直接影响民族教育的发展水平。而本研究中的"宁夏民族中小学校本课程资源开发"又是宁夏民族中小学教育的重要内容之一,因此,对该问题的研究首先要建立在对宁夏地区自然环境特点与社会文化变迁、宁夏文化发展与民族教育现状认识的基础上,这是本研究的社会背景。在此基础上,还要进一步对宁夏基础教育课程改革的现状和民族中小学校本课程开发的现状有所考察,以为进一步研究民族中小学校本课程资源开发中的具体的文化选择问题提供现实背景。

宁夏作为我国西部少数民族自治区,其特殊的自然地理环境和社会文化变迁成为宁夏文化与教育的发展的重要社会背景,特殊的自然环境与社会文化是教育不可逃避的现实,具体到校本课程资源开发的文化选择中,这样的社会文化现实也成为影响和制约民族中小学校本课程资源开发中文化选择的重要因素,少数民族地区的学生成长也更需要对民族地区文化的现状给予关照,以更好地实现校本课程资源开发中文化选择的适切性。同时,校本课程主要适用于那些民族聚居区的民族学校,以及民族散居区的民族学校。它可以更直接地帮助民族

[①] SCHUBERT W. Curriculum perspective: paradigm and possibility[M]. New York: MaCmillan Publishing Company, 1986: 29.

学校的学生了解、体认本民族的社会文化特点、现实状况、未来发展的需要,从而为本民族的发展培养具有民族认同感、责任感、使命感的人才。

总而言之,民族中小学校本课程资源开发中的文化选择要把传承优秀文化当作是自己责无旁贷的使命和义务。民族中小学校本课程资源开发不能无视民族地区文化的特殊性与多样性的现实,既要传承多种类型的文化,又要传承本民族的优秀文化。因而在现实中,就要考察包括民族地区自然地理条件、社会文化变迁、民族教育与民族课程在内的历史与现实背景,考察民族中小学校本课程资源开发中文化选择的现状等等,这是研究的重要基础。

3. 探寻特殊性现状

在对宁夏民族中小学校本课程进行搜集、分类、整理、调查的基础上,展示宁夏民族中小学校本课程资源开发中所具有的特定文化选择的意识与行为、内容与结果,并由此出发,探讨民族地区校本课程开发中文化选择的特殊性所在。

作为一个动态的过程,民族中小学校本课程资源开发中的文化选择现状研究包括文化选择的意识、行为、内容、结果四个维度的内容。就本研究而言,民族中小学校本课程资源开发中文化选择的意识是文化选择主体是否具有文化思想的一种表现,而文化选择的行为是文化选择主体的有效选择活动。所以,这里的文化选择的意识与行为是指体现在文化选择主体身上的文化选择的意识与行为。

那么,文化选择的合理与否又通过什么体现出来呢?即文化选择最终的内容与结果。也就是说,面对各种不同的文化,我们最终选择了哪些文化?为什么选择这些文化?这些被选择出来的文化是否发挥了自身应有的功能?这些与文化选择的内容与结果密切相关。

总之,主体的文化选择的意识决定了文化选择的行为,而文化选择的行为又将验证文化选择的内容是否合理,结果是否有效。民族中小学作为一个具有特殊的文化承载功能的对象,其面对的文化更具丰富性和特殊性,因而探讨民族中小学校本课程资源开发中的文化选择问题,就是要审视与探讨民族中小学在文化选择过程中,在意识与行为、内容与结果方面与其他地区相比所存在的特殊性问题。

4. 反思合理性追求

由于校本课程资源开发中所选择的文化内容能够满足并引导学生的社会文化价值观,能够实现学校的特色化建设与发展,能够促进文化自身的传承与创新,因此本研究从宁夏民族中小学校本课程资源开发中的文化选择主体的意识与行为、文化选择的内容与结果等多方面来分析宁夏民族中小学校本课程资源开发中的文化选择问题,反思民族中小学校本课程资源开发中文化选择的价值和功能,以期将停留在现象层面的问题,经过反思转换为理性思考,为校本课程资源开发中的文化选择提供必要的、有价值的指导和动力。

简而言之,审视现状也好,反思问题也罢,最终的目的都在于探讨和寻找一条如何展开校本课程资源开发的文化选择之路,并使之具有一定的普适性。在这一过程中就必须思考民族中小学校本课程资源开发中的文化选择的影响因素、应然的价值取向、文化选择的实践过程等问题,从而在对已有现状的挖掘、展示与分析的基础上思考民族中小学校本课程资源开发中文化选择的合理性实践。对于这些问题的探讨最终将有助于推进民族中小学学校课程建设与特色学校发展,有助于更加系统地为民族中小学校本课程资源开发中的文化选择指明路径,从更深层次上说,将有助于实现课程在文化传承与人的发展中的媒介功能。

(二) 研究方法

研究方法恰当的设计与应用,是顺利开展研究并达到预期目标的必要条件之一。从研究的对象出发,为了保证研究进度和研究质量,本研究主要采用的研究方法有:文本分析法,调查法(问卷、访谈),观察法。

1. 文本分析法

主要拟搜集如下资料进行文本分析、解读:

国家及宁夏教育行政部门颁布的与校本课程开发相关的政策文本;

反映宁夏社会发展与历史文化变迁的相关文献;

直接反映宁夏民族中小学现状的地方性文献;

直接反映宁夏民族中小学课程文化建设的文献资料;

宁夏民族中小学已开发出的校本教材文本；

研究对象所在地及有代表性学校的背景资料、规定性文件、图片等。

2. 调查法（问卷、访谈）

（1）调查表：《校本课程资源开发中文化选择的校长意向调查表》。

① 调查目的：摸底，了解宁夏民族中小学校本课程开发的总体情况及学校管理者的相关态度与认识。

② 调查对象：宁夏回族自治区各市、县（区）民族中小学校长或学校管理者。

③ 调查方法：2012年9月宁夏回族自治区教育厅召开推进全区民族中小学内涵发展现场会发放、填写、回收调查表。

（2）调查问卷：《民族中小学校本课程资源开发中的文化选择情况》（教师用），《民族中小学校本课程资源开发中的文化选择情况》（学生用）。

① 研究目的：调查文化选择主体的基本情况（A）以及基于文化选择主体的意识与行为（B\C）、内容与结果的现状（D\E）。

② 问卷编制：教师问卷由40个题目构成，分为三个部分，第一部分（01—07题）主要涉及被调查教师的个人背景；第二部分（08—36题）调查教师在宁夏民族中小学校本课程资源开发中文化选择的四个维度的认识与态度现状；第三部分（37—40题）为开放性问题。具体结构描述见下表。

表0-1 本研究中教师问卷结构基本描述

	问卷结构及内容	题号（40道题）
校本课程资源开发中的文化选择	A. 基本信息	A01—A07
	B. 校本课程开发中文化选择的意识	B08—B17
	C. 校本课程开发中文化选择的行为	C18—C23
	D. 校本课程开发中文化选择的内容	D24—D30
	E. 校本课程开发中文化选择的结果	E31—E36
	F. 开放性问题	F37—F40

学生问卷由 42 个题目构成，分为两个部分，第一部分（01—04 题）主要涉及被调查学生的个人背景；第二部分（05—42 题）分别调查学生在宁夏民族中小学校本课程资源开发中文化选择的四个维度的认识与态度现状。具体结构描述见下表。

表 0-2 本研究中学生问卷结构基本描述

	问卷结构及内容	题号（42 道题）
校本课程资源开发中的文化选择	A. 基本信息	A01—A04
	B. 校本课程开发中文化选择的意识	B05—B18
	C. 校本课程开发中文化选择的行为	C19—C23
	D. 校本课程开发中文化选择的内容	D24—D36
	E. 校本课程开发中文化选择的结果	E37—E42

③ 调查对象与统计：教师问卷初次试测 100 份，经过检验后，删除第 08 题、第 09 题，形成正式问卷（见附录 5），问卷同质信度 0.896 5；学生问卷初次试测 200 份，经过检验后，删除第 03 题、第 12 题、第 18 题，形成正式问卷（见附录 6），问卷同质信度 0.891 6。在对问卷进行信度检验后，进行了正式测试，其中发放教师问卷共 500 份，回收问卷 498 份，有效问卷 487 份；发放学生问卷共 1 200 份，回收问卷 1 071 份，有效问卷 1 023 份。

（3）访谈。

① 访谈目的：了解不同主体对校本课程资源开发中文化选择相关问题的认识、态度。

② 访谈对象：学校领导、校本课程开发教师与学生。

③ 抽样方法：目的性抽样（关键个案抽样）。

3. 观察法

（1）观察内容：不同主体在校本课程资源开发中文化选择的意识与行为表现、不同主体在校本课程资源开发中对文化选择的内容与结果的认识。

（2）观察手段：现场观察，填写观察记录表。

（3）抽样方法：目的性抽样（典型案例抽样）。

第一章　民族中小学校本课程资源开发中文化选择的理论解读

"宁夏民族中小学校本课程资源开发中的文化选择"问题涉及多学科、多领域,其中教育哲学思想、教育文化学理论、西方社会学理论以及心理学理论中的相关内容对本研究具有一定的指导作用,因此本研究将就这些理论联系研究的实际需要进行相关分析,进而尝试在这些理论和观点中探寻能够为本研究带来的诸多启示,从而为本研究提供有力的理论支持。在此基础上,本章将进一步结合研究主题挖掘已有理论中与课程文化选择密切相关的基本问题,如课程文化选择的价值、课程文化选择的过程与机制、课程文化选择的对象等,通过对已有理论的梳理和探讨,为后续研究找到理论的出发点和归宿。

一、民族中小学校本课程资源开发中文化选择的理论基础

简单地说,课程资源开发中的"文化选择"是一个在理论指导下的动态的过程,对于这一过程的研究主要涉及的问题大致有:文化选择的主体是谁？文化选择的依据与原则是什么？文化选择的内容是什么？文化选择的价值与功能有哪些？文化选择的过程是怎样的？等等。对于这些问题的认识,不同流派基于理论所述范畴和研究对象的差异所持观点各不相同,但这些认识中有价值的部分从多角度为课程资源开发中的文化选择研究带来良多启示。

(一) 关于"文化选择"的目的与原则

不同时期,社会对受教育者都会有不同的期望,都会有各时期主张的不同教育目的。课程作为教育活动中的核心,在课程资源开发的文化选择过程中也同样总是要依据一定的目的和合理化的原则来展开文化选择的实践。

杜威实用主义(Pragmatism)教育思想主张以儿童的经验和兴趣为目的进行文化选择,并使文化选择实现为未来生活做准备的功用。杜威认为,学校教育是社会生活的一种形式,应"保证适当地传递社会的一切社会文化遗产"①,"课程的轴心乃是文化的发展"②,它必须不是仅仅作为知识的项目来吸收,而且必须作为符合当前社会需要的有机组成部分来吸收。此外,在学校中应当"把儿童熟悉的生活呈现给他们","并且以各种形式把他们再现出来,使儿童逐渐了解它们的意义,并在其中起着自己的作用"。③ 基于这样的认识,课程资源开发的文化选择应当把学生的学习同学校生活、学校文化结合起来,文化选择应该选择贴近学生生活的文化,且课程资源开发强调让学生获得自己所理解的、与自身文化相适应的知识。

英国课程论专家丹尼斯·劳顿(Denis Lawton)将"课程"定义为"对某种社会文化进行选择"④,认为文化选择必须建立一套相应的"文化分析"原则以便于文化选择的实践。于是,在他的《课程研究与教育规划》(1983)一书中,就提出了"文化分析"(Cultural Analysis)的理论,并在此基础上建立了一套被称之为"文化分析"的原则。他主张课程文化选择要依据那些经得起理性探究和检验的原则,选择那些对个体成长而言最具价值的内容,且这些被选择的内容要经得起推敲,要具有良好的逻辑性。

劳顿把他的文化分析课程规划模式用下图来表示:

---

① 赵祥麟,王承绪.杜威教育名篇[M].北京:教育科学出版社,2006:144-145.
② [美]梅休.杜威学校[M].王承绪,等,译.北京:教育科学出版社,2007:325.
③ 赵祥麟,王承绪.杜威教育名篇[M].北京:教育科学出版社,2006:4-5,7.
④ LAWTON D. Class,culture and curriculum[M]. London:Routledge & Kegan Paul,1980:6.

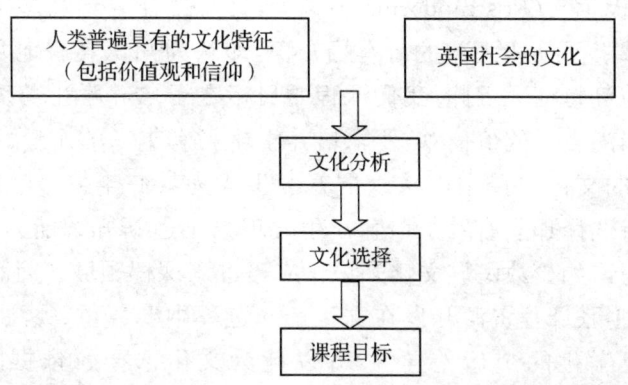

图 1-1 劳顿的文化分析课程规划模式①

建构主义(Constructivism)学习理论强调文化选择要以有助于学习者有效建构为目的,认为学习首先是一个主动建构的过程,而校本课程资源开发中的文化选择即是一种从学生的现实出发,从学生的个别性出发进行的课程资源文化选择,因此有助于学生进行知识与文化的建构。其次,社会文化环境对学生学习具有重要的影响作用,而校本课程资源开发中的文化选择就是一个有效地把学生的学习与相关的社会文化情境连接起来的途径,就是要选择那些符合学生兴趣和能力的、具有地区特色的文化进入课程。最后,学习是一种情境化的活动,而校本课程资源开发中的文化选择应该十分关注社会文化以及儿童已有的经验,使学生的学习更加有意义。

历史批判学派(Historical Criticism)认为,文化选择要与特定历史文化背景紧密联系。如博厄斯认为:文化没有高低之分,在其价值上都是平等的,对文化的评价只有深入到文化赖以存在的社会历史条件中进行。② 所以在课程资源开发中进行文化选择应看到:每种文化都有其存在的价值,每个民族都有其值得尊重的价值观,不同文化负载着不同的价值和功能。

---

① 单丁.课程流派研究[M].济南:山东教育出版社,1998:442.
② [美]弗朗兹·博厄斯.人类学与现代生活[M].刘莎,谭晓勤,等,译.北京:华夏出版社,1999:48.

后现代主义（Postmodernism）认为，文化选择要崇尚多元价值观，把知识还原为"某些人"①的特有的知识，即认为知识具有地方性、情境性、主观性等特征。因此，我们课程的目标在于培养学生尊重差异、和谐共存、崇尚多元的价值观，要求培养学生具有丰富的个性。② 在课程资源开发的文化选择中应该以培养学生成为具有丰富个性的人为目的，以坚持选择那些有助于培养学生发现与创造新知识能力的文化为标准，认为诸如少数民族文化知识也应当进入课程领域。简而言之，后现代主义主张课程资源开发在文化选择过程中要尊重、关注文化的多元性，以及学生的个体差异性，并以此为文化选择所依据的目标和原则。

（二）关于"文化选择"的内容与结果

那么依据一定的目的和原则，在课程资源开发中文化选择的最终内容与结果应该是什么呢？不同理论流派在这一问题上也提出了不同的见解。

存在主义（Existentialism）认为，文化选择应关照科学知识与人文知识，认为"没有价值体系，不存在什么对错，只有个体做选择以及接受选择的结果"③。最重要的知识是关于人类状况和我们所做的个人选择的知识。基于存在主义的认识，在校本课程资源开发中的文化选择应该以我们现实的生活状况和文化为前提，关照科学知识与人文知识的选择，并坚持遵从我们个人的需要来进行自由的选择。也就是说，课程资源开发中文化选择的内容与结果要强调自我表达，要通过实验以及表现情绪、感受和洞察力等的方法和媒介展开。

后现代主义（Postmodernism）认为，文化选择的内容应该是丰富多元的。它认为本土课程、人文课程、隐性课程都将成为课程系统中的

---

① [美]斯蒂文·贝斯特，道格拉斯·凯尔纳.后现代理论[M].张志斌，译.北京：中央编译出版社，2011：217.

② 陈晓端，郝文武.西方教育哲学流派课程与教学思想[M].北京：中国轻工业出版社，2008：260.

③ ARENDS I A, WINITZKY N, TANNENBAUM M D. Exploring teaching: an introduction to education[M]. Boston: McGraw-Hill, 2001: 86.

重要组成部分,课程资源开发中的文化选择就应该是"让边缘人群、被压迫者、少数种族表达自己'声音'"①的一个过程。在这一过程中,文化选择主体应该是多元参与的,文化选择的内容与结果应该要尽量展现多重文化内涵,体现出不同群体的文化现实与文化需求,也只有这样的文化选择结果才是公平的、民主的、有价值的。

历史批判学派(Historical Criticism)认为,文化选择就是要教会学生掌握文化选择的能力,认为必须把我们的全部教育努力都倾注在儿童的选择能力上。② 就课程资源开发中的文化选择而言,我们的文化选择不该是仅仅教会学生学习那些有价值的文化,更应当教会学生如何去选择有价值的文化;让他们知道对于不同文化不应该抱有任何偏见,如果那样的话只会阻碍自己在机会面前做出民主、理智的抉择。同时,我们的课程资源开发中的文化选择不应当只是帮助学生形成对某一种生活方式的特别的思维,而拒绝其他文化在培养个人能力中所具有的作用。

美国学者加德纳的多元智能理论(Multiple Intelligences)认为,文化选择应满足个体多方面智能需要。在课程资源开发的文化选择过程中,一方面应强调课程资源开发要看到学生有多种发展和实现成功的可能,因而在进行文化选择时从文化选择的内容上要注重多元文化的渗透,避免用统一标准扼杀学生这种多元发展的可能;另一方面,课程资源开发所面对的文化是多元的,开发者面对多元的文化应该充分展示多元的智能,使得每个个体都有展示自己优势的机会,走多元成功的道路。

(三)关于"文化选择"的价值与功能

产生于20世纪20年代的德国文化教育学派(Culture Education School)认为,文化选择的功能在于文化传递。正如该理论的早期代表斯普朗认为,教育被看作是一种指向不间断发展着的主体的个性生

---

① 陈晓端,郝文武.西方教育哲学流派课程与教学思想[M].北京:中国轻工业出版社,2008:261.
② [美]米德.代沟[M].曾胡,译.北京:光明日报出版社,1988:87-88.

命生成的文化活动①,"教育即文化的别名",教育的本质是"基于对他人的精神施与之爱,使他人的全部价值受容性即价值形成能力从中发展起来"②,这才是教育的核心所在。

基于文化教育学派对教育的文化功能与价值、教育的文化意义、教育与文化的互动的认识,课程资源开发的文化选择应该做到:把"教育与人类文化同时发生和发展"的这一特殊性价值在全部课程中显示出来,并将那些经由历史的积淀而形成的人类精神文化财富中具有陶冶人类心灵价值的文化选择出来。正是从这个意义而言,课程资源开发中的文化选择有助于发挥课程的文化"陶冶价值"。

结构功能主义(Structural Functionalism)认为,文化选择的价值在于文化的复制与传承。其创始人涂尔干认为:"教育在于使年轻一代系统地社会化"③,而这种社会化就是使个体掌握、认同现实的、法理化的社会文化。这一个体"社会化"教育观赋予了课程对"社会文化"的适应与维持的使命与功能。因此,与社会文化同质性的课程不仅是规范性的,而且是接受性的,课程的文化选择功能就是对"法定文化"进行复制与传承。

(四)关于"文化选择"的过程

改造主义(Reconstructionism)也称社会重建主义,以康茨(George S. Counts)和布拉梅尔德(Theodore Brameld)为代表。该理论认为,文化选择是一个文化改造的过程,课程是实现社会变化的工具,其内容应以广泛的社会现实问题为中心。④ 从这个意义上讲,我们的课程不仅仅是文化的工具和素材,也是文化得以存在的原因。因此在课程资源开发的文化选择时也应在选择的过程中对不同文化加以检视,以提高文化在育人过程中的适应性。依据改造主义的观点,课程资源开发中的文化选择过程一定是一个先要确定文化选择的主题,然后对其内

---

① 邹进.现代德国文化教育学[M].太原:山西教育出版社,1992:4.
② 邹进.现代德国文化教育学[M].太原:山西教育出版社,1992:89.
③ 张人杰.国外教育社会学基本文选[M].上海:华东师范大学出版社,1989:9.
④ 陈晓端,郝文武.西方教育哲学流派课程与教学思想[M].北京:中国轻工业出版社,2008:182-183.

容加以适应性的改造的过程。

　　文化进化论(Cultural Evolution)认为,文化选择的过程就是文化进化的过程,研究教育的过程,就是研究文化过程的核心。[①]"文化选择"与"自然选择"正好相反,它是人类有意识地、主动地、自觉地创造的过程,是人类认识自然、改造自然,让自然为人类服务的过程。在课程资源开发的文化选择中就应当把文化选择看作是一个有意识的、主动的、自觉的、富有创造性的活动和过程。在这一过程中要充分发挥文化选择主体的主观能动性,使文化选择这一过程不仅仅有助于个体文化自觉的形成、文化选择能力的培养,更有助于文化自身的"进化"。

　　符号互动论(Symbolic Interactions)认为,文化选择是一个持续不断的互动过程,这种互动是以社会符号,如语言、文化为基础的,体现在课程资源开发的文化选择中,就要求把课程资源开发过程视为一个持续不断的自我互动和社会互动过程。在自我互动过程中,参与课程资源开发的每个主体都不得不以自己的文化经验来确定自己的行动方向和行为方式,从而产生基于不同文化经验的课程资源文化选择;就自我与他人的互动而言,在课程资源开发的文化选择过程中,是主体在广泛参与的基础上,通过自我与他人互动而关注那些对学生有意义的、重要的、与学生生活相近或相关的内容,并在课程中通过这种互动的形式呈现出文化选择的结果。

　　冲突理论(Conflict Tradition)认为,文化选择是一个消除文化差异与冲突的过程。该理论指出,社会是在不断的冲突、磋商、协调、再冲突的过程中循环往复、不断发展的。同样,课程资源开发中的文化选择是一种对社会文化的特殊建构,在这一建构过程中,文化间的冲突在所难免。因此,在课程资源开发中的文化选择过程中应承认多元文化共存,正视多元文化在课程开发中存在差异与冲突的必然性,面对的文化冲突应该走向一种良性的发展轨迹,使文化经历一个接触、碰撞、冲突——交流、扩大、加深——认同、吸收、借取——交流、融合、提升的过

---

① [美]爱尔乌德.文化进化论[M].钟兆麟,译.上海:上海文化出版社,1989:137.

程。课程资源开发中除了要对现有文化本身进行选择外,还要在关注实践层的冲突与融合有可能引起课程价值文化层的冲突与融合的同时,关注文化选择过程中的不同成员之间的接触与交往,即课程资源开发中的文化选择是一个事关课程价值、文化选择主体间冲突与差异的消除与发展的过程。

课程资源开发中的文化选择过程是探索对文化的创新和建构生成的过程,是各种文化在课程内的相互交流过程,是文化选择主体彼此间的沟通与融合的过程。后现代主义(Postmodernism)认为,文化选择是多元主体参与的意义建构与互动生成过程。这样的过程使课程资源开发中的文化选择彻底脱离了原先工具化课程的操纵,以及课程资源开发中的控制式的过程与机制,使多元主体共同投入到课程资源开发的文化选择的实施与运行过程中,从而实现多元主体的多种视界的汇聚、沟通与融合。在这一过程中,教师、学生不仅共同参与文化选择,而且以不同的角色参与到文化选择的不同阶段,他们对于校本课程开发中的文化选择而言具有多重功能。

二、民族中小学校本课程资源开发中文化选择的理论拓展

"优胜劣汰"是自然发展的规律,也是文化发展的规律。但是文化选择与通过自然机制进行的自然选择不同,它体现了较强的人的内在主观性。在社会发展过程中,文化与社会进行着不间断的、双向的选择,这种选择是当代文化与社会关系的一个重要特点。

在文化选择受到社会方方面面因素影响和制约的同时,也同样具有很强的自主性和能动性的特点。这种自主性与能动性表现为文化选择主体的人,在社会所许可的范围内,对不同文化具有多种或是无数种组合的文化选择的可能,这种选择本身就体现了人的自主性。而这种文化选择所具有的特点,决定了课程资源开发中文化选择的功能与价值要借助于文化选择主体的发展以及文化选择的结果来体现。

(一)文化选择的意义

课程资源开发中文化选择的意义性研究实质上是关于课程资源开发中的文化选择与学习者个体生存意义建构之间的意义关系的研究,

也就是说,课程资源开发中选择的文化与学习者成长和发展之间的意义与关系是什么。审视课程资源开发中文化选择意义性的历史流变,就是对这一问题最好的回答与展现,而且从中我们还可以得出一些有助于改进日后实践的经验与教训。也就是,"只有细致地研究过去,我们才能预想未来,理解现在"①。

课程资源开发中文化选择的意义即是指课程资源开发的文化选择中"促进、关照、护持个体生存意义体验和建构的基本特性"②。这是课程资源开发中文化选择所必须具有的教与学的意义性。在过去很长一段时间内的课程资源开发中,这种意义性是与个体发展相背离的,比如在我国至今共经历了八次基础教育课程改革,其中,20世纪50年代,课程培养目标强调"基础知识、基本技能"的培养与获得,即"双基";20世纪80年代,课程改革强调对受教育者智力及能力的培养;20世纪90年代,课程在秉持传统课程知识观的同时,展开"应试教育"与"素质教育"的博弈;直到21世纪初期新课程改革开始,受多种文化思潮的影响,课程改革强调课程中文化内容的合理性与合法性问题、教学中书本知识与个体生活经验相关联的问题、课程实施中教师的价值指导与个体自主建构的关系问题等。也就是说,传统课程资源开发的文化选择具有功利化、占有化、权威化和非生活化倾向,而这在一定程度上导致了课程文化的认同危机。那么,课程到底应该如何面对和定位课程文化呢?课程资源开发中文化选择的意义性到底如何体现呢?就本研究而言,文化选择与学习者个体生存意义建构之间的互动关系是文化选择的意义性所在。

综观教育发展的历程,我们可以看到,在教育领域内,原始社会是没有专门的学校和特定的课程的,所以关于课程资源开发中文化选择的意义性这一问题的历史考察主要从古代社会开始。

古代社会是课程资源开发中文化选择意义性的初显与异化阶段。在这一时期,教育内容的选择中对于不同内容所具有的不同意义的认识已经开始出现,不论在西方还是在中国,人们普遍开始把知识的选择

---

① [法]涂尔干.教育思想的演进[M].李康,译.上海:上海人民出版社,2006:10.
② 李召存.课程知识论[M].上海:华东师范大学出版社,2009:6.

与促进人的精神世界的超现实发展作为追求目标,在古代中国,如《周易》中说"天行健,君子以自强不息;地势坤,君子以厚德载物",即是把与自然现象相关的知识和人的德行培养建立起了联系;在古代西方,如柏拉图认为在学园里所开设的一系列包括算术、几何、天文等课程绝非是为了实用,而是在于这些内容能够"使灵魂的视力向上"[1],这也同样体现了课程内容的选择完全依照人的精神世界的客观现实。但由于这种把人应有的对感性世界的认识完全转向精神世界感知的状况,使得古代课程在文化中的意义性失去了原本应有的现实生活根基,以至于发展到后期出现了课程知识对形而上的极端追求,而忽视了课程的现实意义与价值。

到了近现代,伴随工具理性的极度膨胀,课程内容开发中的课程知识成了价值存在的前提,成了目的,成了第一性。于是,受教育者成了手段,文化知识成了工具,课程知识的文化意蕴被彻底抽离了。失去文化意蕴的课程知识只能是一堆失去精神灵动性的符号堆积,而那些作为事实性的课程知识背后所蕴含的价值性因素,包括人的情感、态度、价值观,民族思维方式、民族心理、信仰和文化传统,学科知识背后对待自然、社会、人生的态度,等等,则被无限度遮蔽与漠视。课程中的文化选择又走向了迷失个体需要与发展的状况中。

自20世纪60年代以来,课程资源开发过程中的文化选择更加强调课程知识与真实问题情境的不可分割的紧密关联,课程内容应该是具有动态性、开放性、生成性的对话文本。强调"学生不是被动储存所传授的知识信息的仓库,他们是带着自己的价值观、生活史和理解方式来到学校的,这些都最终决定了教学所能达到的意义高度"[2]。于是伴随着知识观的后现代转型,我们认识到课程中的文化知识选择要从知识走向智慧,即把知识整合转化到个体的经验结构之中。也就是说,课程资源开发中的文化选择开始关注所选择的文化的内在价值,通过文

---

[1] [古希腊]柏拉图.理想国[M].郭斌和,张竹明,译.北京:商务印书馆,1986:295.

[2] BROWN D,KELLY J. Curriculum and the classroom:private and public spaces[J]. British Journal of Sociology of Education,2001(4):501.

化选择来统整被割裂的科学世界与生活世界之间的联系,追问课程资源开发中文化选择的意识形态性。

(二) 文化选择的价值

价值取向(Value Orientation)能够决定、支配主体的价值选择,因而它对主体自身、其他主体和主体间的关系都有着重大的影响作用。就课程而言,课程是对文化的教育选择、重组、改造和传播,这是课程文化学中的一个应然命题。因此,文化选择贯穿课程资源开发的始终,而有选择地进行文化的传承正是课程资源开发的职责和价值所在。换言之,如果没有文化的选择,课程资源开发就不成其为开发。

从文化选择的功能来看,课程资源开发中的文化选择具有两种价值取向,一是按照社会的需要或意识形态选择文化,二是按照教育的需要或人的发展需要选择文化。正如休伯特(W. H. Schubert)所认为的:课程是一种文化再造的工具,它肩负着传播社会对下一代的筛选知识和价值[1],在这其中就包含了上述两种课程资源开发中文化选择的价值取向。

1. 按照社会需要或意识形态选择文化

具体看来,首先,课程资源开发中所选择的通常是具有一定社会价值的文化。如中国古代适应经济与政治的需要,教育领域的一切取舍均以儒学为标准来对各种文化做出选择,从而使得中国近代在相当长的一段时间内,课程将具有巨大进步性的科学技术视为"奇技淫巧",课程无法选择和接纳这样的内容,这就充分地体现了课程对于文化的强选择性。而在中世纪的欧洲,学校坚持教会与自然科学研究为敌的态度,容不得任何异教与异议在学校课程中出现。这些都体现了课程资源开发中按照社会或意识形态的需要来进行文化选择的价值取向。

近代英国资产阶级教育家斯宾塞(H. Spenser)在他所著的《智育、德育和体育》一书中针对教育的文化选择曾有过较为系统的论述。他认为,教育的文化选择应与人类的各项活动相适应,并按各种活动的重

---

[1] SCHUBERT W H. Curriculum perspective: paradigm and possibility[M]. New York: Ma Camilla Publishing Company,1986:29.

要程度来对相应的文化知识做出价值比较,以确定"什么知识对我们最有用"。可见,教育的文化选择总是以一定的社会需要为其取向的。①

有鉴于此,麦克·扬(Michael F. D. Young)的"知识与控制"理论认为:现有的学校知识只是一种意识形态,并不是所有集团的知识或价值观念都可以被选进课程并得到传递的②,课程知识是"社会地、历史地建构的",它所反映的是社会文化的选择。迈克尔·扬认为,教育内容的选择、确定与组织实际上是将具有教育价值的文化进行分层的过程,通过分层,不同的学生接受和掌握不同的、经过选择的符合某一特定时期优势群体的价值和信仰③,课程文化选择的重点应该是关注文化的评估、选择和组织方式以及它们的基础。依据迈克尔·扬的理论,课程所体现出的即是一种对社会文化选择的反映,是将具有教育价值的文化进行分层的过程。

此外,布迪厄认为,教育通过构建有利于统治阶级的文化而实现文化再生产。在学校教育中,一方面,学校教育无论从方法还是从内容上都体现了一种"武断性文化的武断性强加",学校通过构建有利于统治阶级的文化而实现着文化的再生产,学校教育选择的文化来自于统治阶级的教育权威,并被认为是"合法化"的权威。另一方面,只有统治阶级的文化才被视为"合法化的文化",才可以通过课程加以传承。教师在行使其教育职能时,运用统治阶级赋予的权力,将统治阶级的文化武断地强加给来自其他阶级的儿童,这样的认识指导下的实践,最终的结果就是学校强加给学生的统治阶级的文化只有利于统治阶级子女的学业成功。而优势阶级正是通过把自己的文化资本转换为子女的文化资本——让其获得教育证书、文凭等,来确保其子女优势的社会地位的维持。

2. 按照教育的需要或人的发展需要选择文化

除了上述提到的教育的文化选择以社会统治阶级或社会意识形态

---

① 鲁洁,吴康宁.教育社会学[M].北京:人民教育出版社,1990:160-161.
② [英]麦克·F.D.扬.知识与控制——教育社会学新探[M].谢维和,朱旭东,译.上海:华东师范大学出版社,2002:129.
③ [英]迈克尔·F.D.扬.课程作为社会构成知识的一种研究取向[C]//厉以贤.西方教育社会学文选.台北:五南图书出版有限公司,1992:679,687.

的需要为其价值取向之外,教育的文化选择又以教育的价值为其取向,这一取向所体现的也正是教育的文化选择与其他各种文化机构的文化选择的差异性所在。这种价值取向下的学校课程,在进行文化选择时所考虑的是:所选择的文化既要有可能为学生所接受,更要有利于学生知识、能力、品性和体质的全面发展。总之,课程资源开发中的文化选择必须得按照教育的育人规律,从实现并满足人的自身发展的需要出发,做出具有教育学意义的选择。

结构功能主义立足于社会文化的基点,提出了课程开发的首要任务是对文化的价值判断和选择,其关注的是课程的文化选择逻辑。美国著名教育学者、科学化课程开发理论的奠基者和开创者博比特(F. Bobbitt)指出:"学校不是社会改造的工具,学校的责任是帮助生长着的个体不断地并前后一致地保持一种最切合实际的生活方式。"因此,课程的本质或价值在于为受教育者的未来生活提供一系列有价值的活动和相应的经验。依据这种认识,博比特提出,我们的学校教育中所选择的课程文化应着眼于那些必须由学校教育才能获得的经验。在博比特这里,课程开发进一步指向了对已有文化的"精选"与"深加工",以实现课程的"规范化"。在博比特看来,课程的社会价值从某种意义上说,就在于在社会成员中发展一种高度标准化和一致化的认识。[1]

在20世纪的文化批判中,有许多哲学家或哲学流派不约而同地将目光投向生活世界领域,使得回归生活世界的导向在解决人类的理性文化问题方面的探索最具合理性。关注生活世界的构想不是一般地笼统地坚持或彻底地全盘否定理性主义色彩,而是主张回到人类社会和人类文化的根基——生活世界,去从中寻找合理的理性文化重建的途径。

(1)生活世界才是人的一切存在的出发点和基础。

胡塞尔现象学的生活理论认为:"生活世界是永远事先给予的,永远事先存在的世界。"[2]现象学创始人许茨继承了胡塞尔现象学的意义

---

[1] APPLE M W. Ideology and curriculum[M]. London: Routledge & Kegan Paul,1979:68-69.

[2] 倪梁康.胡塞尔选集:上、下卷[M].上海:上海三联书店,1997:1087-1088.

性理论,认为社会实在是由众多的"有限的意义域"(provinces of meaning)构成的,而作为"有限的意义域"其中一种的日常生活是构成其他社会实在领域的基础的社会实在层面。① 哈贝马斯在其交往行动理论的构建中用生活世界理论作为其重要的理论基础和社会文化基础,他认为:"生活世界的概念构成了交往行动的一种补充概念。"②

(2) 生活世界是一种主体间的意义构造世界。

胡塞尔所说的生活世界不是简单的、琐碎的、经验的日常生活,而是一种主体性的构造,这种对现存生活世界的意义构造是科学世界和其他一切领域的基础。与此同时,生活世界又不是孤立的自我的产物,它是一种主体间性的生活世界。这种"交互主体性的世界,是为每个人在此存在着的世界,是每个人都能理解其客观对象的世界"③。许茨进一步指出,日常生活世界是一个自在的主体间交往的世界,是人们依据重复性思维和理所当然的自然态度而自在地生存的领域。④ 哈贝马斯认为,由文化、社会和个性构成的生活世界是主体间交往的意义世界和文化世界。⑤

(3) 以生活世界的合理化为基础充分发挥其功能。

在胡塞尔看来,"生活世界是自然科学被遗忘了的意义基础"⑥,科学世界实际上是从生活世界中分化出来的,是以合理化的生活世界为基础的。于是,许茨非常明确地指出要解决主体间的问题,即解决主体对其他主体的经验和沟通理解问题,必须"回到生活世界及其自然态度

---

① [德]阿尔弗雷德·许茨.社会实在问题[M].霍桂桓,索昕,译.北京:华夏出版社,2001:283.
② [德]哈贝马斯.交往行动理论:第2卷[M].洪佩郁,蔺青,译.重庆:重庆出版社,1994:165.
③ [德]胡塞尔.生活世界现象学[M].倪梁康,张廷国,译.上海:上海译文出版社,2005:153.
④ 衣俊卿.文化哲学十五讲[M].北京:北京大学出版社,2004:216.
⑤ 衣俊卿.文化哲学十五讲[M].北京:北京大学出版社,2004:225-226.
⑥ [德]胡塞尔.欧洲科学危机和超验现象学[M].张庆熊,译.上海:译文出版社,1988:58.

上去"①,即回到作为给定的常识世界和经验世界的日常生活领域。哈贝马斯认为,"文化、社会和个人作为生活世界的结构因素与文化再生产、社会统一和社会化的这些构成相适应"②,通过对文化传统的反思可以实现文化再生产的功能,通过对规范和法律的反思可以实现促进社会统一的功能,而通过个人同一性和自我的实现又可以达到完成社会化的功能。

上述思想家的生活理论倡导哲学研究应自觉地回归并研究生活世界,从多角度揭示出生活世界的意义和价值。以此为基础,在课程资源开发的文化选择中,首先,要看到课程作为一种实践活动,它是源于现实生活的,并且是无可选择地要以一定的现实生活作为自己存在的前提与内容。课程在资源开发的实践中发挥着改造社会和促进人的发展的功能。在这个过程中,课程资源开发的文化选择一方面在现实社会生活中实现着对个体的培养与改造,另一方面又在社会历史条件和社会生活实践中实现着对课程本身的改造,这两方面的"改造"所要实现的最终目标是以现实生活为依归的。因此,对于课程资源开发中的文化选择而言,生活世界理论强调的是要把生活作为文化选择及其活动的根源和终极意义。其次,对于学生个体成长而言,课程资源开发实际上就是要使我们的课程"回归生活世界",在立足于人的生成性的同时还课程以生活的本性。我们要选择那些真正符合学生需要的,并能有效促进学生健康发展的内容,也只有当我们的课程资源开发中的文化选择能够准确地、以集约的方式反映出存在于生活世界中的人类已有的精神文化财富的时候,课程才能够成为学生连接生活世界和人类文化的中介,从而也成为推动学生发展的最为有效且高效的力量。再次,课程资源开发中的文化选择要关注的"生活世界"至少应包括两方面的含义:一方面,这个"生活世界"必须是以人类已有的全部文化财富为基础的,这其中必然包括科学知识;另一方面,由于涉及因素的多样化,这

---

① [德]阿尔弗雷德·许茨.社会实在问题[M].霍桂桓,索昕,译.北京:华夏出版社,2001:337.
② [德]哈贝马斯.交往行动理论:第2卷[M].洪佩郁,蔺青,译.重庆:重庆出版社,1993:188-189.

个"生活世界"是分层次的,如学生成长阶段的不同、学生文化背景的不同、学生认知水平的差异等等,都势必会产生其对生活世界的理解与认识的差异。所以,课程资源开发既要认识到生活世界与科学世界是能在文化选择过程中求得一致的,还要努力创造条件使两者相统一。

综上,课程资源开发中的文化选择应是一种回归个体生活世界的文化重建。

(三)文化选择的机制

关于"文化选择"的机制有很多早期社会学、心理学学者曾经进行了深入研究。人类学家马林诺夫斯基在《文化论》中提出,文化现象与基因相反,可以从一个个体扩散到另一个个体,或从一个社会扩散到另一个社会,而这种文化现象的扩散取决于这种文化在适应力方面的影响,或者称之为文化的"生存价值"。[①] 社会心理学家则倾向于研究文化选择的心理机制,如美国社会心理学家唐纳德·坎贝尔(Donald Campbell)就基于心理机制的重要性研究了文化选择的机制,提出并列举了相近的文化选择模式,如完整社会组织的选择性生存模式、社会群体间选择性扩散模式、应对暂时性变化的选择性传播模式、个体内部变化的选择性模仿模式等等。1990年,我国文化学者顾晓鸣在谈及社会主义初级阶段面对社会文化脱节的现状时,提出不仅要将文化理论作为文化工具,还要在文化工具被选择的临界状态下建立一套文化选择的机制。[②] 山东大学杨善民、韩锋在著作《文化哲学》(2002)[③]中将文化选择视为一种文化流动的机制,从哲学角度出发对文化选择的发生机制与特点给予揭示。吉林大学冯波博士在学位论文《从自然选择到文化选择——论文化进化的逻辑基础》(2010)[④]中,对文化选择的概念、过程、类型、特性等问题进行了评估和解释,并提出文化选择可以在

---

① [英]马林诺夫斯基.文化论[M].费孝通,等,译.北京:中国民间文艺出版社,1987:87.
② 傅铿.文化脱节与文化选择——顾晓鸣博士谈社会主义初级阶段的文化矛盾[J].当代青年研究,1990(1):5-8.
③ 杨善民,韩锋.文化哲学[M].济南:山东大学出版社,2002.
④ 冯波.从自然选择到文化选择——论文化进化的逻辑基础[D].长春:吉林大学博士学位论文,2010.

"群体中广泛发生",但是它仅可以作为"解释文化变化"的因素之一。

那么在课程资源开发过程中,影响文化选择的因素以及这些因素之间是如何运作的等一系列关于课程资源开发中文化选择所涉及的问题,即是关于课程资源开发中文化选择的机制问题。

在任何一个系统中,机制都起着基础性的、根本的作用。所以,在理想状态下,对机制的理解主要包括三个方面的内容:对象的内部构造,即影响对象的因素;各因素之间的运行,即构造体各部分之间的相互作用所体现出的一种特有的秩序;运行中的功能,即指构造体各部分协调运行而发挥的作用。就课程资源开发中的文化选择而言,关于文化选择机制的已有理论研究主要包括以下三个方面。

1. 影响课程文化选择的因素

关于影响课程文化选择的因素,不同学者有不同的看法和认识,其中主要观点集中在政治经济与意识形态、社会文化与变迁是影响课程文化选择的两大主要因素。

(1) 政治经济与意识形态是影响课程文化选择的直接推动力。

以英国的伯恩斯坦、迈克尔·扬和美国的阿普尔为代表的课程社会学派从20世纪70年代开始探讨课程文化与资本主义的意识形态和社会结构的关系。其中,伯恩斯坦通过研究课程知识的选择及编码的方式与社会权力分配的关系得出影响文化选择的重要因素是"一个社会权力分配和社会控制的原则"[①]的结论;迈克尔·扬认为,课程知识的选择、组织与社会权力结构间存在一定的关系[②];阿普尔认为,教育问题从根本上说是伦理的、经济的和政治的问题[③],课程决定选择什么知识,如何组织知识和如何传递知识的过程主要受到文化——意识形态的影响。

---

① ROSS A. Curriculum: construction and critique[M]. London: Falmer Press, 2000:10.

② YOUNG M F D: Knowledge and control: new direction for the sociology of education[M]. London: Collier-Macmillan, 1971:23.

③ [美]迈克尔·W. 阿普尔. 意识形态与课程[M]. 黄忠敬,译. 上海:华东师范大学出版社,2001:12.

于是在实践中,我们也可以看到很多国家都将社会权力与意识形态通过开设相关的课程在学校中以合法化的形式传递着,如政治课、思想道德课、公民课、社会课等。西方有些国家还通过开设"宗教课"来强化培养学生忠于国家的意识。

(2) 社会发展与文化变迁是课程文化选择的前提和基础。

学校课程的内容概括了人类社会所积累的基本经验,这些经验即是社会所积累的文化,它是课程的主要源泉。因此,从某种程度上说,作为一种观念形态的文化,课程本身就来自于文化,课程是人类文化史的缩影。

学校课程总是传承和创新着某种文化,这种文化都是经过精心选择、加工和整理的,具有较为完善的结构体系。但是,课程所面对的文化又常常是不稳定的,这种不稳定源于社会不断发展所带来的文化的不断变迁。在一定历史阶段,社会发展与文化变迁迫使我们的课程不得不重新思考什么样的文化才是更具有教育意义的文化,以及学校课程应如何促进这种文化对受教育者的影响。

比如,原始社会,长幼之间言传身教的活动中所体现的是与生产生活和神秘知识密切相关的文化,这一阶段教育与人类生产和生活同在;古代社会,课程所体现的是与形而上学知识相关的古典文学和神学文化,这一阶段逻辑和辩证法成为学校课程的主要内容;现代社会,课程所体现的是以科学和实证为内容和形式的文化,此时科学课程开始居于学校课程体系的核心地位。伴随着社会发展与文化的变迁,现代课程因其有失人文性、乡土性、文化平等性、生活现实性而不断受到批判、质疑,于是又出现了后现代文化及其课程。后现代主义以其境遇性、多样性、人文性、建构性影响课程的文化选择,即课程文化选择开始关注具有多样性的"本土文化""乡土文化""校园文化""民族文化""建构的文化"等等,而这些文化的选择则以实现个体和文化的发展为追求。

2. 课程文化选择的过程

要使课程的文化选择功能得到充分、合理的发挥,必须完善其运行过程。课程文化选择的过程伴随着不同价值观的冲突、不同意识形态的对立,正如课程社会学研究者伊格莱斯顿所言:"决定课程内容的过程是冲突的过程",而这一过程"主要与权力的运用和分配有关"。① 所以,课程文化选择的过程一方面是权力运作的过程,另一方面在这一过程中所体现出来的是一种危机和冲突。

(1) 课程文化选择即权力运作的过程。

马克斯·韦伯认为,"权力意味着在一定社会关系里哪怕是遇到反对也能贯彻自己意志的任何机会"②。目前,就课程文化选择而言,什么样的文化能够在众多文化中被筛选出来进入课程,这主要是以政治经济权力所决定的课程权力运作的结果为依据和标准的,尤其是与社会科学相关的课程,并非是以知识发展的内部逻辑为其课程内容选择的依据。也就是说,那些能够进入课程的文化首先必然是被社会所普遍认可的"法定的文化",而这种文化所体现的是一种意识形态,一种仅仅被权力拥有者们所认定的、有效的、合法的文化,是一种"受着社会明显的或隐藏的权力关系制约"③的文化。

(2) 课程文化选择在冲突与危机中前行。

当代的学校教育已经不再以传递已趋稳定的传统文化为其唯一功能了,它更重要的功能在于帮助学生学会适应文化信息迅速发展的现代社会,关注于如何把学生引向文化科学发展的前沿与未来,并在此过程中使他们形成具有吸取与融合各种不同特质文化精华的能力。也就是说,我们的教育要帮助学生既能够看到文化的多元与差异,又能够在这种多元与差异中学会生存。由此可见,当代学校教育的这种文化选择型的变化是一种从一元化选择向多元化选择的转变,一种从封闭式选择向开放式选择的转变。这些转变中所体现的是当代学校教育为学生提供了较大的选择范围和多向选择的可能。

20世纪80年代末至今,实施多元文化课程业已成为社会及教育发展的必然趋势。美国的玛丽·A.赫伯恩认为,课程文化选择必须考

---

① EGGLESTON J. The sociology of the school curriculum[M]. New York: PKP,1977:23.

② [美]丹尼斯·朗.权力论[M].陆震纶,郑明哲,译.北京:中国社会科学出版社,2001:167.

③ 石中英,等.后现代知识状况与基础教育课程改革[J].教育探索,1999(2):26.

察社会的多元基础以及人口的不断变化；①在英国，有学者通过检验文化与身份的概念，提出一个反对文化传输、赞成文化超越的课程文化建设模式；②日本课程改革提出，国际社会面临全球政治、经济和文化变革，应重新审视课程知识基础，以利于公民身份的形成。③

为此，多元文化课程论者从其特定的立场出发，一方面倡导从多民族的利益出发处理问题；另一方面在表达文化、政治及社会状况时，应使学生感到他们是处于同等重要的地位。这样，就可以将课程中交互的文化反应如同图画一样活生生地呈现出来。应该说，课程面对多元文化进行文化选择是课程开发领域中的重要事件，多元文化课程的出现使得学校课程要尽可能反映各民族、多群体的要求、历史和文化，不能只限于种族或民族方面，还应把性别、社会阶层、宗教及其他文化群体的文化特性考虑在内。

3. 课程文化选择的功能

学校究竟是"谁之学校"，课程究竟是"谁之课程"？批判理论家认为，学校教育实际上是一个社会"再生产"的机构，是一个实现社会政治、经济、文化霸权的地方。统治阶级为了使自身的意识形态能够渗透进课程以影响受教育者，便运用权力从课程的多个方面控制着课程的文化选择。于是，学校课程对文化的选择实际上受到了社会主流价值观念的影响，受到了社会政治、经济和文化形态的影响。因此，学校课程文化从功能上看，或许对统治阶级的政治、经济发展期望是有益的，但对于所有学生的发展，对于传统的、民间的、个体的文化传承，是不是有益的还值得我们进一步思考和探究。

（四）文化选择的对象

在20世纪的课程改革中，文化的矛盾冲突一直是课程改革无法回避，也不能回避的问题。以往，对于课程改革的文化研究主要在于揭示

---

① 玛丽·A.赫伯恩,刘燕.民主社会中的多元文化和社会凝聚力问题:美国的经验是一种模式还是一个范例[J].教育展望,1993(1):19.

② BURTONWOOD N. Culture, identity and the curriculum[J]. Education Review,1996(3):227-235.

③ 胡定荣.课程改革的文化研究[M].北京:教育科学出版社,2005:27.

传统文化中有利或不利于课程现代化发展的因素,人们对于课程改革文化基础的思考主要是在"传统—现代"的框架里进行的。而如今,全球化时代到来,一方面,文化的矛盾与冲突越发凸显与激烈,威胁着整个社会的进步与发展;另一方面,文化的形式越来越丰富,文化的多样性也越来越为人们所认识和接受。① 于是,随之而来的"文化同质化与异质化之间的紧张关系正在上升为全球互动的中心问题"②。尤其对像中国这样的以民族国家为根基的现代课程教育体系构成了极大的冲击。

国内外学者在对课程资源开发中文化选择对象的论述上表现出极大的相似性,主要集中在传统文化与外来文化之间、乡土文化及少数民族文化与主流文化之间的矛盾。这些矛盾体现在课程中就是一元文化与多元文化之间的矛盾所带来的课程目标和内容的调整问题。

1. 传统文化与外来文化

外来文化主要是西方文化,传统文化是指本国的文化。研究者认为,在进行文化选择时,既不应该贬低、拒绝或敌视外来文化特别是西方科学知识的积极作用,也不应该视外来文化为圣经,要克服发展过程中对外来文化的过度信任和依赖,正视传统文化在本土社会乃至国际社会发展中的重要意义。就课程文化选择而言,要做到:一方面在保存、保护传统文化的前提下以批判的眼光来看待传统文化;另一方面也要用批判的眼光来学习外来文化,努力促进两种或多种文化之间的交流和对话。就此问题,石中英教授认为,学校教育内容中应该加入民族文化传统教育③,这将有助于促进受教育者民族文化认同与文化价值观的形成。而陈时见、朱利霞建议在课程设计上应保持一元与多元文化的张力④,以缓解一元文化与多元文化之间的矛盾。

---

① QUICKE J. A curriculum for life: school for a democratic learning society[M]. Buckingham: Open University Press, 1999: 8-9.
② 汪晖,陈燕谷.文化与公共性[M].北京:生活·读书·新知三联书店,2005:3.
③ 石中英.学校教育与国家文化安全[J].教育理论与实践,2000(11):13.
④ 陈时见,朱利霞.一元与多元:论课程的两难文化选择[J].广西师范大学学报:哲学社会科学版,2000(2):9.

2. 乡土文化、少数民族文化与主流文化

联合国教科文组织曾在 20 世纪 80 年代末的《从现在起到 2000 年教育内容发展的全球展望》报告中指出，国际社会将面临一系列文化变革的现象，如科学文化与人文文化的分裂；大众传媒所带来的大众文化的流行；全球化所带来的"文化帝国主义"的担忧和批判；等等。针对这些文化变革现象，课程内容设计上要突出人文课程的比重，以及加强民族文化遗产、民族语言的教育作用[①]，课程改革应当重新审视课程的文化基础。

众所周知，中国是一个地域辽阔、民族众多的国家，在地方的、少数民族的社会建设中，乡土文化及少数民族文化担当着重要的作用。而长期以来，由于我们的课程文化在高度统一的同时也高度单一，使得课程资源开发中，这些丰富多样的民族文化几乎没有体现。但是，现实中，我们的课程所要面对的是不同地区、不同民族、不同文化背景的受教育者，这样的课程是无法满足他们的真实需求的课程。因此，乡土文化、少数民族文化伴随着全球化时代的到来，开始受到关注，课程开始渐渐重视这些文化的浸渗，也体现了课程对多元文化下的人的全面关照。尤其是在学校课程中，很多课程理论研究者和课程实践者开始研究如何让这些优秀文化遗产成为课程资源开发的对象，并在学校课程中实现对各种文化遗产的传承与创新。

三、我国基础教育课程改革的文化选择理念

文化是影响课程改革的重要因素之一，它对于课程的影响要比政治因素、经济因素来得更为直接。我国课程专家靳玉乐先生从文化哲学研究的当代主题出发，为课程改革提出了一系列具有重要文化价值的新理念：新课程改革以培养人的个性以及理解、合作与创新意识为价值追求；以培养全球意识，协调人、自然与文化的关系为内在旨趣；以回归生活世界为新课程改革向教育本质回归的必由之路；以培育健康的

---

① S. 拉塞克，G. 维迪努. 从现在起到 2000 年教育内容发展的全球展望[M]. 马胜利，等，译. 北京：教育科学出版社，1996：78－79.

社会运行机制,增加社会的文化含量为外在诉求。① 由此可见,新课程改革是遵循教育的本质,看到了社会文化发展的现状与趋势,从人的内在需要和文化自身发展的需要而展开的。

那么,结合新课程的文化价值理念,我们的课程资源开发在进行文化选择时,面对中国多个民族、多种地域所带来的多元文化也应建立起相应的文化选择理念来指导新课程的文化选择实践。

(一) 尊重文化多元性,追求文化互惠共生

文化相对论代表人物赫斯科维茨(M. J. Herskovits)说:"每一种文化都有其独特的内涵和审美价值,都是为自己群体服务的,不同文化之间应相互尊重,要强调多种而不是一种生活方式的价值。"②

在我国,多元文化教育的背景决定了民族地区基础教育课程资源开发中的文化选择应该追求多元文化在课程中的互惠共生,要使选入课程资源中的文化体现多样性和丰富性,使学生接触到多元文化知识。课程资源开发的文化选择"应描绘多种文化经验,让每一个小孩都有机会去接触、感受"③,把汉民族文化和少数民族文化看成可接触与融合的,相互取长补短、互惠互利,共同发展的文化关系。

(二) 复归文化民族性,还原民族文化地位

民族中小学课程资源开发中的文化选择,必然要受到该地区特殊的自然环境、社会环境、文化背景,以及民族师生的文化特点的影响,而这些内容上的差异性是形成少数民族地区学校学生特定的认知方式、思维习惯、文化积淀的重要因素,这也正是少数民族地区学校在课程资源开发中的文化区别于汉民族课程资源开发中的文化的独特性,而这种独特性也是民族地区文化所特有的文化性格。

有鉴于此,我国新课程改革应该看到地方文化及民族文化的特点以及个体的文化适应性,在课程资源开发的文化选择中复归课程资源开发中文化选择的民族品性,切实改变民族地区课程中的文化选择与

---

① 靳玉乐,陈妙娥.新课程改革的文化哲学探讨[J].教育研究,2003(3):21.
② 冯增俊.教育人类学[M].南京:江苏教育出版社,2001:238.
③ 陈美如.多元文化课程的理念与实践[M].台北:台北师大书苑有限公司,2000:149.

学生生活世界脱节的现状。

（三）开拓文化时代性，丰富课程文化内涵

新课程改革是时代进步的需要，更是时代进步的产物。课程资源开发的文化选择在坚持民族性的价值取向的同时，也应看到时代赋予课程资源开发中的文化的意义和价值，应使民族性与时代性这两种价值取向之间保持一种适当的张力而得以并存。

我们在课程改革中一方面要看到民族优秀文化的巨大价值，正确面对这些文化，在积极引导学生认识、了解、掌握这些文化的同时，激发学生对民族文化的认同与归属，这种认同与归属感是民族文化得以传承和发展的重要保障和前提。另一方面，任何一种文化总是会在社会发展、人类进步的进程中不断发展和变迁。这就需要我们在对已有的文化进行传承的过程中，不断对已有文化进行合理的、必要的筛选与加工，不断对已有文化进行开拓创新，使其适应社会发展，并做到与时俱进，促进社会进步。因此，文化转型背景下，课程资源开发的文化选择，要能够接受新生文化形态的冲击和挑战，在新的文化模式的引领下，积极主动地创新和发展原有文化，以防使我们的课程培养出来的人成为新的文化条件下社会生活的"边缘人"，甚至是"局外人"。文化的民族性与时代性二者之间的关系处理与把握是课程资源开发中文化选择的育人目标能否实现的重要保障。

（四）彰显文化人本性，实现课程文化价值

课程改革作为一种课程文化资源的配置活动，从根本上说是一种对文化的价值判断和选择的过程。从文化选择的层面上看，课程资源开发中的文化选择应该正确对待知识与技能、过程与方法、情感态度与价值观之间的关系，重视课程资源开发中的文化选择是否以塑造人完善与自由的心灵为目标，从而全面实现课程资源开发中文化选择的育人价值。换言之，我们的课程设置应该努力为学生们提供多样的成长条件和机会，让学生在文化选择的过程中获得正确的文化选择观念与方法，为其今后的文化生活树立起正确的情感态度和价值观。在这里，课程资源开发中的文化选择所表达的正是一种"以学生为本"的课程理念，进一步说，就是课程资源开发的文化选择坚持以学生亲身经历的文化现状为对象，坚持让学生参与到课程资源开发的文化选择实践中，并

在这一过程中重视学生生存和发展的现实需要,这也正是课程资源开发中文化选择价值实现的理想途径。

综上所述,就课程资源开发的文化选择而言,新课程改革所倡导的"以学生为本"的理念,既是指文化选择要以学生的主体性发展为本,关注学生的成长,又是指让学生参与文化选择的过程,成为文化选择的主体。在这一过程中,文化选择主体通过行使公共权力和配置资源的活动使自身发展权利和责任得到充分的保障,这样的文化选择结果体现出的才是学生的主体性发展与课程改革的文化主旨的一致性,才真正彰显出课程资源开发中文化选择价值。

第二章 民族中小学校本课程资源开发中文化选择的背景考察

本研究中"民族中小学校本课程资源开发的文化选择"是依托宁夏地区、民族中小学这样一个特定的社会自然环境与文化环境展开的,因此,对这一问题的研究首先要建立在对宁夏民族中小学所处地域的自然环境、社会文化、教育水平等背景问题的初步了解与认识之上。本章就将分别对宁夏的自然地理环境与社会文化变迁概况、宁夏文化与教育发展概况、宁夏民族中小学基础教育课程改革概况加以介绍,并在此基础上展现宁夏民族中小学校本课程资源开发中文化选择的实然总体样态,为后续的研究提供必要的背景。

一、宁夏自然地理环境与社会文化变迁

宁夏回族自治区(Ningxia Hui Autonomous Region),简称"宁",是我国5个少数民族自治区之一,全区总面积约66 400平方千米,辖5个地级市、9个市辖区、2个县级市、11个县,自治区首府是银川市。宁夏方言属于北方方言(官话)系统,根据《中国方言地图集》(香港朗文出版社1989年版),宁夏北部川区话属于兰银官话银川片和银吴片,南部山区话属于中原官话秦陇、陇中、关中片。宁夏回族自治区自古以来就是多民族共同聚居的地方,相对于其他民族人口数目,这里主要是回族繁衍生息之地。全区常住人口共计6 301 350人,其中,汉族人口占总人口的 64.58%，各少数民族人口占总人口的 35.42%，各少数民族人口当中回族人口占到 34.77%。① 人类活动总是在具体的自然环境和社会环境的时空中进行，任何地域文化的形成和发展都与当地具体的自然地理环境和社会文化变迁有直接关系，一个民族的发展也必然有赖于这两个要素之间的相互作用。不同的地理环境、政治经济状况和社会历史演变都会带来地区、民族文化之间的不同特征，在很大程度上可以说，正是自然地理环境的多样性带来了地区间的文化多样性。宁夏回族自治区的文化也就是在其特殊的自然地理环境变迁中不断演化，并逐渐形成和发展起来的。

图 2-1 宁夏行政区划图

---

① 宁夏回族自治区统计局，宁夏回族自治区第六人口普查工作领导小组办公室. 宁夏回族自治区 2010 年第六次全国人口普查主要数据公报[R/OL]. (2011-5-10). http://www.nxtj.gov.cn.

(一) 自然地理环境

从地理位置上看,宁夏地处中国西北地区东部的黄河上游、河套西部地区,疆域轮廓呈现出东西向相对狭窄,而南北向相对较宽的特点。从地势上看,宁夏地势呈现出"南边高,北边低"的特点,"南"是以沟谷、盆地、台地等组合为特征的南部山区,共有8个县和1个县级移民扶贫开发区;而"北"是以黄河两岸银川河套平原为特征的川区,包括16个县(市、区)。在宁夏,根据自然特点和传统习惯,人们通常把银川市、石嘴山市、中卫市和吴忠市的利通区、青铜峡市的引黄灌溉区称为宁夏北部;把吴忠市的盐池、同心两县和灵武市、中卫市的山区以及中卫市海原县的北部称为宁夏中部;把固原市的原州、西吉县、隆德县、泾源县、彭阳县及中卫市海原县的南部山区称为宁夏南部。故宁夏分为北部、中部和南部三大部分。从自然特点上看,由于南北向相距约456千米,故南北的自然条件差异较为悬殊,北部川区是宁夏的最低处,九曲黄河由南向北穿过银川平原,流程397千米,使得这里土地平坦肥沃,气候较好,且光照充沛,银川平原成为宁夏最富庶的地区,素有"塞上江南"之称。而南部山区为六盘山和黄土丘陵区,山地和丘陵构成了该地区的主体地势,整个山区自然生态环境恶劣,但大部分的宁夏回族人口就聚居在这里。

(二) 社会文化变迁

宁夏位于古丝绸之路上,历史悠久,文化源远流长,历史上曾经是东西部贸易的重要交通通道。作为黄河流经的地区,这里有古老而深邃的黄河文明;作为西夏王朝古都,这里有独特而神秘的西夏文化;作为全国最大的回族聚居区,这里有丰富而灿烂的回族文化。宁夏虽然是一个多民族聚居的地方,但这里更是我国最大的回族聚居地,在回族人口全国范围内大分散、小聚居的背景下,这里较为集中地居住了回族群众,长期以来形成了特色鲜明的社会历史与文化。

从文化的角度看,宁夏的地理位置处于中原农耕文化、北方草原游牧文化碰撞交融的地区。这种特殊的地理格局决定了这里曾是历史上多民族生存、融合和活动的舞台,更是多元文化生成、繁荣和传播的驿站。宁夏自进入人类文明社会后,就是最早的游牧部落和北方众多少数民族活动的地区。秦统一六国建立中国古代第一个中央集权的封建帝国时，宁夏地区就是一个多民族国家最早的组成部分，秦朝大将蒙恬是宁夏开边第一人，他在宁夏北部修筑防御工事，屯垦戍边。同时，农耕民族和草原民族在这里交汇融合，也曾兵戎相见，所以说，宁夏的社会文化变迁实质上就是一部我国北方少数民族与中原汉族的民族融合史。这部历史经历了由战国秦汉时期的农区向牧区扩展，魏晋南北朝时期的牧进农退，隋唐时期的农区和农耕文化再度扩展，明清时期转化为单纯农区的历程。在这一过程中，农、牧两大经济、文化类型之间相互依存、相互促进。直到民国时期，宁夏农、工、商、交通、通信、水利等各业才都开始起步并走上有序发展的轨道。此后的1936—1947年的11年间，中国工农红军西征时解放了宁夏省的同心、盐池等地，并实行了新民主主义制度。伴随着中华人民共和国的成立，1949年10月，宁夏人民政府成立；1954年9月，宁夏省建制撤销，并入甘肃，改设银川专区，吴忠回族自治州；1958年10月，宁夏回族自治区成立，民族区域自治政策正式开始实施。

通过对宁夏社会文化变迁的历史回顾，可以清楚地看到，历史上的宁夏地区曾经留下过许许多多民族的活动足迹，然而历经长期的迁徙流动、盛衰更替，回族成为这片土地上的主要少数民族。回族在发展过程中与汉族共享中华文化的同时，深受伊斯兰教的影响，形成了回族特殊的风俗习惯，这也是回族与其他民族文化差异的重要内容。

二、宁夏文化与宁夏教育

宁夏文化作为一种区域性的历史文化形态，有着自己独特的文化特质，也有着自己的时空范围，它既有浓郁的北方少数民族生活文化气息，又有鲜明的中原文化特质和文化理念，文化类型与构成可谓多元又多彩。这些包括汉民族传统文化在内的异彩纷呈的文化在宁夏的土壤上彼此融洽共存，相互沟通，构成了宁夏文化"多元融通"的态势。

（一）多元融通的宁夏文化

宁夏文化的基本结构，可以从以下两个方面来考察。

第一，从地理位置和地形特点上看，宁夏特殊的地理环境、气候特点等决定了宁夏社会文化系统的天然布局。具体来看，宁夏可以划分为自南向北的三个地带及其文化带,即以黄河为母体的贺兰山东麓的河套平原灌溉农业和游牧文化带;罗山地区的以中卫、同心、盐池、红寺堡等为代表的旱作农业和大漠边塞文化带;六盘山地区雨水农业和中原文化边缘带。这三个地带在文化生成上以农耕文化为主导,农耕和游牧这两种文化相互渗透和吸收,不断汇聚和辐射。在历史发展过程中,以泾水和清水河为发端的宁夏南部是"黄河文化的滋生地",成为中原王朝传统农业文明的前沿,丝绸之路所开辟的"中西文化之舟"成为边塞经济、文化交流汇聚的中心。而北部宁夏平原属于黄河中上游,凭借着得天独厚的条件,这里发展成为畜牧业经济和游牧文化的腹心。因此,从地理位置上看,宁夏正好处于中原农耕文化、北方草原游牧文化交融和碰撞的地区。这种特殊的自然地理格局决定了这里曾是历史上众多民族生存、融合和活动的舞台,更是多元文化生成、繁荣和传播的驿站。

第二,从类型上看,宁夏作为中国五大少数民族自治区之一,其包括的文化类型繁多:汉民族传统文化、现代科学技术文化、外来文化、地域文化、少数民族文化等。在这些文化中哪些是主流的?哪些是伴生的?哪些是代表宁夏本源文化特征的?哪些是作为多元文化补充的?这些问题使得宁夏文化在类型及其关系的辨析上具有相对的复杂性。经过长期的文化发展,加上宁夏人民的总体文化需求,从文化的类型上看,宁夏文化主要是由汉民族传统文化和回族文化构成,并且这两种文化在宁夏社会发展中起决定性作用。

客观地说,任何一种文化都具有区别于其他文化的自身特点,宁夏文化在其悠久的历史发展进程中,一方面要不间断地与当地自然环境相适应,与时代发展需求相呼应;另一方面又要在中原文化与北方少数民族文化的交流中,形成自身鲜明的特色。而宁夏文化中最核心、最具特色、最有标志性的文化还当数回族文化,它是宁夏文化的典型代表。

1. 宁夏文化的特点[①]

第一,宁夏文化历史悠久。宁夏地处黄河中上游河套地区,这里是中国古老文化的主要发源地之一,具有悠久的历史。对于黄河文化而

---

① 杨春光.宁夏文化的源与流探析[M].银川:宁夏人民出版社,2008:25-32.

言,宁夏文化是其重要的组成部分和典型代表,宁夏文化的发展历史与中华文明发展历史共生共荣。自三万多年前的旧石器时代晚期起,宁夏所处地区先后经历了多个原始文化发展阶段,形成了多个不同的文化类型,主要有:仰韶文化北首领类型、仰韶文化类型、马家窑石岭下类型、马家窑类型、店河—菜园类型、齐家文化类型等。该地区大约从公元前两千年开始进入了阶级社会。自有确切的文字记载以来,历代帝王涉足宁夏的历史记载从不曾中断过,从黄帝至崆峒山,登鸡头,问道于广成子,到穆天子西游和秦惠文、昭襄二王巡视"北河",建立郡县伊始,继而中国历史上的帝王君主,诸如秦始皇、汉武帝、唐太宗和一代"天骄"成吉思汗等,无不在宁夏留下过深深的足迹。此外,还有羌人滇零的称帝,匈奴铁弗部赫连大夏王和党项族创建西夏王国等少数民族政权,极大地丰富了宁夏地区边疆历史的文化内涵,并创造了绚丽多彩的少数民族历史文化遗产,为中华多元文化增添了光彩。

第二,宁夏文化地域差异明显。由于文化所处南北地域的不同,使得宁夏文化在不同地域中形成了一定的差异性特点。在宁夏北部的河套平原,由于得黄河灌溉之便利,这里素负"天下黄河富宁夏"的盛赞和"塞上江南米粮川"的美誉,自古以来就是农业文明和游牧文明交流集会的地区。比如,开宁夏灌溉之先的秦渠,是宁夏平原农业文明的象征。同时,这里水草丰美,尤为北方游牧民族所青睐,故而两种文明交替经营,留下诸如贺兰山岩画和大麦地岩画这样的文化杰作。而在宁夏南部的固原地区,是中原地区的西北边地,为古丝绸之路东段北道的必由之路,以其作为历代军事重镇而闻名。其境内有巍然秀美的六盘山,泾水、清水河流域是黄河的支流,河谷地带开发较早,文化多元融合的起始时间也相对较早。

由此可见,宁夏文化的区域性特征明显,各个区域文化是该地区各族人民以及历史上曾经在这片土地上生存的先民所共同创造的物质文明和精神文明的总称,是以该地区民族文化为主体,融合吸收了其他民族文化精华而形成、发展起来的具有该地区民族特色的文化,它是中华文化的有机组成部分。

第三,宁夏文化主体多元。与中原文化所具有的根源性特征相比较,宁夏文化最显著的特征就是创造主体的多元性。由于宁夏地区古代民族族群相继活跃于不同历史时期、不同地域,因而宁夏文化不是由某一个族群独立创造并传承的,而是由不同时代、不同地域的众多族群共同创造和传承的文化,且在各个历史时期都表现出了不同的民族形态和族群文化样式。如:宁夏文化在商周时期表现为犬戎族文化形态;在秦汉时期主要表现为匈奴族文化形态;在魏晋南北朝时期表现为鲜卑族文化形态;在隋唐时期表现为突厥族文化形态;在宋、辽、金时代表现为党项族文化形态;在元代前后表现为蒙古族文化形态;在清代表现为蒙古、满和汉文化的融合形态。此外,从文化地理角度看,不同的地理环境及气候条件也决定了宁夏文化先天地具有"多元性"的特点。总之,宁夏文化它不是某一个单一民族独创或主创的民族文化,而是历史上的各民族族群共同创造的文化,加上其自身对其他文化类型的不断筛选汲取与交流融通,使得宁夏文化在一定程度上再现了东西方文化交流的丰硕成果。

第四,宁夏文化复合互补。通过上述对宁夏文化特点的分析,可以看出历史上的多民族文化交流是宁夏文化形成和发展的重要机制。当地特殊的社会发展过程与特殊的人文地理环境,使宁夏文化还具有一种多民族文化要素融为一体的复合性特征。这种文化要素的复合性表现在多方面,诸如使用方言的南北复合性;地域内宗教信仰的复合性;自然性地域文化与民族性地域文化的复合性;传统文化与现代文化的复合性;本土文化与外来文化的复合性;等等。由此可见,宁夏文化的发展是兼容多种文化的一种文化形态,也正是由于宁夏文化的这种复合性,宁夏在整个地域的角色中扮演了吸纳多重文化的身份,它将农、工、商各行各业,佛教、道教、伊斯兰教等宗教都纳入到自己的文化圈中,从而在地域文化层面上使这里呈现出千姿百态、风格各异的多元文化特色。例如,西夏王陵作为西夏时期的文化遗址,代表着在宁夏本土产生的一种极具神秘色彩的文化,这种文化不仅吸收了中原文化中的典章制度、文字,创造了西夏文字和官制,还吸收了藏传佛教文化,发明了木版印刷,保留了大量佛教经卷。

综上所述,宁夏文化实际上是历史上不同地域、各个民族所共同创造的文化相互融合互补的结晶,它体现了文化所应具有的开放性、包容性、创造性、吸纳性和继承性,并且这种文化会一直随着宁夏社会发展的历史不断向前推移和演绎,最终形成相对更加稳定的属于自己的文化风格,这一过程也使宁夏文化的独特魅力得到更深的积淀。

2. 回族文化的特点

回族文化,是一种诞生于华夏土地上的、相对独立的少数民族文化,它一方面以伊斯兰文化为内核,另一方面又根植于中华民族传统文化的土壤之中,是中华民族文化的一个重要组成部分。在发展的过程中,回族文化所体现的是"伊斯兰文化与中华传统文化两者的你中有我、我中有你、相互融合、博采各长"[①]的特点。

宁夏作为少数民族地区,回族及回族文化是该地区文化的最大特色。由于伊斯兰文化和中华民族传统文化在相互发展中各取所长,为己所用,从而促进了两种文化的协调与相融。首先,宁夏伊斯兰文化认识到自身只有本土化和民族化,才能扎根于新的环境和新的历史条件,新的回族共同体才能形成。此外,由于回族是在中华大地上生长起来的,所以回族文化的鲜明特色表现在回回民族的爱国主义传统和革命斗争精神。[②] 其次,回族作为中华民族大家庭中的一员,在吸纳中华民族传统文化的丰厚营养与博大精髓,形成爱国主义情感的同时,还承载着世界性的伊斯兰文化的优良传统。所以,宁夏的回族历史文化的内涵极其丰富,回族的民族精神里始终流淌着"中华文明与伊斯兰文明的共同因子,传承着两大文明中最具有文明底色的基质"[③]。

与所有文化一样,作为一种历史的积淀,回族文化一直具有民族和宗教的两重特性,其中也必然包括了信仰体系、社会意识、语言文字、科学文化成就在内的非常广泛的内容。而回族在生长和发展的过程中,这些丰富的文化内容也必定会形成并表现出一定的文化特征,这些特征从本质上反映了回族共同体的文化内涵。

第一,回族文化具有多元融合性。从来源上看,回族作为一个外来民族,其文化的主要成分是从国外传入的,回族文化是世界伊斯兰文化

---

① 马平.多元融通的回族文化[M].银川:宁夏人民出版社,2008:5.
② 蔡国英.回族教育的文化学解读[C]//宁夏大学回族研究中心.中国回族研究论集:第一卷.北京:民族出版社,2005:187-189.
③ 周传斌.薪火相传的回族教育[M].银川:宁夏人民出版社,2008:11.

的一个部分,体现着伊斯兰文化的广泛内容及其与多种文化元素间的关联性。从形成上看,它是我国民族化的产物,与汉民族及其他少数民族文化紧密相连,无法分开,它在一定程度上融合、选择了汉民族所固有的本土文化和社会习俗。因此,它是中华民族文化的重要一支。

第二,回族文化具有两重性。伊斯兰文化是一种具有民族整体性、普遍性的文化。但是,在回族生活实践中,由于一些伊斯兰教规范的礼仪内容与中华民族传统文化在相融的过程中产生了一些适应新环境的新形式和新内容,使得这些传统的宗教文化逐渐失去了宗教含义,进而演变为现在的一种民族习惯得以保存和传承。

第三,回族文化具有地域差异性。作为我国主要的少数民族之一,回族的足迹广泛分布于全国各地,是除了汉族以外,在中国分布最广的民族群体,这也是我国少数民族中少有的。但由于回族这种大分散、小聚居的特点,使得社会文化背景差异较大,因而其文化也必然受到不同地域文化的影响,在保持回族文化内核基本不变的情况下,各个地域的回族文化自然也表现出一些明显差异,加之自然生态环境及擅长的技艺不同,形成了鲜明的中国回族文化的不同地域特点。[①]

(二)薪火相传的回族教育

为了兼顾社会发展需要和本民族发展需要,当代回族教育坚持将宗教教育与现代化教育分离开来,对回族成员既开展本民族的信仰教育,又重视通过现代教育向受教育者传递更多样、更全面的文化知识。也只有这样才能使本民族更多地具有融入现代化的意识和可能性。事实上,即便是现在,在宁夏南部偏僻的回族聚居区里仍然存在宗教教育与国家普通教育之间的矛盾,一些回族穆斯林家庭把接受国家普通教育与伊斯兰宗教教育严重对立起来,只重视伊斯兰宗教教育,不愿意让子女去接受正规的学校教育,甚至有些回族民众直接拒绝接受国家教育,认为去学校上学、读书就会远离伊斯兰教,就会失去信仰,子女在本应受教育的年龄里却无法进入学校接受应有的教育,辍学现象一度非常严重;而生活在北部川区城市以及农村中的回族民众却与南部山区

---

① 蔡国英.回族教育的文化学解读[C]//宁夏大学回族研究中心.中国回族研究:第一卷.北京:民族出版社,2005:190-193.

的这种状态大相径庭,川区的回族群众反其道而行之,他们认为只有让下一代接受现代化的教育才是最重要的,尤其在城市里的回族群众,已然表现出排斥伊斯兰宗教教育,忽视回族文化传统的现状。这种在实践中走向另一个极端的做法,必然导致很多回族受教育者对自己的民族一无所知,对自己民族的文化一无所知,他们甚至认为回族文化根本不值一提,或羞于提及。上述两种现实状况对回族这样一个具有悠久伊斯兰文明的民族的健康发展以及对本地区和谐民族关系的构建都是极为不利的。

面对这种状况,我们的教育必须从长远出发,认真审视回族教育的文化结构、特点与功能,充分发挥学校教育及课程的功用,做出正确的文化选择来扭转这种不良局面,以实现教育培养回族受教育者的作用和传承回族优秀文化的价值。

1. 回族教育的文化结构

回族教育的文化结构有三个层面的内容:第一,物质层面。它是指具体的传播科学文化知识、培养回族人才的各类活动,以及在活动中与之相关的一切物质设施。第二,制度层面。它是现代文化意识的不断更迭、传统文化的不断蜕变,现实中往往表现为学校制度、管理制度、考试制度等的建立。第三,价值与精神层面。它是指回族文化的旨趣、格调、情感结构、心态和理想境界等。回族教育文化结构的价值与精神层面是由自然的回族文化价值观、历史的回族文化价值观、社会的回族文化价值观及宗教的回族文化价值观等组成的多层次的复杂系统,它是回族教育发展的目标及精神动力,具有重要的导向作用。

上述这三个层面不仅是回族教育的文化构成,它们更反映出回族教育所具有的三重矛盾,即落后的经济与教育发展需求之间的矛盾;文化融合进程中新旧文化之间冲突的矛盾;文化转型期回族心理的调适及价值观念的更新与转变的矛盾。基于这三重矛盾,在发展回族教育的过程中,我们必须意识到"坚决不能无视回族文化的作用和影响,而应该在回族文化的基础上来发展和振兴回族教育"[①]。

[①] 蔡国英.回族教育的文化学解读[C]//宁夏大学回族研究中心.中国回族研究:第一卷.北京:民族出版社,2005:194-195.

2. 回族教育的特点

回族教育是回族文化的重要组成部分,具有自己的特点,大致表现为:第一,回族教育内涵丰富。从历史上看,它既是我国正规学校教育的组成部分,也包括其他非正规教育的成分。从内容上讲,它包括道德修养、科学文化、宗教习俗、劳动工艺、医疗技术等方面。第二,回族教育体系完整。作为中国古代体系相对完整的回族经堂教育,其内容循序渐进,涉及多种学科。第三,回族教育包含多种语言教育。它以阿拉伯文、波斯文为主体语言,以汉语文为辅助,并在此基础上发展出了独特的"经堂语"和"小经"文字。第四,回族教育可在学校中进行。除了上述讲到的经堂教育外,现代学校教育也承担起培养回族人才的任务。第五,回族教育对整个中国教育史有独特贡献。回族不仅开创了现代中国大学中的阿拉伯语专业,实现了从经堂到高等教育的对接,而且对包括中国天文学、医药学、手工业技艺等方面的各个学科领域也都有着突出的贡献。

3. 回族教育的文化功能

回族教育的文化结构的三个层面只是在理论意义上才能加以严格区分,但在实践过程中,这三者常常是相互交织在一起并发挥着整体的文化功能的。具体看来,回族教育所具有的文化功能体现在以下三个方面。

第一,回族教育具有保存与传递、传播与交流、创造与更新文化的功能。首先,教育既是文化保存的工具和载体,又是文化传承的重要工具。确定教育内容的过程实际上就是文化选择的过程,而教育要实现对文化的保存与传递,首先就必须要对众多的文化进行选择、整理。其次,文化的传播与交流有很多途径和手段,但是教育是最基本、最有效的途径和手段。再次,现代教育在传播文化的同时,也在不断地实现着思想观念的创新,实现着对社会文明成果的创新。与此同时,教育通过培养各种创新人才也推动着文化的不断更新。由此可见,回族教育所具有的保存与传递文化的功能,传播与交流文化的功能,创造与更新文化的功能都是建立在教育对文化的选择基础上的。

第二,回族教育在一定意义上是一种特化了的回族文化,它的发展变化与回族文化的变迁息息相关。对于回族的生存与发展进程而言,回族教育对其具有导向功能、陶冶功能、辐射功能、凝聚功能、统合功能。回族教育对回族生存发展的这些功能具体体现在以下五个方面。其一,回族教育能够将回族共同的价值取向作为本民族社会成员的生活准则,为本民族社会主体提供应有的生存导向;其二,回族教育能够将丰富多彩的回族文化作为内容对本民族社会主体进行精神世界的陶冶;其三,回族教育能够将来自回族文化方方面面的影响辐射到本民族社会主体的社会生活实际以及心理意识当中;其四,回族教育能够规范回族社会生活,使得回族文化成为本民族各个社会成员相互团结的凝聚力量;其五,回族教育能够按照一定的标准吸收各种文化的营养,从而使自身更加丰富和博大。

第三,回族教育能够传承回族文化。回族文化是一种融伊斯兰文化和中华民族传统文化为一体的新型文化,这种文化的形成是一个渐进的过程,在这一过程中,没有回族教育的传承作用,回族文化也必将会逐渐消失。所以说,回族教育既继承了伊斯兰教育的传统,又糅合了中华民族传统的教育方式,既强调伊斯兰文化的继承和发扬,又重视主流文化的适应和学习。

4. 学校教育与回族文化

回族文化在漫长的发展历程当中积累了无数精华与成就,这些灿烂的民族文化需要通过学校教育这样一个高效、便捷的途径加以传承。回族文化对于学校教育的影响是客观存在的,回族文化通过培养对象人的需求对学校教育施加影响。比如新课程改革中,针对回族的文化特色,地方要求开设地方课程,学校可以开设校本课程,这些做法都反映了回族文化对学校课程开发的积极影响。当然现实中,回汉民众也寄希望于我们的学校教育能够满足受教育者成长中对民族文化的渴求,对少数民族文化的延续。回族教育在传承回族文化的过程中,挫折、反复在所难免,但是,这些都不足以阻挡回族文化在回族教育中传承下去的迫切需求。无数的教育者和回族文化的传承者,看到了回族文化的价值,只要这种价值存在,只要这种需求不熄,回族教育就将会薪火相传,生生不息,即所谓"穷于为薪,火传也,不知其尽也"[1]。

---

[1] 庄子[M].孙通海,译注.北京:中华书局,2007:39.

三、宁夏民族中小学校本课程资源开发中的文化选择

（一）宁夏民族中小学现状

改革开放以来，宁夏民族教育取得了长足发展。但是，从总体上看，民族教育相对落后的状况尚未得到根本扭转。特别是自20世纪80年代以来建起的一批回民中小学，由于历史欠账较多，难以发挥骨干示范作用。为了扭转这种状况，自治区人民政府于2001年开始，调动社会多方力量，在全区重点实施了"百所回民中小学标准化建设工程"，简称"百标工程"。该工程力争用5年左右的时间，分期分批建设好100所民族教育的骨干示范学校，从而带动民族教育整体水平实现新的跨越。一期"百标工程"自2008年自治区成立50周年之际启动，由自治区教育厅、民委、财政厅、发改委共同出资970万元，正式建成100所标准化回民中小学。为了贯彻落实《自治区党委人民政府关于巩固提高"两基"工作的意见》（宁党发〔2008〕63号）精神，2009年4月，自治区人民政府召开专题会议，决定实施二期"百标工程"，继续加强和扩大民族骨干学校的建设。截至2012年5月29日，宁夏各级各类学校的少数民族在校生比例已经超过了全区少数民族人口自然比例，达到39.05%，全区共有独立设置民族中小学203所，[1]其中已经投入4亿多元建设了137所标准化回民中小学，占全区独立设置的民族中小学的67%，推动了民族教育特别是农村教育的快速发展。

二期"百标工程"明确提出要走学校内涵发展的道路。就课程建设而言，2012年自治区教育厅颁布了《全区民族中小学内涵发展五年行动计划（征求意见稿）》。在该征求意见稿提出的行动内容中，明确提出"实施民族中小学校特色发展计划"和实施"一校一本"校本课程开发计划，其目的在于"鼓励各民族中小学校立足传统和优势，在传统文化、课程设置、体育与艺术、校园文化、民族经典等方面深入挖掘，明确目标，

---

[1] 宁夏回族自治区教育厅民族教育处.宁夏回族自治区独立设置少数民族学校名单[Z].2012.

培育特色,打造品牌"①。到 2020 年,争取每所民族中小学都能打造出一个或多个具有显著特色的教育品牌。鼓励和支持学校根据自然条件、风土人情、教育环境,开发内容多样、设置灵活、具有特色的校本课程,满足学生发展的多种需求,发挥学生的个性和特长,提高学生的综合素质。同时,培养、锻炼和提高教师的研究意识和能力,提高学校开发校本课程的水平,促进课程教学改革。自治区支持每所学校开发、编印一本有特色、质量高的校本教材,组织开展校本教材开发和展评活动,推广和交流校本课程开发经验和成果。②

(二) 宁夏民族中小学课程改革的文化使命

我国是一个民族多样、文化多元的国家,要想通过基础教育课程改革来实现对少数民族特有文化的保护、对少数民族成员的培养、对民族地区社会的发展,就势必要从每个民族的文化发展与传承创新入手,因为"发展一个民族,必须发展她的文化"③。在新课程改革中,我国政府及各级教育行政部门积极从多方面、多角度助推少数民族及其地区实现课程改革愿景,并在这一过程中取得了显著的成效。但是在课程改革中我们必须进一步思考:如何发挥课程在民族地区的民族文化传承中的作用? 如何通过课程来促进民族文化与民族教育事业发展? 如何使学校教育成为民族文化传承的主渠道? 这些都成为当前民族地区基础教育新课程改革中文化与教育事业发展亟须共同解决的问题。

对于宁夏这样一个典型的少数民族聚居地区,民族教育中存在诸多问题的根本原因在于没有看到"民族地区的文化"和"民族文化"的作用与价值,没有将学校课程根植于这样的文化现实与需求当中。而要解决这一问题的突破口就在于开展民族地区的基础教育课程改革。我国在长期的民族教育发展研究过程中早已积累了一系列有关民族教育

---

① 王玉林. 走内涵式发展之路,提高"百标工程"学校办学水平[J]. 宁夏教育,2012(12):10.
② 宁夏回族自治区教育厅民族教育处. 宁夏回族自治区《全区民族中小学校内涵发展建设五年行动计划》[Z]. 2012.
③ 国务院新闻办公室. 我国少数民族文化保护与发展成就显著[N]. 中国民族报,2006-09-26.

发展的理论，以这些理论为基础我们看到了在我国民族地区开展基础教育课程改革刻不容缓、势在必行，同时在这些理论的指导下民族地区开展基础教育课程改革也是可行、可操作的。对此，有学者针对民族地区提出了基础教育课程改革应当以在国家课程中"反映多元文化的教育内容"、在民族地区之间"联合开发地方课程"、在本民族地区结合实际"开发校本课程"[①]这三个方面为其发展方向和途径。

对于少数民族地区、少数民族学校、少数民族学生而言，在上述这些途径中，校本课程开发与建设实际上可以作为民族文化传承的最直接、最便捷、最主要的渠道。尤其在民族中小学，通过校本课程资源开发的文化选择，各个民族及其所在地区的多姿多彩的文化知识都可以有所呈现，包括民族的历史、民族的风俗、民族的衣食住行、民族的历史人物等等。虽然这样的文化选择所传承的文化内容是有限的，但通过校本课程资源开发对这些文化加以选择，不同地区、不同民族的文化及其差异总是会以最高效、最精华的形式展示给学生。在宁夏民族中小学校本资源开发中就可以集中把宁夏的、回族的文化作为重要的课程资源，结合学校实际与学生需要加以选择和编排，使之实现对宁夏回汉学生精神世界的陶冶，以及对这些本土文化的传承。

总之，开发民族文化为主的课程资源是一个复杂而又漫长的实践过程。民族中小学校本课程资源开发中的文化选择应当较为系统地、综合地把民族文化中最为经典的、具有代表性的文化资源选进课程之中，使校本课程在反映与传承宁夏地方文化与回族文化的过程中发挥课程对民族地区和民族特点的适应性的功用，为宁夏地方文化、回族文化、回汉学生的发展做出应有的贡献。

（三）宁夏民族中小学校本课程资源开发中文化选择的进展

1. 文化选择的总体状况

教育部于2001年秋季启动了新一轮基础教育课程改革，此次改革首先在义务教育阶段开展课程改革实验，2004年开始普通高中新课程改革实验。2001年宁夏灵武市作为首批国家级实验区开始义务教育

---

① 王鉴，栾小芳.关于我国民族地区基础教育课程改革问题的思考[J].西北师大学报：社会科学版，2007(1)：66-67.

课程改革实验,至 2005 年宁夏全区各市、县(区)分期分批全部进入。2004 年宁夏作为全国首批四个实验省区之一,开始普通高中课程改革实验。课程改革实施以来,取得了显著的成效:初步构建起了符合素质教育要求的新课程体系,推动了人才培养变革,促进了学生的全面发展,有力提升了教师专业素质与发展。

新基础教育课程改革启动后,校本课程正式列入国家课程计划,并开始正式实施。根据教育部门相关规定,宁夏目前小学阶段共开设课程 10 科,此外有一定课时要求的学校课程;初中阶段共开设课程 14 科,此外有一定课时要求的学校课程;高中阶段共开设课程 15 科,课程由必修和选修两部分构成,选修课分学科选修课和校本选修课。

新课程改革实施后,为了促进教材建设和满足不同地区、学校多样化发展的需要,国家课程实行了教材多样化政策,即"一纲多本",有关出版社依据国家课程标准组织编写的各学科教材,经国家中小学教材审定委员会审查通过、列入教育部中小学教材目录后,各地即可选用。其中地方课程教材则是经省级教材审查委员会审定后供当地使用,而校本课程教材则是由学校自行开发和使用。在宁夏自 2001 年 9 月,灵武市作为国家级实验区后的很长一段时间里,校本课程开发问题就经历了多次培训、学习、反思、实践,这一过程不论是在校本课程理论的学习、探究与深化方面,还是理论在实践中的运用、改进与完善方面,都取得了一些成效。总体看来,宁夏民族中小学在校本课程开发中,对于文化资源的挖掘有了进一步的认识和理解,一些过去不为开发者们所重视的地方文化、回族文化的课程资源得到了挖掘和利用,并发挥出一定的作用,形成了一批具有本地特点的、有一定开发价值的校本课程。这些成果对宁夏校本课程资源的开发与利用起到了良好的示范作用。

截至目前,全区独立设置民族中小学共 203 所,根据调查,其中 72 所民族中小学开发了较为完备的校本课程,占民族中小学的 35%。在这 72 所民族中小学当中,六年制小学 34 所,占 47%;九年一贯制学校 8 所,占 11%;完全中学 6 所,占 8%;初级中学 15 所,占 21%;高级中学 9 所,占 13%。(见图 2-2)由此可见,小学由于学业负担和升学压力较小,所以有较多学校开发建设了校本课程。

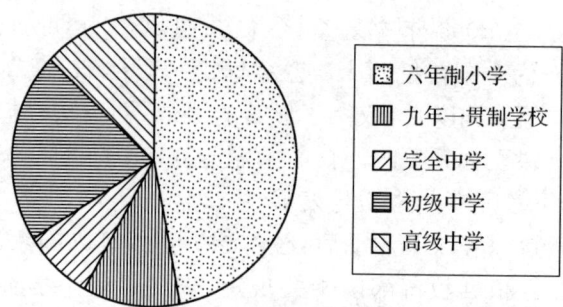

图2-2 全区独立设置民族中小学校本课程开发比例

这72所民族中小学开发出的校本课程当中,配备校本教材的有57所,占79%;校本课程专职教师的有21所,占29%;配备课程方案或大纲的有32所,占44%。而校本教材、专职教师、课程方案或大纲三者都配备的只有7所学校,仅占总数的10%。(见图2-3)可见,在宁夏民族中小学中,校本课程开发的系统性、规范性还有待进一步改进与完善。

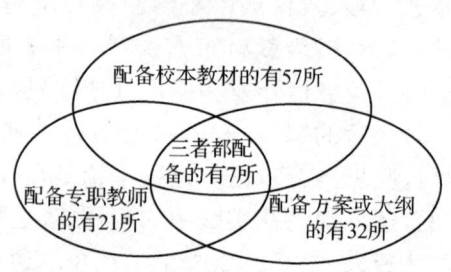

图2-3 全区民族中小学校本课程开发情况

此外,根据上一章对校本课程资源文化类型的划分,这72所民族中小学共开发出的193门校本课程中,校本课程资源的文化选择类型与国家文化相关的有109门,占总数的56.5%;与地域文化相关的有74门,占总数的38.3%;与学校文化相关的有10门,占总数的5.2%。(见图2-4)

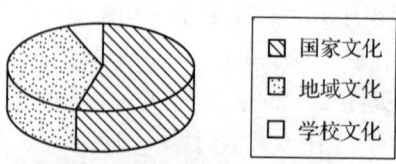

图2-4 不同文化类型校本课程比例

那么在这些已经开发出的校本课程当中,校本课程资源开发的文化选择内容有哪些呢?依据导论部分中本研究对校本课程资源开发中文化选择的对象的界定与划分,将宁夏民族中小学校本课程资源开发的不同类型与相关内容主要通过表2-1给予综合展示。

表2-1 文化视域下宁夏民族中小学校本课程资源开发的类型与内容列举

主类型	亚类型	文化资源类型	相关校本课程内容列举
国家文化	中华民族传统文化	文学经典、传统艺术、道德礼仪、历史名人	美术与书法、古诗词欣赏、国学经典诵读、"三礼"教育、中华大家庭、书香校园、陶艺、茶艺、中国古代历史人物、《论语》讲读、《弟子规》诵读、日行一善、剪纸画
	现代文化	科学技术、生活方式、新兴观念	电脑绘画、网络技术、环保教育、绿色教育、摄影技法、创新教育、解读纪录片、法律讲堂、博客我来做、消费与维权
	国家课程中的文化知识	国家课程中的文化知识再开发	语文读本、研究性学习、突破高考英语、快乐识字、吴忠中学历史水平测试纲要、高考作文升格技巧
地域文化	"地方性"——地域文化	地理环境、诗词歌赋、地域生态、特色资源	宁夏非物质文化遗产——杨化教门武术、黄河文化、特色宁夏、可爱的西吉、彭阳地理、灵州古诗词、悠悠六盘、硒砂瓜种植技术、我们的家乡——宁夏、唐徕灌区多学科综合考察、沙雕艺术、禁毒与防毒、隆德石刻艺术、西夏的历史
	"民族性"——地域文化	服饰文化、饮食文化、建筑文化、出行文化、节日文化、人生礼仪、语言文字、信仰宗教、文学艺术、民族科技、民族体育	民族知识问答、回族风情、回族歌舞、回族剪纸、回族特色节日、泥哇呜——宁夏回族民间乐器、穆林扇、回乡民俗、回族花儿、脚踏舞——宁夏回族民间舞蹈、木球——宁夏回族传统体育项目、回族饮食文化、民族常识、民族团结、丝绸之路上走来的民族

(续表)

主类型	亚类型	文化资源类型	相关校本课程内容列举
学校文化	物质文化	校园建筑、标语等	学校墙体标语、学校文化建筑、教学科研设备、图书资料
	制度文化	学校各项规章制度、历史沿革	校园安全文明制度、校园文化手册、平罗中学校史
	精神文化	学校精神、校园文化氛围、价值观念	学生安全教育、心理健康教育、高中生一路走好、成长教育、责任与理想、让心灵快乐成长、文明礼仪

2. 文化选择的现实困境

宁夏民族中小学基础教育课程改革除了具有基础教育课程改革的普遍功能外,对于民族地区的文化传承也肩负着重要的文化使命。而在这一使命实现的过程中,民族文化的选择与传承又受整个时代和社会变革的影响而面临着各种困境。根据2012年的统计,宁夏全区各级各类学校在校生总数为147.42万人,教职工总数为8.69万人,其中专任教师总数为7.57万人。学生和教职工人口数约占全区总人口数的24.8%,即全区将近四分之一的人口是教育人口。全区回族人口占总人口数的35%,区内其他少数民族仅有1万多人。因此,在宁夏,历来作为教育事业发展的重要组成部分的民族教育主要是指回族教育。作为全国最大的回族聚居地,宁夏多年来由于回族使用汉语言文字,人们日常生活中注重回汉文化的共性,而忽视了回族文化传统的特殊性,于是就造成了回族教育与民族传统文化脱节的现象。在基础教育领域内,这一现象所带来的问题主要表现在以下五个方面。

(1) 民族学校教育在民族文化传承中的缺失。

众所周知,民族文化传承是民族基础教育课程改革的一大特色,民族教育的一个重要任务就是要将各个少数民族优秀文化纳入到课程当中来。然而现实中我们不难看到,民族文化在民族基础教育课程中并没有应有的地位,民族文化的传承在我们今天的学校教育甚至是民族学校教育中并未真正成为课程的重要内容。

第一,学校教育政策与制度未能有效地促进民族传统文化的传承。

目前，少数民族文化在学校教育体系中尚且没有得到相应的认可与相关的制度保证，因此，长期以来我们的少数民族文化处于一种难以被纳入到正规的学校教育体系中的尴尬境地。即使在少数民族地区民族学校的办学指导思想的描述中，也几乎没有关于如何促进民族传统文化发展的表述。

第二，学校教育内容的缺乏或不足。我们的教学内容中有无足够多的民族文化知识是直接影响民族文化在学校中能否得以有效传承的重要表现。就现实情况看，许多回族传统文化知识并没有体现在课程内容中，整个课程内容主要是以汉民族传统文化为背景，对回族文化涉及的较少；课程的设置也以主流文化为主，缺乏对回族地区实际与回族群众心理特点的重视，很少设置体现回族历史文化的课程，不足以达到了解更多回族传统文化的程度；教材的内容基本上以汉民族文化为主编写，而其中关于回族传统文化的内容要么只是简略提及，要么根本不提。

（2）民族文化价值观在民族文化传承中的缺位。

教育思想和教育观念是教学活动的先导，现实中往往由于课程管理人员和教师对民族传统文化传承的正确价值观念的缺位，导致了民族地区的各种文化在课程资源开发中仅仅被当作一种边缘文化，当作是主流文化的点缀而已。事实表明，今天的大多数教育者对民族传统文化的了解有限，所持的趋利性价值观促使其产生对主流文化或者现代文化的唯一认同，尽管现实中很多民族学校想凭借一段时间花费大量的人力和物力，通过在师生中组织专题展览、举办学术报告，来唤起对民族文化传承教育的关注，但实际的效果是微乎其微的，且这样的做法缺乏长效性。在宁夏民族中小学中，有很多学校的校园物质文化创建很有特色，能够体现出本地区、少数民族的文化，但对于学生的文化需求而言，校园文化虽然有着一定潜移默化的影响，但是这种影响力远不如显在课程教学中所发挥的效果好。

（3）新技术发展对民族文化传承的忽视。

在相对简单的传统生活方式及条件下，许多民族传统文化，如民族歌舞、民族节日、民族习俗、民族饮食等拥有其独特的生存和保留空间，少数民族儿童从小就有很多接受民族文化熏陶和浸染的机会，而民族传统文化也可以顺其自然地通过社会生活得到有效的传承，且这种文化传承方式历经千百年一直如此。

然而，伴随着全世界科技革命的迅猛发展，原先那种传统生活方式与高新技术发展的不相适应性凸显出来，新兴的技术给生活方式带来了有别于传统的巨大变化，推动着人类向前发展。这一状况给民族地区的课程资源开发带来了两方面的影响，一方面，新技术发展成为新课程改革重要的推动力量，为课程资源开发提供先进的理念和崭新的技术，增强了课程资源开发的质量和效率；另一方面，新技术的蓬勃发展又使得传统的民族生活离年轻一代越来越远。由此可见，新技术的发展是一把"双刃剑"，对于民族文化课程资源开发的作用不可一概而论。

（4）民族文化自身的变革对民族文化传承的制约。

在少数民族形成、发展的漫长历史中，一方面涌现出了无数灿烂隽永的民族文化，这些文化作为少数民族的优秀文化遗产受到一代代人的热爱而被自然而然地传承下去；另一方面，文化形成的过程中也会不可避免地出现一些文化糟粕，面对这些内容又必须坚决加以淘汰。对于民族文化传承而言，课程资源开发中的文化选择首先是要看该民族文化是否具有得以保存和传承的价值，是否具有可利用、可创新的可能，其次才要考虑如何保存和如何传承的问题。也正是因为这样，课程资源开发中才存在文化选择问题，且文化是否具有可被传承的价值是文化选择的一个重要依据。因此，民族传统文化的历史价值与创新发展，构成了民族文化传承能否有效进行的一个重要前提。

事实上，课程资源开发中的文化选择也总是选择那些自身不断在积极变革的民族文化，因为只有这些民族文化才是对社会或人的发展有价值的文化，才是具有教育功能的文化。所以，民族中小学课程资源开发中，应从地方、学校、学生特色出发，看到本民族文化的价值，同时民族文化也应不断变革自身，从而为课程资源开发的文化选择指明方向。

（5）民族文化的主体选择对民族文化传承的冲击。

面对全球化的发展，文化传承的主体选择问题因文化的多样性或多元化而变得更加复杂化。在课程资源开发的过程中，民族文化传承的主体要想有效地实现民族文化的传承，前提之一就是必须要对其进行合理的选择。民族中小学课程资源开发中文化选择的主体主要就是教师、学校管理者及学生,这些主体在进行课程资源开发时也同样要处理好学生成长需求、文化自身发展、学校文化特色创建与文化选择的关系。

  当前课程资源开发的文化选择,既要传承和弘扬本民族传统文化,也要学习和汲取国家主流文化和外来文化,因此,民族文化的传承在传统文化与现代文化、主流文化与非主流文化之间的碰撞冲击下,要不断地为本民族文化发展做出应有的合理选择。

第三章　民族中小学校本课程资源开发中文化选择的意识与行为

文化与我们的生活密不可分，它就像是我们生活的一面透镜，指引着我们观察和思考的方式，我们在现实的生活中从个人感官到思维都完全被文化掌控着，从而使得身处其中的我们很难明确地感知和清楚地考察我们的文化。尽管如此，我们不能因为文化难以感知和考察就不对其本身及其影响力加以分析和思考，那样的话我们只会离文化越来越远，只会单纯适应文化，而无法创新和发展文化。所以，我们必须用不同的眼光和角度来看待和理解文化，以实现文化对生活方方面面的更积极的影响。

民族中小学校本课程资源开发中的文化选择即是在文化选择视野下来看待文化选择主体要如何进行资源开发，或者说文化选择主体在文化选择过程中是如何意识到周围的文化，并做出相应的行为对其加以选择和利用的。

一、文化选择意识与行为的意义探寻

校本课程作为新课程改革提出的一个新的课程类型，它所想要表达的是，课程不再是社会文化的工具和载体，而是具有主体地位的一种文化，课程可以根据自己的品位、理想、追求对文化进行选择、内化，更重要的是构建课程自身特有的课程文化。在进行校本课程资源开发的文化选择问题的研究中,研究者必然要凭借文化哲学的视角,重新理解课程与文化之间的关系,并促成课程文化的主体地位。而就校本课程资源开发中文化选择的意识与行为而言,文化选择的意识与行为二者之间存在着一种必然的联系,这种联系以"文化自觉"为其追求的目标,因此,校本课程资源开发中的文化选择意识与行为的探讨离不开对文化自觉的理解与认识。

文化自觉,首先是指对自身文化的一种强烈认同,是自身文化意识的提升,也是社会大众在文化发展层面的行动目标。在我国,"文化自觉论"是著名社会学家、人类学家、民族学家、社会活动家,中国社会学和人类学的奠基人费孝通先生在对少数民族的实地研究过程中,在思考我国少数民族在飞速发展的信息社会中如何实现自己民族文化的转型、少数民族文化在与其他文化交往中应该如何处理彼此间的关系、中华传统文化在经济全球化进程中如何定位、中华文化在国际文化交流中应具备何种民族文化品质等一系列问题后所提出的一整套系统的理论。

费孝通先生对于"文化自觉"这一命题的阐释集中体现在"一个基本点""两种过程"和"三层内涵"中。首先,"文化自觉"的"一个基本点",即正确对待中国传统文化;其次,"文化自觉"的"两种过程",一是要认识自己的文化,并根据这种文化对环境的适应能力来决定取舍,二是要理解所接触的文化,并取其精华去其糟粕后加以吸收;最后,"文化自觉"的"三层内涵",即自觉主动维护并弘扬一种文化的历史和传统、从传统和创造的结合中看待文化的未来、在当下的语境中思考文化存在的意义和可能为未来发展做出的贡献。费孝通先生反复呼吁和倡导的"文化自觉"可以用他的十六字箴言"各美其美,美人之美,美美与共,天下大同"来加以概括。即所谓"文化自觉,就是指人类自身在不断寻求生存与发展的过程中,对人及其文化从现存状态到未来使命的自觉"[1]。

在民族中小学校本课程资源开发中的文化选择即是文化选择主体对民族地区文化自觉的理性追求和对文化自觉的积极践行。因此,对

---

[1] 张冉.文化自觉论[D].武汉:华中科技大学博士论文,2010.

于校本课程资源开发中的文化选择而言,文化自觉在文化选择意识与文化选择行为之间具有重要的地位和价值。

(一)文化选择意识是对文化自觉的理性追求

文化作为人的一种存在方式,它是一个"不断升华的价值创造过程和不断丰富的价值体系"[①],文化选择是指人们在一定环境中对优化自我的出路的寻找与确定根据某种社会需要对现存的或新出现的文化思想体系、文化观念的撷取或排斥。而文化选择的意识则是指,文化选择过程中文化选择主体所具有的寻求文化发展新的方向、新的目标,并对掌握文化未来发展权的主动追求。

反思意识是文化自觉意识的核心本质体现,可以说,文化自觉在某种意义上就是一种文化反思。所以我们要想自觉认识本民族文化的起源和发展过程,掌握本民族文化发展所具有的特点,就要首先积极主动地将自己融入本民族文化当中,这才是文化自觉意识的根本性前提。

文化自觉最终所要给予人们的是关乎生命、价值以及意义的关怀,而文化选择意识则是针对文化本质之中的真理性、文化实践之中的有限性、文化价值之中的迷茫性而存在的,它是要寻求那些能够给予人以自由、关怀的有意义、有价值、有合理性的文化,这一过程是一个从"他者"文化的立场出发,通过反观自身现实状况,以实现对自身文化更全面深入的体认的过程。

文化选择意识的形成与建立,不仅有助于对不同文化去伪存真,建立对文化的积极分辨能力,实现文化所应具有的意义性和价值性,而且有助于人们在实践中正确处理文化与人、文化与自身的关系,提高文化的科学性和合理性。校本课程资源开发中,建立文化选择意识即是在对当前文化全球化境遇下的多元文化进入学校课程给予积极认同的同时,对不同文化在学校课程中如何适应所做出的分辨、批判、反思、建构,是对文化在学校课程中回归的价值性探寻,是对文化自觉的一种理性追求。

---

① 衣俊卿.文化哲学——理论理性和实践理性交汇处的文化批判[M].昆明:云南人民出版社,2005:62.

(二) 文化选择行为是对文化自觉的主动践行

哲学的文化自觉意味着我们对自身文化和他文化进行积极主动地认知的意识与行为。在课程领域,如果说,文化选择的意识是关于在课程开发中主体对不同文化是否能够主动加以选择,即"选不选"的问题,那么,文化选择的行为则是指在课程资源开发中主体对不同文化"如何选"的问题。正如荷兰哲学家冯·皮尔森(Von Pearson C. A)所说的,文化作为一种人的活动,"它要求个人和集体不断地采取主动行为,建立新的起点"[①]。因此,就文化选择而言,文化选择的行为就是一种个体或集体实现文化自觉的积极行动和主动探索。

人们常说,意识决定行为。正是由于人是具有意识性、目的性、社会历史性的特殊存在,所以,一旦当人们意识到了文化所具有的差异性后,主体就应当充分发挥人的自主性、能动性、创造性,在认识不同文化的基础上,形成或建立起一套完整的文化选择的原则、策略、方法,从行为上践行课程开发中的文化选择,通过主体的实践活动去进行价值实现,这一点也正好体现了课程的文化自觉所具有的极强动态性的特点。

关注校本课程资源开发中的文化选择行为,一方面要关注校本课程资源开发中是否有文化选择的行为出现,且这种行为的出现是有意识的,还是无意识的;另一方面要关注校本课程资源开发中文化选择的行为是否有效,这些行为是否已实现促进发展的功能,不论是促进个体发展,还是促进文化发展。总的来说,实践只有在自觉的意识下才是人性的、人格的,才是有价值的。校本课程资源开发中的文化选择行为应当是一种文化选择主体的价值实践活动,这种活动首先应当建立在科学合理的文化选择意识之上,并在现实生存和发展的实践中,通过不断地对自身价值实践活动的积极反思与超越来加以推进和实现。

(三) 文化自觉影响文化选择意识与行为的发生与方向性

文化自觉的实现和达成不是一蹴而就的,是需要经历一个艰难过程的,在这一过程中,主体不仅要做到对自己的文化有所认识和把握,还要建立与多种文化的接触与理解。以此为基础,主体才可能在日益

---

① [荷]C. A. 冯·皮尔森. 文化战略[M]. 刘利圭,等,译. 北京:中国社会科学出版社,1992:29.

形成的、多元的文化世界里确立自己应有的位置,从而在适应的过程中,建立起一种"有共同认可的基本秩序和一套多种文化都能和平共处、各抒所长、联手发展的共处原则"①。这个"过程"中,文化选择的意识是一种对文化的接触、认识、理解的过程,而文化选择的行为则是一种对文化的自主适应、建立秩序和原则的过程。

马克思主义哲学认为,意识是人脑的机能和产物,具有能动作用。文化选择的意识在很大程度上决定着文化选择的行为,而文化选择行为又反过来促进文化选择意识的形成和提升。在学校里,校本课程资源开发中文化选择的成败,一方面有赖于文化选择主体是否具有科学合理的文化选择意识来作为课程文化选择的追求目标和引领方向;另一方面,文化选择又与文化选择主体的文化选择行为能力水平密切相关。所以,文化自觉可以影响文化选择意识与行为的发生,以及向着什么方向发展。

综上所述,校本课程资源开发的文化选择过程中,文化选择的意识是一种对文化自觉的理性追求,这一过程包括对文化自身全面而理性的认识和对本民族文化及他民族文化关系的思考和把握。而文化选择行为则是一个对文化自觉的积极实践过程,它包括对文化选择的原则策略、方式方法等的形成与运用。校本课程资源开发中的文化选择要求主体既要树立科学合理的、具有价值的文化选择意识,又要形成系统、有序的文化选择行为,从而最终达到文化自觉。

(四)文化选择意识与行为具有多元主体性

所谓文化选择主体,从广义上说就是指一切有可能参与到文化选择活动之中、影响文化选择的、具有主体性的各类人员,是指在文化选择活动中,进行文化选择的个人或组织者,是文化选择的决策者、实施者和研究者的总称。从广义上说,校本课程资源开发的主体是学校,因此就校本课程资源开发而言,其文化选择主体一般认为是在校本课程资源开发过程中,有文化选择需要,享有文化选择权利,具备文化选择能力的人或组织,并且在行使文化选择权利的同时,该个人或组织能独立地承担因此而产生的相应结果。

---

① 费孝通.论文化自觉[M].呼和浩特:内蒙古人民出版社,2009:3.

不可否认，校本课程资源开发中的文化选择不是一个人能完成的，或者说由一个人从事的校本课程资源开发的文化选择是不合理、不科学的。校本课程资源开发中的文化选择是一个多主体共同作用的过程，一方面，文化是外在的、对象性的，需要主体发挥主观能动性去加以选择；另一方面，个体作为一种文化的载体，其自身的文化积淀与内涵也是校本课程资源开发中文化选择的不可忽视的对象。所以，文化选择的过程是主体对客体的作用过程，也是主体自我发现、自我选择的过程，这种过程是一种在意识指导下的实践活动。那么，校本课程资源开发中文化选择的意识与行为的主体主要有哪些呢？或者说谁的意识和行为直接影响校本课程资源开发中的文化选择呢？

与国家课程和地方课程不同，校本课程资源开发中的文化选择作为一种实践活动，关注一切以学校为核心的主体的发展，诸如教师、学生以及学校自身的发展。文化选择主体更多地是指存在于学校当中的个人或组织，且这些个人或组织在文化选择的不同环节里存在并发挥作用。

比如本研究者在 Y-TLHX 的调研中发现，该校在校本课程资源开发的文化选择过程中，其主体就包括了教师、学生、校长、教导主任、年级组、教研组，且这些个人或组织在文化选择的不同阶段、不同环节发挥着不同的作用。（见图 3-1）

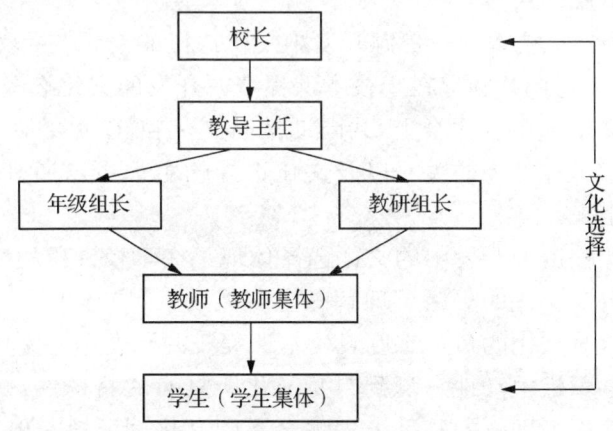

图 3-1　Y-TLHX 校本课程资源开发中文化选择主体构成

这是一个学校全员参与校本课程资源开发中文化选择的典型案例。

现实中，由于学校管理的需求，加上年级组长、教研组长本身也是教师集体的一部分，所以校本课程资源开发中文化选择的主体主要是由以校长为核心的学校管理人员、教师或教师集体、学生或学生集体这三方面构成。校本课程自身的特点与资源开发中的需要，决定了本研究中校本课程资源开发的文化选择所涉及的最直接的主体是教师、学生、学校管理者，以下研究也将主要围绕这三方面主体展开相关分析与讨论。

学校是校本课程资源开发的最重要的场所，教师和学生是校本课程资源开发中文化选择的主体，是文化选择的最主要力量，他们共同成为文化选择的实现者、实施者和创造者，他们的发展需要、成长经验、文化背景共同影响着校本课程资源开发中的文化选择的意识与行为，他们的文化选择意识与行为共同影响着校本课程资源开发中文化选择的内容与结果。分别来说，首先，校本课程资源开发中，教师既是文化选择的主体，又是文化选择的对象，教师的文化选择意识与行为直接影响着文化选择的内容与结果；其次，作为课程资源开发中文化选择的主体和学习的主人，学生的文化选择意识与行为是指学生主动地、有创造性地利用一切可利用资源，为自身学习、实践、探究活动服务；最后，每个学校的管理者是校本课程资源开发的决策中心，也是文化选择的意识与行为的主体，学校管理者根据学校特点，有意识地提供与学校教育哲学思想相适应的决策。

综上所述，校本课程资源开发中文化选择的意识与行为二者之间的关系密切，它们共同存在于校本课程资源开发的文化选择过程中，共同体现在文化选择主体身上，共同助推着文化自觉的实现。上述关于文化选择意识与行为的关系以及文化选择的主体可以通过图 3-2 直观地表现出来。

校本课程资源开发中的文化选择体现了在学校课程领域里主体对周围以及自身文化的更深层理解的主观能动性，它体现了主体在学校课程领域里对文化的负责态度。校本课程资源开发中的文化选择要求主体要能够积极主动地意识到自身文化所具有的特殊性，并在对自身文化特殊性深刻理解的基础上去体会不同文化间所具有的差异性，从而帮助文化选择主体从系统全面的层次上理解文化的构成和变迁，从文化自身的发展与实践过程中把握文化选择的价值和作用。所以在校

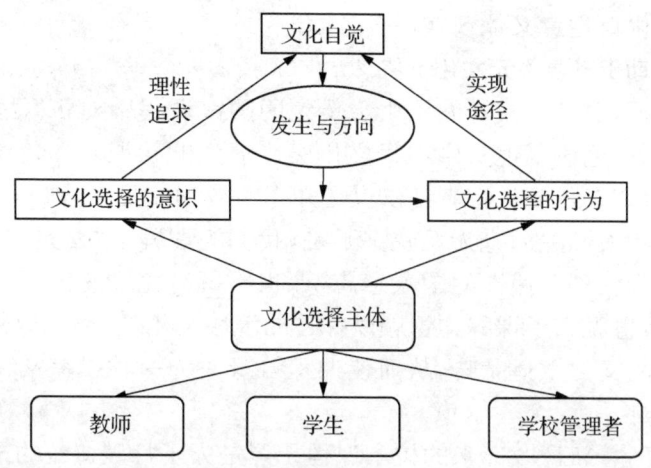

图 3-2 文化选择主体的意识与行为关系

本课程资源开发的文化选择过程中,文化选择主体要发挥主观能动性,努力使文化自觉变成具有普遍意义的意识和行动,使文化选择的内容与结果具有的特征得到广泛认同和理解。

（五）文化选择意识与行为具有文化自觉意义

文化是人类社会存在、发展的依据和标志,文化的发展对于社会发展、人的发展、教育的发展而言其地位和作用越来越明显。一方面,人们意识到当今社会的诸多问题其实质都属于文化问题,如种族问题、环境问题、人性问题、宗教问题等等都是源于人们对自然、社会和人自身之间的差异与冲突的错误解读,即社会危机实质上是文化的危机。另一方面,在社会变迁过程中,文化在社会发展和人的发展中的作用越发凸显出来。这种状况使得课程改革不能再将视野仅仅停留在促进经济和技术发展的层面上,而应当加强课程改革的文化自觉意识。从课程资源开发的文化选择来看,课程资源开发中所选择的文化必定应该是对不同文化群体的生存和发展有价值的文化。

校本课程资源开发中的文化选择实际上是一种文化资源重新配置的活动,在这一活动过程中,文化选择主体的意识与行为体现了主体的文化自觉主动性和能动性。只有主体形成对文化的洞察力和敏感性,提高自身文化选择的能力,才能在校本课程资源开发的文化选择过程中有所作为。具体来说,校本课程资源开发中文化选择主体的意识与行为的文化自觉意义体现在三个方面。

1. 有助于彰显多元文化价值

在我国,很长一段时间里由于传统的国家课程中对于"法定文化"的锁定现象,造成了现实中课程文化极度缺失的状况。在传统的国家课程中,教育者与受教育者都仅仅是知识的被动接受者,课程对于人的文化需求和人性关照毫无反映。于是,我们的课程在"法定文化"的桎梏下上升为一种普遍性的国家意志,课程不可避免地脱离了其应有的地方文化,也脱离了课程知识赖以存在的境域文化,脱离了课程文化与个体相融的文化主体意味,从而使课程自身成为一种国家文化主宰的被动的工具。

而伴随着新课改而来的校本课程无疑是为了打破传统的国家课程所带来的上述状况而出现的一级课程管理模式。我们看到校本课程资源开发中所要面对的文化多种多样,而文化选择主体对于这些文化所展开的文化选择就是要避免过去那种课程资源开发的"非文化"的倾向,倡导自觉地、有意识地把校本课程资源开发中的文化选择融入多样的文化之中去,使校本课程真正发挥出彰显多元文化价值的功用,为校本课程资源开发做最有效的文化选择。当然这种功用的实现首先有赖于校本课程资源开发中文化选择主体的意识与行为的形成与建立,即要求文化选择的主体要从意识到行为上做到:在"地方性"的地域文化与"民族性"的地域文化中选取最富有特色的内容,使地域乡土文化得以在课程中传承;将校本课程资源开发的文化选择从内容到形式与学生周围真实的文化环境结合起来,使校本课程资源开发中所选择的文化更加生活化,更加易于学生亲近;意识到文化在营建富有文化特色的校园文化中的价值,有意识地通过文化选择的行为使学生和教师从中找到亲切感和归属感。

在过去,由于学校课程受制于集权性的单一体制制约,缺乏自主性,学校课程与多元文化之间的关系淡漠,彼此之间的影响力微乎其微。直到校本课程的出现,使得学校课程对这种多元文化的影响力日渐加强,并越来越显现出巨大的推动作用。就校本课程资源开发中文化选择的意识和行为而言,可以看到,同样置身于多元文化氛围下的一线教师们,逐渐清楚地意识到各种文化都具有自身特有的价值取向、思维方式、行为模式,于是在进行校本课程资源开发的文化选择时,能够意识到将不同文化要素嵌入校本课程资源中加以改造、继承、创新。同时,由于校本课程开发本身具有极强的灵活性,在进行文化选择时,可以调动各种教育力量和文化机构加入,从而将校本课程资源开发中文化选择的意识与行为带入到家庭、社会中,使得除了学校教师之外的学生、学校领导、社区、家庭都在成为文化选择主体的同时,以其所负载的文化而成为文化选择的对象,从而实现校本课程资源开发中对多元文化价值的彰显。

2. 有助于提升教师专业境界

按照教育的内在规定性,教师应当是自主的专业人员,在课程开发领域,教师应当拥有课程开发的主动权,教师是课程开发的主体之一。校本课程资源开发的文化选择过程中,教师必须具有文化自觉的意识,既能够积极主动发现身边有价值的文化,又能够在教育教学实践中结合实际需要选择文化,从而在课程实践中做出将批判与反思相结合的文化选择行为,这是校本课程资源开发的文化选择对教师在意识和行为方面所提出的能力要求。

校本课程资源开发在对教师的文化选择能力提出要求的同时,还通过教师文化选择意识与行为的建立促进教师的专业成长。与传统教育对教师的课程能力的要求相比较,校本课程资源开发中的文化选择要求课程资源开发不再仅仅是一种知识的载体、文本的表达,而更应该是寻求情感体验、促进师生共育文化的过程。在这一过程中,就要求作为文化选择主体之一的教师要具备一定的文化自觉性,能够意识到文化本身,并采取合理的行为有意识地对其加以选择,这样的行为包括对话、沟通、合作、共建、分享等。从这个意义上说,在校本课程资源开发中,教师良好的文化选择意识与行为的形成,将不仅仅有助于丰富校本课程开发中文化的多样性和适应性,更有助于教师专业能力的形成与完善。

目前,教师在校本课程资源开发中的文化选择存在着许多问题,其中,文化选择意识缺乏是严重制约校本课程资源开发的因素之一。校本课程资源开发需要教师有文化选择意识,即在校本课程资源开发的文化选择中,教师不仅仅要关注选择教什么,还要关注所选择的内容是否符合教学的目标,是否具有教育价值,是否符合学生身心发展规律等。校本课程资源开发中的文化选择,必须认清教师与文化选择的不可分离的关系,赋予教师参与文化选择的权力和责任,视校本课程资源开发中的文化选择为教师专业成长的机会。同时,通过让教师参与校本课程资源开发的文化选择,使教师对课程资源开发中文化选择的本质、意图有更透彻的理解,这样不仅可以提高教师的教育教学积极性,而且可以激发教师的课程意识,让教师从单纯的课程执行者的角色中走出来,在文化选择的过程中养成反思的习惯、研究的习惯、参与的习惯,成为课程的真正主人。

事实上,自新课改三级课程管理模式提出以后,我国教师以《基础教育课程改革纲要(试行)》为依据,不仅从制度层面获得了课程开发权,且使这种权力在迅速地转向实践层面的过程中,实现着对"教育自由权"内涵的更深入全面的理解与认识。而教师这种"自由权"的获得成了教师专业生活的一个重要标志,为教师在课程资源开发中的文化选择提供了有力的保障。

3. 有助于革新校长兴校理念

从课程资源开发的角度来说,文化选择主体的意识与行为的形成与建立对明确课程资源开发的文化选择方向与结果具有重要意义。长期以来,以校长为核心的学校管理者对于学校课程开发要么表现为不干预,要么就是过度干预,这二者中任何一种做法都会在很大程度上影响课程资源开发的实效性。事实上,学校管理者应当意识到自己在课程资源开发中的角色和地位,适时调整自己在课程资源开发中的管理思想、管理方法,使自己具有课程资源开发的意识,并以此来指导自己的学校和课程管理行为。

学校是多元文化汇集的场所,具有不同文化背景的师生带着各自已有的文化和对他文化的需求共同生活在学校当中。校本课程资源开发中的文化选择实质上是一个以学校为基地来进行课程资源文化选择的开放民主的决策过程。从职能上看,校长作为文化选择主体之一,在校本课程资源开发的文化选择这一过程中所要关注的问题包含了方方面面,既要关注学校发展的特定实际,立足于学校富有特色的个性文化的选择与建构,又要面对学生发展的实际需要,选择适合学生的文化,还要面对自己所处的文化背景,确立自己的课程哲学,解决自己所遇到的各种问题。也就是说,以校长为核心的学校管理者作为校本课程资源开发中文化选择的主体之一,在校本课程资源开发中要根据自己的文化背景和教育哲学思想,进行适合学校具体特点和条件的、符合学生身心发展水平需求的校本课程资源文化选择,这样的文化选择过程对整个文化的开发是全方位、系统性的。

以校长为核心的学校管理者在校本课程资源开发的文化选择过程中必须意识到,对于学校而言,校本课程资源开发中的文化选择是以实现校本化为目标前提的,而校本化目标是学校根据自身特色和本校学生文化背景以及实际需要提出来的,它立足于学生的教育环境和生活环境中的文化,与学校的文化特色相联系,因此目标本身就是学校文化特色的体现。同时,以校长为核心的学校管理者还应意识到,每一所学校目标的确立都与学校领导者自身的文化意识或文化自觉密不可分,都反映了以校长为核心的学校管理者的文化价值取向,都反映了所在学校的文化传统。所以,以校长为核心的学校管理者作为文化选择主体之一参与到校本课程资源开发的文化选择中,不仅仅有利于校本课程开发本身,更有利于校本化目标的确立,这将对学校发展理念的革新具有重要的意义和作用。

二、民族中小学教师的文化选择意识与行为

作为校本课程资源开发中文化选择的主体之一,教师不仅仅是校本课程资源开发中文化选择的组织者、实施者和评价者,其自身更是校本课程资源开发中所要面对的非常重要的课程资源,教师自身的文化负载及其对个体文化的不同认知程度和水平都会对文化选择产生重要的影响。因此,校本课程资源开发中教师的文化选择意识与行为会直接影响文化选择的科学性与合理性,也会影响教师自身的专业成长与发展。更进一步说,广大教师最了解学生发展实际,教师作为文化选择的主体,所开发出来的课程最可能贴近现实,最能满足不同学生的差异性需求。因此,和国家课程、地方课程不同,教师作为校本课程资源开发中文化选择的主体,这是文化选择内在的、必然的规定性。

在校本课程资源开发的文化选择中,教师应该能够意识到多种文化的存在,或者说能够比其他人更敏锐地察觉到不同文化之间的差异

性,更重视保护、保存和发展地域及民族文化的价值,并且懂得如何去发掘和研究学校所处地区的文化。那么现实中,以宁夏民族中小学校本课程资源开发中的文化选择为例,教师在文化多样性的境遇中,是否能够有意识地、积极主动地开展文化选择呢?

(一) 内涵解读

事实上,在现实中,文化选择的意识与行为很难明确加以区分,故而在本研究中,主体的文化选择意识主要侧重于对主体在文化选择时所持有的态度、观念的考察与描述;而主体的文化选择行为则主要侧重于对主体在教与学的实践过程中所采取的可见的文化选择行为加以考察和描述。

校本课程资源开发中文化选择的成败,关键是看教师是否具有校本文化选择的意识。所谓教师的文化选择意识,最简单地说,就是教师要具备"教什么"的意识。这种意识体现在:第一,教师在校本课程资源开发中能否敏锐地察觉到文化在校本课程资源开发中的存在,并能在校本课程资源开发过程中主动地在课程以及师生所属的文化境域中有意识地进行文化选择;第二,教师能否意识到自己的知识经验、文化背景、情趣爱好、价值取向等会影响到校本课程资源开发中的文化选择与文化增值;第三,教师能否在校本课程资源开发过程中总是敏感地、主动地捕捉到有价值的文化资源;第四,教师在校本课程资源开发中是否具有文化选择的新视野,比如:"选入校本教材中的文化不再是唯一的课程资源,但仍是最基本、最精华的课程资源""教师自身不仅是课程资源开发中文化选择的重要对象,而且也是课程资源开发中文化选择的主体""学生亲近的家乡文化和少数民族文化也是值得开发和利用的课程资源""当代文化全球化境遇下,课程资源开发所要面对的文化也是多元的,要对其做出合理的选择"等等。

由此可见,校本课程资源开发中教师的文化选择意识是教师在校本课程资源开发以及课程实施过程中,对校本课程有目的、有意义的文化反映以及有方向、有层次的文化追求和探索,它是教师执行课程标准、落实课程方案的内部驱动力。作为校本课程资源开发中文化选择的主体,教师不仅要有意识地对校本课程资源做出符合全体学生发展、促进教师专业成长、突出学校特色的文化选择,更要形成促进文化传承、发展和创新的意识。

校本课程资源开发中,所谓教师的文化选择行为,是指在文化选择中教师所要具备的行为能力,以及将这些能力运用到文化选择上的具体行动。随着新课程改革的不断推进,教师在校本课程资源开发中的文化选择行为主要包括:第一,教师应当认识到自己在校本课程资源开发中文化选择的主体地位,并努力成为文化选择的行为主体;第二,教师应当在校本课程资源开发的实践过程中总是利用动态生成的、有价值的、即时性的文化资源,并对这些资源做出有教育价值的文化选择,使之进入校本课程实践;第三,校本课程资源开发中的文化选择是一种能力,教师应当具有主动地选择适当的途径为学生在众多文化中精挑细选终身学习必备的基础知识和技能,以及为学生选择那些贴近生活实际的鲜活的文化的能力;第四,教师应当认识到课程在文化传承中的作用,并借助课堂教学外的多种途径来为文化传承和发展做出有效选择的行为。

(二) 样本描述

1. 测试样本描述

本研究调查中的教师样本均来自宁夏回族自治区民族中小学,其中问卷调查的实施主要是利用民族中小学教师暑期国培集中培训期进行,访谈、听课及现场观察主要是通过进入民族中小学进行。宁夏民族中小学教师样本的基本情况如下表。(见表3-1)

表 3-1 本研究中教师测试样本描述(N=487)

类别	项目	人数(人)	百分比(%)
A01 民族	A. 回族 B. 汉族 C. 其他	128 359 0	26.3 73.7 0.0
A02 性别	A. 男 B. 女	196 291	40.2 59.8
A03 学历	A. 中专 B. 大专 C. 本科 D. 本科以上	5 98 380 4	1.0 20.1 78.1 0.8

(续表)

类别	项目	人数(人)	百分比(%)
A04 年龄	A. 20—30 岁 B. 31—40 岁 C. 41—50 岁 D. 50 岁以上	15 336 126 10	3.1 69.0 25.9 2.0
A05 教龄	A. 1—5 年 B. 6—10 年 C. 11—20 年 D. 20 年以上	11 31 324 121	2.3 6.4 66.5 24.8
A06 职称	A. 小教 B. 中教 C. 尚未评定	257 208 22	52.8 42.7 4.5
A07 学校类型	A. 六年制小学 B. 九年一贯制 C. 完全中学 D. 初级中学 E. 高级中学	288 40 28 118 13	59.1 8.2 5.8 24.2 2.7

2. 差异性描述

由于本研究涉及宁夏民族中学和宁夏民族小学,所以研究中用独立样本 T 检验的统计方法分别检验民族小学和民族中学教师在文化选择意识与行为维度是否存在差异、回族教师和汉族教师在文化选择意识与行为维度是否存在差异。

表 3-2 宁夏民族小学教师和民族中学教师在文化选择意识与
行为维度 T 检验(N=465,22 人职称未评定)

维度	小学(N=257)		中学(N=208)		T	P
	M	SD	M	SD		
意识	14.96	2.750	14.82	2.443	0.623	0.534
行为	13.82	2.622	14.02	2.391	0.901	0.368

注:(* P<0.05 表示差异显著,** P<0.01 表示差异极其显著)

由表 3-2 可知,宁夏民族小学教师和民族中学教师在校本课程资源开发的文化选择中,在意识维度,T=0.623,P=0.534＞0.05,所以,民族小学教师和民族中学教师在校本课程资源开发文化选择的意识维度不存在显著性差异。在行为维度,T=0.901,P=0.368＞0.05,所以,民族小学教师和民族中学教师在校本课程资源开发文化选择的行为维度也不存在显著性差异。

表 3-3 宁夏民族中小学回族教师和汉族教师在文化选择意识与行为维度 T 检验(N=487)

维度	回族(N=128)		汉族(N=359)		T	P
	M	SD	M	SD		
意识	13.68	2.798	14.69	2.545	2.543	0.005**
行为	13.74	2.556	14.41	2.355	2.358	0.009**

注:(* P＜0.05 表示差异显著,** P＜0.01 表示差异极其显著)

由表 3-3 可知,宁夏民族中小学回族教师和汉族教师在校本课程资源开发的文化选择中,在意识维度,T=2.543,P=0.005＜0.01,所以,回族教师和汉族教师在校本课程资源开发的文化选择意识维度存在极其显著性差异。其中,回族教师在意识维度得分均值为 13.68,汉族教师在意识维度得分均值为 14.69,汉族教师在校本课程资源开发的文化选择意识维度得分均值高于回族教师。在行为维度,T=2.358,P=0.009＜0.01,所以,回族教师和汉族教师在校本课程资源开发的文化选择行为维度存在极其显著性差异。其中,回族教师在行为维度得分均值为 13.74,汉族教师在行为维度得分均值为 14.41,汉族教师在校本课程资源开发的文化选择行为维度得分均值高于回族教师。由以上可知,汉族教师在校本课程资源开发中文化选择意识与行为维度的得分均值均高于回族教师。

(三)现状分析

对于宁夏民族中小学的教师而言,他们所处的特殊地域以及他们各具特点的文化背景决定了他们所面对的文化是在"多样性"中具有"独特性"的文化。文化的特殊性直接影响着教师在进行校本课程资源开发的文化选择时的意识和行为,而教师自身的文化特点与需求也会影响校本课程资源开发的文化选择意识与行为。

本研究对教师在校本课程资源开发中的文化选择意识与行为现状的调查结果主要体现在以下方面:

1. 回、汉族教师文化选择的意识与行为存在差异

在宁夏民族中小学校本课程资源开发的文化选择中,回族教师的文化选择意识与行为和汉族教师文化选择的意识与行为之间存在显著差异,且汉族教师的文化选择意识与行为水平均高于回族教师。产生这种状况的原因是:首先,从文化选择的意识来看,民族中小学在校本课程资源开发文化选择中所面对的文化选择对象不仅是"民族性"地域文化,还有国家文化、"地方性"地域文化以及师生文化等,面对多样性的文化选择对象,汉族教师因为其受到的固有文化的限制较少,文化观念相对开放,接受多元文化的机会较多,所以其文化选择的意识要强于回族教师。加上宁夏大量回族聚居区的回族教师观念相对落后,对回族文化的认同程度极高,对于文化的自觉意识更多地局限于回族文化,而对于回族文化以外的其他文化的自觉程度明显低于汉族教师。其次,意识决定行为,汉族教师文化选择意识水平高于回族教师,因而决定了在实践中进行校本课程资源开发的文化选择时面对不同文化选择对象,其行为水平也相对比回族教师要高,这是符合马克思主义哲学原理的。

2. 教师的文化选择主体意识明确,但主体行为薄弱

教师与校本课程资源开发的文化选择有着不可分割的联系,如何处理好教师与校本课程资源开发的文化选择之间的关系,并帮助教师形成文化选择的意识与行为是制约校本课程资源开发中文化选择的重要因素之一。

教师作为校本课程资源开发的文化选择中最为重要的主体,首先应该是校本课程资源的开发者和实践者,故而教师首先要具有文化选择的主体意识与行为。调查中在问及教师:"您认为校本课程资源开发的文化选择过程中教师处于什么样的地位?扮演什么样的角色?"时,有教师认为:"新课程改革中,教师要发挥校本课程的作用,使自己成为文化的创新者、传承者,发挥自己的专业自主权,成为校本课程资源开发中文化选择的主人";有教师认为:"教师应由教转向学，由被动的教书者向主动选择课程资源者转变，深入研究校本课程资源，挖掘有价值的文化"；有教师认为："教师在文化选择的过程中应当成为一个文化的引领者"；还有教师认为："校本课程资源开发的文化选择要求教师从传统的课程执行者转变为课程资源文化选择的决策者"；等等。总而言之，教师要想真正走进校本课程，要想真正成为校本课程资源开发中文化选择的主体，就要积极主动地参与到校本课程资源开发的文化选择中，要从内心把自己看作是校本课程资源开发中文化选择的主要力量。

那么，基于教师群体对校本课程的理解、感受与认识，他们认为校本课程资源开发应当由谁来完成？谁才是校本课程资源开发的主体呢？调查中在问及"您认为校本课程资源开发应该由谁来做？"时，53.2%的教师认为应当由"师生共同开发"，43.3%的教师认为应当由"教师集体合作开发"，而由"教师个体独立开发"或"学校领导开民"的观点几乎是不被认可的。（见图3-3）这说明，教师能够认识到自己是校本课程资源开发的主体，教师具备资源开发的主体意识。

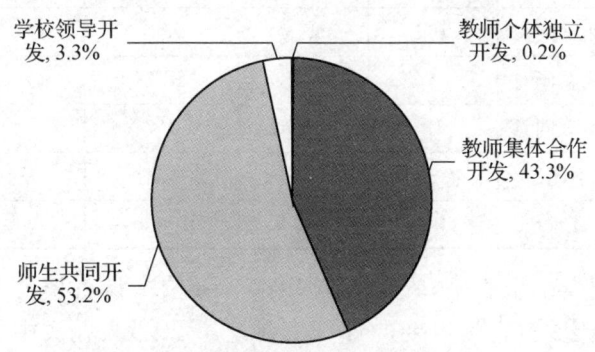

图3-3 "您认为校本课程资源开发应该由谁来做？"调查结果

对此，Y-TLHX的校本课程"走进少数民族"的Z老师在谈及校本课程资源开发中应该由谁来选择文化时说："我们的校本课程里的这些资源都是由老师和学生一起选择的，教学中的那些很具体的资源也全凭我们老师和学生们共同在课下收集、整理起来的。老师只是根据不同年级学生的学习和理解水平来帮助他们划分不同内容、规划不同内容的深度而已。"可见，教师对于校本课程资源开发中文化选择的主体意识比较明确。但这里必须指出的是,教师作为文化选择主体,并不意味着"理论引领"或"专家指导"的缺位。事实上,校本课程资源开发中的文化选择是一种在先进理论、观念指导下,多人员合作性、实践性的研究活动。①

教师作为校本课程的开发者与实践者,在进行校本课程资源开发的文化选择时也对自身提出了很多新的专业能力要求,教师不仅要具备根据具体的教学目标和内容选择校本课程资源的能力,还要具有充分挖掘各种课程文化资源的潜力和深层次价值的能力。从这个意义上来说,教师本身就构成了课程资源开发中最具价值的课程资源之一,教师在一定程度上决定着对课程资源的鉴别、选择、积累和利用,是重要的课程文化资源的载体。于是,调查中当问及教师:"您同意'教师本身也是重要的课程资源'的观点吗?"时,95.7%的教师表示"非常同意"。

表3-4 "您同意'教师本身也是重要的课程资源'的观点吗?"调查结果

		Frequency	Percent	Valid Percent	Cumulative Percent
Valid	非常同意	466	95.7	95.7	95.7
	比较同意	6	1.2	1.2	96.9
	不太同意	13	2.7	2.7	99.6
	不同意	2	0.4	0.4	100.0
	Total	487	100.0	100.0	

这一调查结果表明,大部分教师都认可校本课程资源开发中教师是主体力量之一,也是重要的课程资源之一。那么现实中是不是大多数教师都参与到了校本课程开发中呢?调查中在问及教师:"您在学校参与校本课程资源开发吗?"时,22.0%的教师表示"经常参与",而有14.0%的教师表示"从不参与",还有38.3%和25.7%的教师表示"有时参与"或"偶尔参与"。

---

① 全国十二所重点师范大学.课程论[M].北京:教育科学出版社,2007:285.

表3-5 "您在学校参与校本课程资源开发吗?"调查结果

		Frequency	Percent	Valid Percent	Cumulative Percent
Valid	经常	107	22.0	22.0	22.0
	有时	187	38.3	38.3	60.4
	偶尔	125	25.7	25.7	86.0
	从不	68	14.0	14.0	100.0
	Total	487	100.0	100.0	

可见,教师在校本课程资源开发中的参与度一般,甚至较低。或者说,真正参与到校本课程资源开发中的教师是少数人,大部分教师还没有从思想和行动上参与校本课程资源开发,这也是校本课程资源开发实效性较差的主要原因之一。

3. 教师认同并希望向学生传递家乡文化和回族文化

一个地区、一个民族拥有的文化属于生长、生活于其中的人们。有教师认为:"民族文化、家乡文化都具有重要的作用,作为一个宁夏人、作为一个回族地区的教师,如果连自己家乡和这里民族的文化都一点儿不了解,又怎么去教给自己的学生要热爱自己的家乡、热爱自己的民族呢?"调查结果表明,教师们对于本地区、本民族的文化有较强的认同感,希望能够对这些文化有所了解,并向学生传递的意愿程度很高。

调查中当问及教师:"您希望自己能够了解,并向学生传递回族文化吗?"和"您希望自己能够了解,并向学生传递家乡文化吗?"时,分别有77.4%和94.5%的教师表示"非常希望"。

表3-6 "您希望自己能够了解,并向学生传递回族文化吗?"调查结果

		Frequency	Percent	Valid Percent	Cumulative Percent
Valid	非常希望	377	77.4	77.4	77.4
	不希望	15	3.1	3.1	80.5
	无所谓	95	19.5	19.5	100.0
	Total	487	100.0	100.0	

表 3-7 "您希望自己能够了解,并向学生传递家乡文化吗?"调查结果

		Frequency	Percent	Valid Percent	Cumulative Percent
Valid	非常希望	460	94.5	94.5	94.5
	不希望	4	0.8	0.8	95.3
	无所谓	23	4.7	4.7	100.0
	Total	487	100.0	100.0	

比如,参与 Y-XHYX 的校本课程"绽放的花儿"的开发 Y 老师就说:"花儿是我们宁夏南部山区、六盘山区人民非常喜欢的一种音乐形式,它是我们宁夏的一种民族特色,我们作为教师同时又是民族音乐的传承者,我们也特别希望我们的学生也能够有机会学习这些能代表我们宁夏文化的内容,所以我们学校选择这样的内容作为校本课程开发的对象,我们老师都很有积极性。而且我们特别重视每一个向外界展示我们学习成果的机会。"还有 Y-LHZ 担任校本课程"马氏口弦"开发的 M 老师说:"课程要能够看到并且传承学校所在地区的文化,比如我们这里是马氏口弦的发源地,我们就不应该只让这些文化在民间流传,而是要让青少年学生们都有可能去了解它。"所以说,从教师层面看来,教师们还是能够意识到家乡文化和回族文化的存在,并且对这些文化有着一定的感情和传承的愿望的。

4. 教师认可不同文化进入课程的价值,但课程提供的时空有限

校本课程资源开发中教师对文化价值的认识是指教师能否意识到不同文化对于学校、教师、学生发展所具有的价值,并且在课程开发与实施过程中能否主动察觉到这种价值。校本课程资源开发中文化选择的价值不仅仅是促进学生的发展,它也指向教师发展、学校发展,乃至文化自身的发展。对于学生发展而言,每个教师都对学生抱有各种期望,调查中在问及教师:"您对学生最大的期望是什么?"时,没有一个教师对学生是零期望的,53.8%的教师最期望学生"掌握一定知识技能",为家乡发展做贡献,33.5%的教师最期望学生"成为文化的传承者",12.7%的教师最期望学生"继续升学"。这些选择彼此之间并不矛盾,但就教师"最大"的期望而言,教师总体还是期望学生能够掌握知识与技能,而这些知识与技能主要是通过我们学校的学科课程来进行传授的。

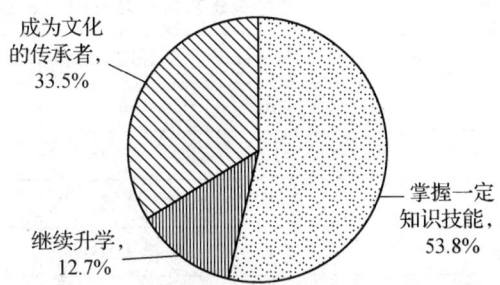

图 3-4 "您对学生最大的期望是什么?"调查结果

于是,在问及教师:"您觉得您的学校更重视开设什么课?"时,78.0%的教师认为学校更重视开设诸如数学、语文、外语等这样的学科课程,而认为学校更重视开设传播民族和家乡知识相关的课程的教师则仅占 2.1%。

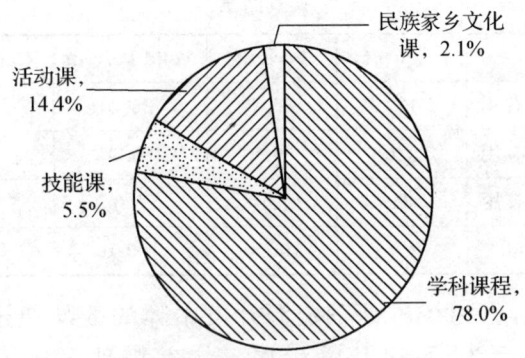

图 3-5 "您觉得您的学校更重视开设什么课?"调查结果

可见,在教师看来,学校不重视开设关于家乡文化和少数民族文化的课程。那么教师作为文化选择的主体,是否能够主动思考并意识到不同的文化对于学生的发展是否有价值呢?调查中在问及教师:"您认为让学生学习回族文化有好处吗?"时,有 56.5%的教师认为"非常好",有 40.9%的教师认为"比较好"。

表 3-8 "您认为让学生学习回族文化有好处吗?"调查结果

		Frequency	Percent	Valid Percent	Cumulative Percent
Valid	非常好	275	56.5	56.5	56.5
	比较好	199	40.9	40.9	97.3
	不太好	8	1.6	1.6	99.0
	不好	5	1.0	1.0	100.0
	Total	487	100.0	100.0	

调查中在问及教师:"您认为让学生学习家乡和回族的文化对今后的学习和生活有用吗?",26.1%的教师认为"非常有用",66.9%的教师认为"比较有用"。

表 3-9 "您认为让学生学习家乡和回族的文化对今后的学习和生活有用吗?"调查结果

		Frequency	Percent	Valid Percent	Cumulative Percent
Valid	非常有用	127	26.1	26.1	26.1
	比较有用	326	66.9	66.9	93.0
	不太有用	34	7.0	7.0	100.0
	Total	487	100.0	100.0	

由此可见,作为校本课程资源开发主体的教师通过对文化选择的积极意识和行为,可以让学生更真实客观地了解不同文化发展状况,正确认识不同文化的长处和不足,从自身实际出发,增强学生热爱祖国、热爱家乡、热爱学校的积极情感,以成长为国家的建设者和接班人。现实中教师普遍能够意识到并认可家乡文化和少数民族文化在学生成长中所具有的价值。但是由于诸多原因,在教师看来,学校并不重视开设传承此类文化的课程,学校课程中传统的学科课程依旧最受重视,学生能否顺利升学依旧是教师最为关心的问题。

5. 教师注重教学中的文化选择,但课程尚未成为文化传承的主要渠道

本研究中对教师在课程资源开发中文化选择意识的研究并不局限

于校本课程资源的开发,事实上,教师在学校课程实践中的文化选择行为在一定程度上也折射出教师是否具有文化选择的意识。在关于教师文化选择的行为的调查中,应将教师的文化选择行为与意识置于更广泛的"课程文化选择"视域内加以考察和探究。调查中在问及教师:"您在所教科目的教学中能主动开发一些课程资源吗?"时,53.1%的教师表示"有时能",而23.0%的教师表示"偶尔能"。

表3-10 "您在所教科目的教学中能主动开发一些课程资源吗?"调查结果

		Frequency	Percent	Valid Percent	Cumulative Percent
Valid	经常能	106	21.8	21.8	21.8
	有时能	250	51.3	51.3	73.1
	偶尔能	112	23.0	23.0	96.1
	从不	19	3.9	3.9	100.0
	Total	487	100.0	100.0	

在问及教师:"您在所教科目的教学中能主动渗透宁夏文化和回族文化吗?"时,46.6%的教师认为自己"有时能"这样做,35.1%的教师认为自己"偶尔能"如此。

表3-11 "您在所教科目的教学中能主动渗透宁夏文化和回族文化吗?"调查结果

		Frequency	Percent	Valid Percent	Cumulative Percent
Valid	经常能	66	13.6	13.6	13.6
	有时能	227	46.6	46.6	60.2
	偶尔能	171	35.1	35.1	95.3
	从不	23	4.7	4.7	100.0
	Total	487	100.0	100.0	

在问及教师:"您在教学中注重民族文化和地方文化的讲授吗?"时,60.0%的教师认为自己"比较注重",而25.9%的教师认为自己"不太注重"。

表3-12 "您在教学中注重民族文化和地方文化的讲授吗?"调查结果

		Frequency	Percent	Valid Percent	Cumulative Percent
Valid	非常注重	62	12.7	12.7	12.7
	比较注重	292	60.0	60.0	72.7
	不太注重	126	25.9	25.9	98.6
	从不注重	7	1.4	1.4	100.0
	Total	487	100.0	100.0	

在问及教师:"您上课分析问题或举例时会有意识结合本地区、本民族文化吗?"时,48.1%的教师认为自己"有时会"这样做,23.8%的教师认为自己"偶尔会"这样做。

表3-13 "您上课分析问题或举例时会有意识结合本地区、本民族文化吗?"调查结果

		Frequency	Percent	Valid Percent	Cumulative Percent
Valid	经常会	130	26.7	26.7	26.7
	有时会	234	48.1	48.1	74.7
	偶尔会	116	23.8	23.8	98.6
	从不	7	1.4	1.4	100.0
	Total	487	100.0	100.0	

由此可见,大部分教师在自己所教授的学科课程实施中都能够较为积极主动地意识到民族或地区文化的存在,并采取一定的行为对这些文化加以选择,这是教师在课程实施中的一种有意识的文化选择行为。比如:Y-TLHX的Z老师在"走进少数民族"校本课程的课堂上介绍"羌族"时,在让学生课外准备收集各种与羌族有关的文化资料,课堂上由学生主讲来展示他们眼中的羌族文化的同时,老师在课堂上能够意识到学生所处地区的回族特色,会在学生介绍某一个内容的间隙,提出比较羌族文化与回族文化的问题,与学生展开讨论。课堂上当学生介绍完羌族服饰的鲜明特点时,Z老师问:"同学们,与羌族的服饰相比,我们宁夏的回族服饰最大的特点是什么呢? 有谁知道?"当全体学生在课堂上听着羌族民歌《吹起羌笛跳锅庄》,跳起羌族的锅庄舞时,Z

老师又问："同学们，每个民族都有每个民族的艺术，你们想想我们回族歌舞艺术的代表是什么？你了解吗？"

课堂上师生之间的这种问答还有不少，可见教师在文化选择的实践中还是能够意识到自己和学生群体所处地域的文化价值，并将其有意识地渗透到课程中的。

但也有相当一部分教师不太能够在实践中积极主动地采取相应的文化选择行为，有些教师认为："教学任务本来就繁重，课堂上原本要求的内容有时都讲不完，练不完，根本没有时间再去准备其他的内容。"还有一些教师，不关心自身所教学科知识在社会实践中的运用，不关心学科课程之外的课程文化资源。事实上，这些教师并没有意识到文化选择无处不在。

那么，学校中在课堂之外，教师是否能够意识到文化的存在呢？在问及教师："您的校园里关于家乡文化和回族文化的介绍多吗？"时，45.0%的教师认为"比较多"，而33.5%的教师认为"不太多"。

表3-14 "您的校园里关于家乡文化和回族文化的介绍多吗？"调查结果

		Frequency	Percent	Valid Percent	Cumulative Percent
Valid	非常多	79	16.2	16.2	16.2
	比较多	219	45.0	45.0	61.2
	不太多	163	33.5	33.5	94.7
	根本没有	26	5.3	5.3	100.0
	Total	487	100.0	100.0	

对于教师自身来说，要想在课程资源开发中选择不同的适合课程的文化，首先自己要对身边的文化有所了解。那么教师自己通常是从哪些途径获取有关家乡和回族的文化的呢？在问及教师："您通常获得与家乡、回族有关的课程资源的最主要途径是什么？"时，49.7%的教师依靠的是"经验与日常生活所见"，仅有10.9%的教师是通过"从已有的课程内容"中获得的。

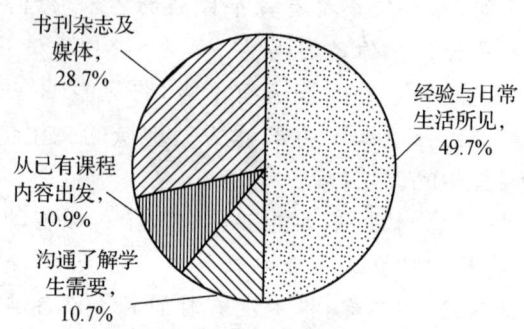

图3-6 "您通常获得与家乡、回族有关的课程资源的
最主要途径是什么？"调查结果

现实中，文化传承途径是多种多样的，我们每个人或多或少地在通过不同途径传承着或被传承着文化。在上述诸多途径中，教师认为哪种途径是最有效的呢？在问及教师："您认为学校通过哪种途径能最有效地传承家乡文化和少数民族文化？"时，32.1%的教师认为是"组织弘扬、传承家乡文化和少数民族文化的主题活动"，25.1%的教师认为是"校园环境的布置"，22.2%的教师认为是"开发相关课程"，20.6%的教师认为是"带领学生参观名胜古迹"。

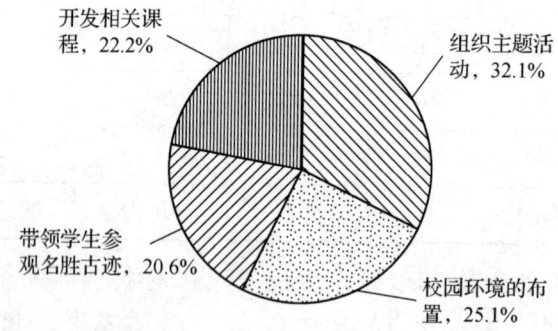

图3-7 "您认为学校通过哪种途径能最有效地传承家乡文化和
少数民族文化？"调查结果

由此可见，从教师角度看，学校中已有的课程并没有成为文化传承的主要途径。难怪有的教师会说："学校课程太多，教学任务又重，别说给学生专门介绍家乡文化和我们回族的文化了，我们很多老师这方面

的文化普及依靠的也还是生活中学到的,比如旅游呀、看电视呀这些,我们也没有系统专门地学习这些的条件。"

综上所述,在校本课程资源开发的文化选择中,要求我们的教师要具备文化选择的积极意识与正确行为。教师不仅要能够意识到文化的多样性,还要能够意识到多元文化之间的差异性;不仅要会对不同文化做出相应的选择,还要会借助正确的行为和途径来选择这些文化。在文化选择的实践中,要求教师要主动了解本国、本地、本民族社会的历史发展、地理环境、生活方式、文化形态等多方面的内容,以丰富自己对多种文化的认识,同时要尊重学生在不同社会环境中所获得的知识,不应否定或贬低任何一种文化的价值。当师生共同参与文化选择时,教师可以积极引导学生去比较不同文化之间的差异,帮助学生理解不同文化各自赖以存在的社会境域之间的内在关联,培养学生成为能够将各种文化融为一体从而创造出新的认识方式和文化体系的人。

三、民族中小学学生的文化选择意识与行为

学校课程的终极目标是实现促进学生的发展,因此课程资源开发中忽略学生发展的意义和价值的文化选择,忽略学生自身所承载的文化特性和文化需求的选择,都将是徒劳的和缺乏实效性的选择。本研究中宁夏民族中小学因其所处地域民族的多样性、文化的多样性以及不同文化所具有的特色和优势,决定了来自不同文化背景的民族中小学学生都有各自独特的生活经验、认知风格、智力特点和文化背景。学生的这些特征影响着校本课程资源开发中各自的文化选择意识的形成与建立,而这些意识又影响着学生的文化选择行为。

(一)内涵解读

学生也是校本课程资源开发中文化选择的主体之一,与教师在校本课程资源开发中的地位与意义相比较,学生在校本课程资源开发中更多的是担当文化的负载者和文化的需求者的角色。因此,学生的文化选择意识更多的是受到在成长与学习过程中,对课程资源的文化需求的影响。简单地说,学生的文化选择意识就是关于学生对于"学什么"的一种内心需要和主观反映,是学生将自己成长过程中所必需的文

化纳入课程的积极主动的意识。这种意识体现在:第一,学生是否能够意识到不同文化具有的差异性,是否认同这种差异性;第二,学生是否希望对自身所处境域的文化有所了解与认识,意识到自身的知识经验、文化背景等是重要的课程文化资源;第三,学生是否能够意识到自己所处文化境域的特殊性,并具有掌握这些文化的需求;第四,学生是否能够意识到在学校课程中选择并传递不同文化的价值和意义。

与校本课程资源开发中教师的文化选择行为相比较,由于学生在课程资源开发中地位和作用的不同,学生在校本课程资源开发中文化选择的行为体现在:第一,学生是否能够主动采取行为发现和获得对所需要的文化的认知;第二,学生依据自己的成长需求,在获取不同文化时采取何种方式与途径;第三,学生如何看待教师在课程资源开发中的文化选择行为。

学生是校本课程资源开发中文化选择的主体,也是非常重要的课程资源。学校应该通过课程向学生提供文化选择的空间和机会,而这种空间和机会就蕴含在校本课程资源开发的文化选择过程当中,所以说学生的文化选择意识与行为既影响着校本课程资源开发的质量与效果,又影响着学生自身的能力发展。

(二)样本描述

1. 测试样本描述

本研究中的学生样本来自包括宁夏回族自治区五个市在内的九所民族中小学。学生问卷发放样本分布情况和测试样本的基本情况详见表3-15和表3-16。

表3-15 本研究学生问卷发放样本分布

序号	所在城市代码	学校代码	学校类型	发放数量	回收数量	有效数量
1	银川市(Y)	Y-TLHZ	完全中学(高中部)	250	245	238
		Y-TLHX	六年制小学	50	50	49
		Y-JMHX	六年制小学	50	50	41

(续表)

序号	所在城市代码	学校代码	学校类型	发放数量	回收数量	有效数量
2	吴忠市(W)	W-MLQZ	初级中学	100	100	93
		W-LSYX	六年制小学	100	100	94
3	石嘴山市(S)	S-HHX	九年一贯制	150	142	141
4	中卫市(Z)	Z-SYXZ	初级中学	200	193	182
5	固原市(G)	G-JYZ	初级中学	100	95	91
		G-YZZ	初级中学	100	96	94
总计	五市	9所		1 100	1 071	1 023
备注	城市代码为城市名称首字母大写；学校代码为地市代码加学校名称首字母大写					

表 3-16 本研究中学生测试样本描述(N=1 023)

类别	项目	人数(人)	百分比(%)
A01 民族	A. 回族	535	52.3
	B. 汉族	474	46.3
	C. 其他	14	1.4
A02 性别	A. 男	494	48.3
	B. 女	529	51.7
A03 年级	A. 小学 1—6 年级	325	31.8
	B. 初中 7—8 年级	460	45.0
	C. 高中 9—12 年级	238	23.2
A04 学校所在地	A. 银川	345	33.7
	B. 石嘴山	139	13.6
	C. 吴忠	197	19.2
	D. 固原	184	19.0
	E. 中卫	148	14.5

对学生在校本课程资源开发中的文化选择意识与行为现状的调查主要采用问卷调查的方式，并辅以访谈和课堂观察。

2. 差异性描述

本研究中的民族中小学学生分别来自宁夏回族自治区银川市、石嘴山市、吴忠市、固原市和中卫市这五个市。由于这五个市所处的地理位置及经济社会发展水平具有差异性,从而使得五市民族中小学学生校本课程资源开发的文化选择意识维度与行为维度方面也存在差异性。

表 3-17　宁夏五市民族中小学学生在文化选择意识与行为维度 F 检验(N=1 023)

维　度		意　识	行　为
银川市(N=345)	M	14.48	11.50
	SD	4.22	8.81
石嘴山市(N=139)	M	10.38	6.98
	SD	2.02	1.80
吴忠市(N=197)	M	12.91	8.38
	SD	10.10	2.08
固原市(N=194)	M	12.39	8.44
	SD	3.10	2.30
中卫市(N=148)	M	12.90	8.68
	SD	5.48	2.41
	F	13.78	28.83
	P	0.000**	0.000**

注:(* P<0.05 表示差异显著,** P<0.01 表示差异极其显著)

由表 3-17 得知,五市民族中小学学生在校本课程资源开发中文化选择的意识维度上,F=13.78,P=0.000<0.01,所以在 0.01 的显著性水平上拒绝虚无假设,接受备择假设,故得出五市民族中小学学生校本课程资源开发中文化选择的意识维度上的差异性极其显著。这一维度上,银川市得分均值为 14.48,石嘴山市得分均值为 10.38,吴忠市得分均值为 12.91,固原市得分均值为 12.39,中卫市得分均值为 12.90,所以,在校本课程资源开发中文化选择的意识维度上,银川市民族中小学学生得分最高,吴忠市次之,中卫市得分第三,固原市得分第四,石嘴山市得分最低。

同样,由表 3-17 得知,五市民族中小学学生在校本课程资源开发中文化选择的行为维度上,F=28.83,P=0.000<0.01,所以在 0.01 的显著性水平上拒绝虚无假设,接受备择假设,故得出五市民族中小学

学生校本课程资源开发中文化选择的行为维度上的差异性极其显著。且在这一维度上,银川市得分均值为11.50,石嘴山市得分均值为6.98,吴忠市得分均值为8.38,固原市得分均值为8.44,中卫市得分均值为8.68,所以,在校本课程资源开发中文化选择的行为维度上,银川市民族中小学学生得分最高,中卫市第二,固原市第三,吴忠市第四,石嘴山市得分最低。

此外,就民族中学和民族小学而言,民族中学学生和民族小学学生在校本课程资源开发中文化选择的意识与行为维度也存在差异性。

表3-18 宁夏民族中学学生和小学学生在文化选择意识与行为维度T检验(N=1 023)

维度	中学(N=698)		小学(N=325)		T	P
	M	SD	M	SD		
意识	13.49	5.84	11.68	5.59	4.48	0.000**
行为	9.17	4.36	7.65	2.08	5.39	0.000**

注:(* P<0.05表示差异显著,** P<0.01表示差异极其显著)

由表3-18得知,在校本课程资源开发中文化选择的意识维度上,T=4.48,P=0.000<0.01,所以在0.01的显著性水平上拒绝虚无假设,接受备择假设,故得出检验结果:民族中学学生和小学学生在校本课程资源开发中文化选择意识维度上的差异性极其显著。这一维度上,中学生得分均值为13.49,小学生得分均值为11.68,所以,民族中学学生在校本课程资源开发中文化选择的意识维度上得分显著高于民族小学学生。

在校本课程资源开发中文化选择的行为维度上,T=5.39,P=0.000<0.01,所以在0.01的显著性水平上拒绝虚无假设,接受备择假设,故得出检验结果:民族中学学生和民族小学学生在校本课程资源开发中文化选择的行为维度上得分差异性极其显著。这一维度上,中学生得分均值为9.17,小学生得分均值为7.65,所以,民族中学学生在校本课程资源开发中文化选择的行为维度上得分显著高于民族小学学生。

综上,经过统计分析,宁夏民族中学学生在意识与行为方面的得分均高于民族小学学生。

（三）现状分析

宁夏民族中小学回族学生比例相对较高，校本课程资源开发中的文化选择要充分关注学生发展的现实需要，充分尊重学生的个体差异和主体地位，相信每个学生都是一份可贵的课程文化资源，他们不仅是具有巨大发展潜力和个体差异性的鲜活的个体，更是校本课程开发中文化选择的不竭动力。以培养学生的创新精神和实践能力为目标，校本课程资源开发中的文化选择势必将充满生命力。

以下关于宁夏民族中小学校本课程资源开发中学生的文化选择意识与行为的现状描述中，以宁夏民族中小学学生为研究主体，具体从以下方面加以考察与探讨。

1. 地域发展水平制约文化选择主体的文化选择意识与行为水平

在宁夏民族中小学校本课程资源开发的文化选择中，银川市、中卫市、固原市、吴忠市、石嘴山市这五市的民族中小学生作为文化选择主体，其文化选择在意识与行为维度上存在着显著的差异性。其中，意识与行为维度的得分均呈现出银川市得分最高，石嘴山市得分最低的现状。经过分析，产生这种状况的原因主要是：银川市是宁夏的省会城市，是宁夏政治、经济、文化的中心，在这种环境下的民族中小学学生相比其他地区的民族中小学学生而言，他们接触的文化从类型到机会都相对丰富和多元，他们的文化意识自然较强，进而在各种文化交汇中的文化选择意识也就强于其他四市的学生。而石嘴山市位于宁夏北部，总面积5 310平方千米，总人口745 482人（2012年），回族人口占总人口的20.3%，是宁夏面积最小、总人口最少、回族人口最少的一个以工业为主导产业的城市，因此，相对于其他各市而言，石嘴山市的政治、经济、文化发展水平相对较低，这种社会环境下的民族中小学学生在校本课程资源开发中的文化选择意识与行为相对也最为薄弱。

2. 民族中学学生文化选择意识与行为维度的水平均高于民族小学学生

通过上述差异性分析，可以看出宁夏民族中学学生和民族小学学生在校本课程资源开发的文化选择意识与行为维度存在极其显著的差异。之所以会产生这样的状况，与中学生和小学生各自的身心发展水平的差异性有着直接的关系。按照个体身心发展的规律，中学生由于身心发展各方面的水平相对于小学生而言更为成熟，其个人意识的发展相比小学生而言也更为全面和系统化,因此在文化选择中,中学生在文化选择意识方面的发展水平高于小学生。与此同时,在意识水平的影响下,中学生的文化选择行为水平也相对高于小学生,所以说这样的现状是与个体身心发展阶段的基本规律相符合的。

3. 学生的文化选择主体意识与行为淡漠

学生作为校本课程资源开发中文化选择的重要主体之一,应该能够具有文化选择的主体意识,并有参与文化选择的主体行为出现。但在现实中,当问及学生:"你认为自己是学校里校本课程资源的开发者吗?"时,高达76.6%的学生回答"不知道",12.5%的学生回答"不是",10.9%的学生回答"是"。

表3-19 "你认为自己是学校里校本课程资源的开发者吗?"调查结果

		Frequency	Percent	Valid Percent	Cumulative Percent
Valid	是	111	10.9	10.9	10.9
	不是	128	12.5	12.5	23.4
	不知道	784	76.6	76.6	100.0
	Total	1 023	100.0	100.0	

那么在学生看来,校本课程里的那些内容是由谁来选择的呢? 当问及学生:"你觉得学校的校本课程里的那些内容通常是由谁来决定的?"时,64.4%的学生回答"由上这门课的老师决定",28.0%的学生回答"由老师们一起决定",仅有2.7%的学生回答"由我们自己决定",4.9%的学生回答"由老师和我们一起决定"。

表3-20 "你觉得学校的校本课程里的那些内容通常是由谁来决定的?"调查结果

		Frequency	Percent	Valid Percent	Cumulative Percent
Valid	由上这门课的老师决定	659	64.4	64.4	64.4
	由我们自己决定	28	2.7	2.7	67.1
	老师和我们一起决定	50	4.9	4.9	72.0

（续表）

	Frequency	Percent	Valid Percent	Cumulative Percent
老师们一起决定	286	28.0	28.0	100.0
Total	1 023	100.0	100.0	

由此可见，在学生看来，校本课程内容的选择更多地是由开设校本课程的教师或教师集体来完成的，学生在实际中并没有意识到自己也是校本课程资源开发中文化选择的主体。

4. 学生对家乡、民族、学校文化持有高度认同的态度

任何一种文化都是一个地区或一个民族在其长期生存与发展的过程中经过与其所处的自然条件、社会条件相融合与创造而形成的产物，而一个地区、一个民族的存在与发展的前提和基础就是这个地区或民族所拥有的共同的文化认同。这种文化认同一经形成和确立后，就会构成一个地区或民族的共同的思想基础、行为规范和活动方式，从而成为维系一个地区或民族生存与发展的重要力量。① 因此，一个地区、一个民族的成员对于本地区、本民族文化的观念和态度可以反映他们的自我意识。

宁夏民族中小学所处地域的特殊性，使得其中的文化类型也多种多样，学生的文化背景也各不相同。由于学生受到家庭所属不同社会层次的影响，使得他们在来到学校之时就已经把不同社会层次中的文化带入学校，这些文化"其本身可能就是一种特殊的身份文化内容，学校可以提供各种价值观和谈话的材料，并预先为成员将来能符合团体要求而做身份的准备活动"②。

在校本课程资源开发的文化选择调查中，学生对"生于斯，长于斯"的宁夏及其文化都表现出高度的认同，大部分学生表示渴望了解和认识家乡及其文化。于是，调查中在问及学生："你喜欢你的家乡吗？"时，

---

① 金志远.民族文化传承与民族基础教育课程改革[M].北京：民族出版社，2008:128.

② [美]柯林斯.教育成层的功能理论和冲突理论[M]//张人杰主编.国外教育社会学基本文选.上海：华东师范大学出版社，1989:55.

70.7%的学生表示"非常喜欢",仅有 2.2%和 1.0%的学生表示"不太喜欢"和"很不喜欢"。在问及学生:"你希望别人知道你的家乡是哪里吗?"时,33.4%的学生表示"非常希望",53.2%的学生表示"希望",而仅有 1.3%的学生表示"很不希望",可见学生对家乡的认同感很强。

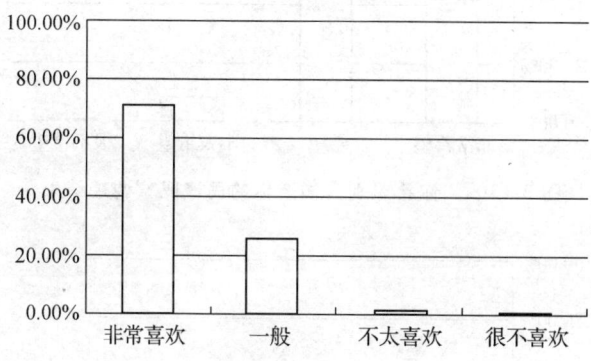

图 3-8 "你喜欢你的家乡吗?"调查结果

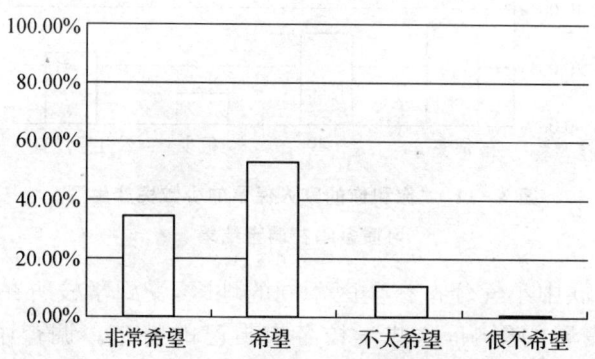

图 3-9 "你希望别人知道你的家乡是哪里吗?"调查结果

此外,宁夏又是少数民族的聚集地,民族中小学中回族学生比例相对较高,当问及学生:"你希望别人知道你的民族吗?"时,41.0%的学生表示"非常希望",48.3%的学生表示"希望",而仅有 1.6%的学生表示"很不希望"。在问及学生:"你和你的家人保留的少数民族生活习惯多吗?"时,34.6%的学生表示保留了"很多",30.1%的学生表示保留了"一些",11.3%的学生表示保留了"很少",24.0%的学生表示"几乎没有"保留。

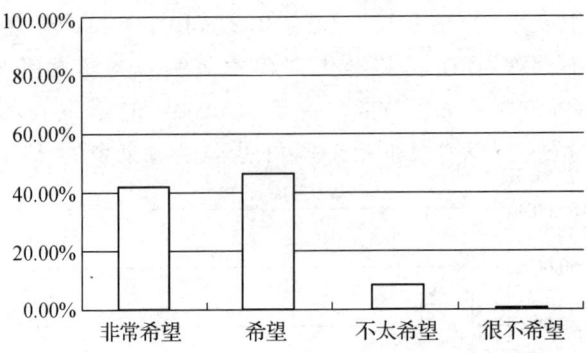

图 3-10 "你希望别人知道你的民族吗?"调查结果

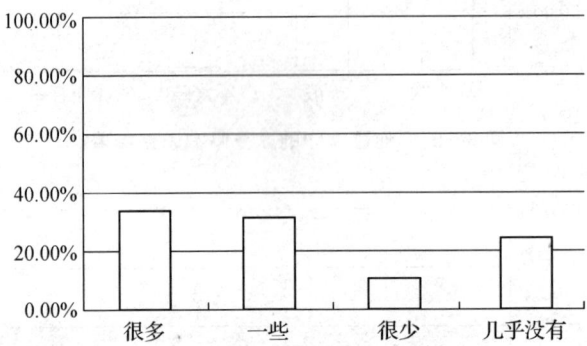

图 3-11 "你和你的家人保留的少数民族生活
习惯多吗?"调查结果

宁夏民族中小学分布在全区不同的地区,受到学校所在地的政治、经济、文化发展的影响,这些学校各有自己的特色。调查中在问及学生:"你喜欢你的学校吗?"时,58.8%的学生表示"非常喜欢",仅有2.3%的学生表示"很不喜欢"。

表 3-21 "你喜欢你的学校吗?"调查结果

		Frequency	Percent	Valid Percent	Cumulative Percent
Valid	非常喜欢	602	58.8	58.8	58.8
	一般	358	35.0	35.0	93.8
	不太喜欢	40	3.9	3.9	97.7

（续表）

	Frequency	Percent	Valid Percent	Cumulative Percent
很不喜欢	23	2.3	2.3	100.0
Total	1 023	100.0	100.0	

由此可见，宁夏民族中小学学生能够意识到自己所处的文化境域，意识到自己周围的不同文化的存在，对于家乡、回族、学校的认同程度较高。学生大多表现出爱家乡、爱民族、爱学校的积极态度，这为文化的传承提供了必要的前提。

5. 学生主体了解不同文化的需求迫切，但认识不足

民族地区学生对国家文化、本地区文化、本民族文化有渴望了解的迫切需求，希望了解的意愿程度很高。但是现有的学校课程实践中对于这样一些文化内容的传承却是不够的，或者说是稀缺的，从而导致生长在民族地区的学生对于国家文化、地方文化、民族文化疏于了解，且认识非常有限。

调查中，当问及学生们："你希望了解和学习回族文化吗？"时，76.4%的学生表示"希望"，仅有7.6%的学生表示"不希望"，还有16.0%的学生表示"无所谓"。同样在问及学生："你希望了解和学习家乡文化吗？"时，83.9%的学生表示"希望"，仅有4.2%的学生表示"不希望"，还有11.9%的学生表示"无所谓"。可见学生们还是很渴望了解和学习回族文化的。

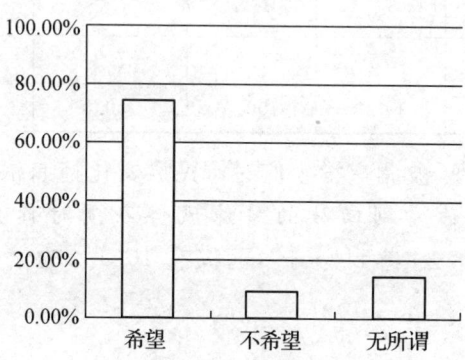

图 3-12 "你希望了解和学习回族文化吗？"调查结果

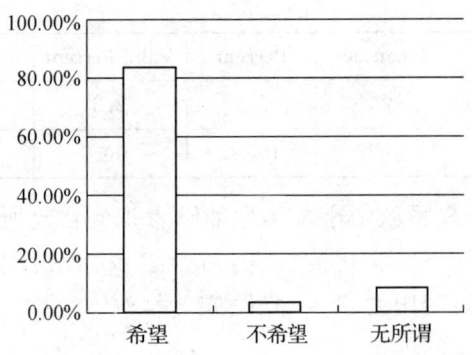

图 3-13 "你希望了解和学习家乡文化吗?"调查结果

而关于"你经常会有意识地学习家乡和少数民族文化吗?"的回答当中,有21.8%的学生认为自己"经常"会有意识地学习这些文化,而有47.3%的学生认为自己"有时"会这样做,还有23.6%的学生认为自己"偶尔"为之,7.3%的学生认为自己"从不"会这么做。可见学生希望了解家乡文化和本民族文化,但是把这种"希望"转化为一种长期的"有意识"的行为还需进一步推进。

表 3-22 "你经常会有意识地学习家乡和少数民族文化吗?"调查结果

		Frequency	Percent	Valid Percent	Cumulative Percent
Valid	经常	223	21.8	21.8	21.8
	有时	484	47.3	47.3	69.1
	偶尔	241	23.6	23.6	92.7
	从不	75	7.3	7.3	100.0
	Total	1 023	100.0	100.0	

调查中还发现,被调查学生们对本民族文化持有很高的好奇程度,当问及学生:"当你看到回族的特殊风俗习惯时你会怎么样?"时,79.8%的学生表示会"感到好奇",而仅有10.1%的学生表示对此"不感兴趣"。

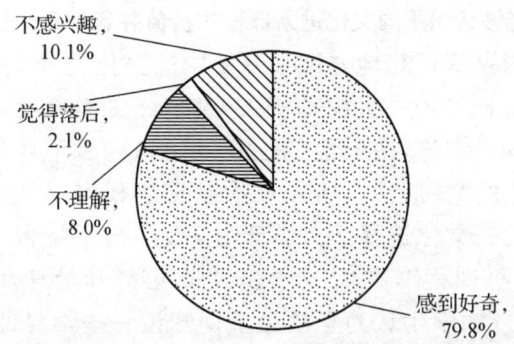

图 3-14 "当你看到回族的特殊风俗习惯时你会怎么样?"调查结果

在 Y-JMHX 做调查时,当问卷答完回收时,学生们尤其是回族学生表现出对回族文化强烈的好奇心,现场学生们开始讨论起了回族的节日有哪些,回族的体育项目有哪些。可见学生还是有想要了解这些文化的主观需求的,但我们的课程中关于这方面的内容涉及得太少。于是,有学生说:"老师,我是回民,可是我只知道我们回民有开斋节和古尔邦节,别的我什么都不知道。"可见学生有学习需求,但现实中关于这方面的认知却少之又少。调查中当问及学生:"你觉得汉民族传统文化、家乡文化、少数民族文化被遗忘了吗?"时,43.6%的学生认为"没有遗忘",49.5%的学生认为"部分遗忘",仅有 1.2%的学生认为"完全遗忘"了。

表 3-23 "你觉得汉民族传统文化、家乡文化、少数民族文化被遗忘了吗?"调查结果

		Frequency	Percent	Valid Percent	Cumulative Percent
Valid	没有遗忘	446	43.6	43.6	43.6
	部分遗忘	506	49.5	49.5	93.1
	几乎遗忘	58	5.7	5.7	98.8
	完全遗忘	13	1.2	1.2	100.0
	Total	1 023	100.0	100.0	

由此可见,不论是汉民族传统文化、地域文化,还是少数民族文化,对于学生而言,都有了解、认识的迫切需求,学生们对这些文化感兴趣,希望自己能了解这些文化,并成为这些文化的负载者,大部分学生坚信这些文化是不会被完全遗忘的。

6. 学生能够认识不同文化进入课程的价值并意识到身边的文化选择行为

如果说国家课程和地方课程开发中的文化选择主体是代表了国家意志和地方意志的相关机构和相关专家,比如教育行政部门及其领导下的学科课程专家等,由于他们在开发出来的课程中所选择的文化需要具有更广泛的"普适性",所以广大基层学校和一线教师往往会被排除在课程开发的文化选择之外。于是,教师与学生普遍认为学校中更重视开设"学科课程",在问及学生:"你觉得你的学校重视开设什么课?"时,83.1%的学生认为学校更重视开设一些学科课程。

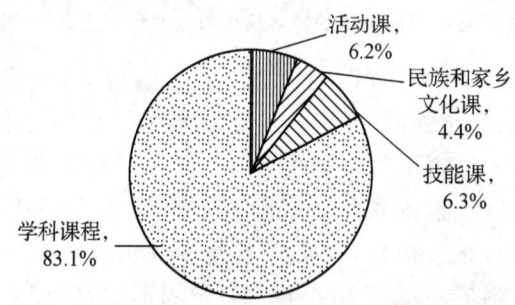

图 3-15 "你觉得你的学校重视开设什么课?"调查结果

而在问及学生:"你认为学校开设一些关于家乡文化和少数民族文化的课程好吗?"时,41.3%和49.4%的学生认为"非常好"和"好",仅有2.7%的学生认为"不好"。可见,学生还是能够意识到这些文化所具有的价值和意义,对于学校课程中开设这样一些内容的课程持有非常肯定的态度。

表 3-24 "你认为学校开设一些关于家乡文化和少数民族文化的课程好吗?"调查结果

		Frequency	Percent	Valid Percent	Cumulative Percent
Valid	非常好	423	41.3	41.3	41.3
	好	505	49.4	49.4	90.7
	不太好	68	6.6	6.6	97.3
	不好	27	2.7	2.7	100.0
	Total	1 023	100.0	100.0	

那么,当教师在教学实践中有意识地进行文化传承时,学生是否能够意识到教师的这些行为是在进行着文化的选择与传递呢?当学校在进行校园文化建设中有意识地选择一些文化并向学生传递时,学生能否意识到这些文化及其选择呢?调查中,当问及学生:"你认为老师在教学中注重民族文化和地方文化的讲授吗?"时,23.0%的学生认为"非常注重",而有22.7%的学生认为"不太注重"。当问及学生:"老师们上课分析问题或举例时会经常结合本地区、本民族生活实际吗?"时,27.8%的学生表示老师"经常会"结合,而21.6%的学生表示老师"偶尔会"结合。

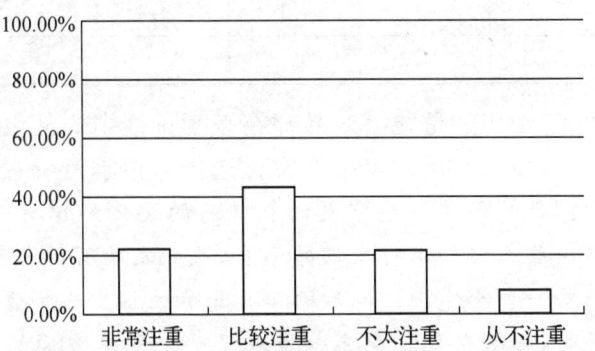

图 3-16 "你认为老师在教学中注重民族文化和地方文化的讲授吗?"调查结果

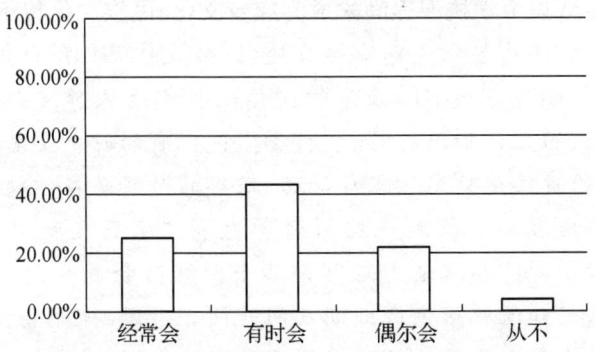

图 3-17 "老师们上课分析问题或举例时会经常结合本地区、本民族生活实际吗?"调查结果

当问及学生:"你的校园里关于家乡和回族文化的介绍多吗?"时,34.5%和50.0%的学生认为"很多"和"一般",仅有4.1%的学生认为根本"没有"。

表 3-25 "你的校园里关于家乡和回族文化的介绍多吗?"调查结果

		Frequency	Percent	Valid Percent	Cumulative Percent
Valid	很多	353	34.5	34.5	34.5
	一般	512	50.0	50.0	84.5
	很少	116	11.4	11.4	95.9
	没有	42	4.1	4.1	100.0
	Total	1 023	100.0	100.0	

由此可见,学生还是能够对教师在教学过程中的文化选择行为有所意识,并且对校园文化建设中的文化选择与传承有所意识。访谈中当问及学生:"你觉得学一些宁夏的和回族的文化知识有必要吗?"时,有学生说:"这些文化知识对我们的家乡、民族发展有很大作用,我们必须要知道一些";有学生说:"以后的工作中和生活中我们肯定会遇到这样一些问题的,如果自己能事先知道或了解一些这方面的内容的话就可以解决这些问题";还有学生说:"这些文化知识肯定有它的作用,今后在工作中一旦有人问起的时候还是知道一些有好处。"

7. 学生认识中学校课程尚未成为家乡文化、民族文化传承的主渠道

宁夏民族中小学学生对家乡文化、回族文化知识的获取是多渠道、多途径的,正如在访谈中问及学生:"你一般都是从哪里去了解关于咱们宁夏、回族的文化知识的?"时,有学生说:"有的时候是看电视上有这些介绍,有的时候是听家里父母说的,还有的时候是在学校老师上课的时候讲有些内容时会提到一些";有学生说:"从朋友和同学那里听说的";还有学生说:"在课堂上老师讲某个问题时会联系到一些,或者就是有时自己想知道就跟亲戚或朋友问一问。"于是,在问卷调查中,当问及学生:"你通常主要是从哪里获得关于家乡、回族的文化知识的?"时,32.9%的学生回答从包括与长辈、朋友等"周围人的交流"中获得,31.7%的学生回答从"书刊杂志及媒体"上获得,19.3%的学生回答从

"老师课程教学的内容"中获得,16.1%的学生回答从"学校专门开设的课程"中获得。

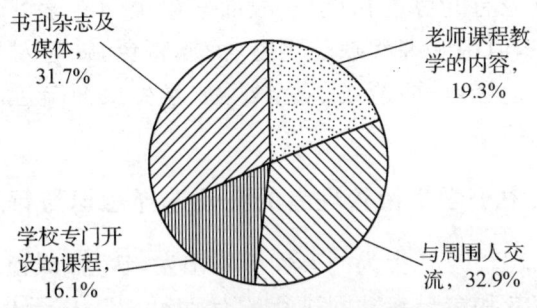

图 3-18 "你通常主要是从哪里获得关于家乡、回族的文化知识的?"调查结果

那么在多种途径中,学生最希望通过什么途径去获得这些文化呢?当问及学生:"你最希望通过什么方式学习关于家乡和少数民族的文化?"时,有33.7%的学生希望"学校开设专门的课程",27.2%的学生希望"自己看书、上网去学习",25.0%的学生希望"长辈在生活中讲给我们",还有14.1%的学生希望"老师上课选择相关内容"讲给他们听。

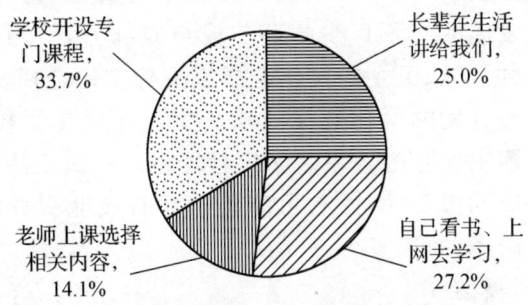

图 3-19 "你最希望通过什么方式学习关于家乡和少数民族的文化?"调查结果

由此可见,由于民族地区文化的多样性,文化的传承可以借助多样化的途径去实现,既可以通过家人,又可以借助书刊媒体,还可以借助教师的课程教学。虽然学校课程在文化传承中不是唯一的途径或渠道,但民族中小学在多元文化的传承中应当发挥重要作用,其中课程是最直接、最有效率的途径。但是就目前来看,我们民族中小学的学校课

程在文化的传承中是缺位的,学校课程并没有发挥其应有的作用,成为各种文化选择与传承的主要渠道。在学校课程中,地方文化、少数民族文化没有得到应有的尊重和地位,故而学生虽然有学习地方文化和回族文化的意愿,但由于课程缺乏地方、民族特色,缺乏对地方文化和少数民族文化的选择,进而造成了少数民族学生反而疏远了自己生长之地的文化知识经验。

四、民族中小学学校管理者的文化选择意识与行为

有学者从课程改革行为的属性分析出发,认为"课程改革行为是课程改革的决策者和参与者共同进行的互动行为"[①]。于是,要开展真正的校本课程资源开发的文化选择,至少要关注两个方面的问题,并从这两个方面着手:一方面,即制度层面。具体而言,就是国家要制定相关的管理制度,甚至要出台一些相关的法律法规文件,只有这样才能使校本课程资源开发中的文化选择得到国家、地方、学校上级部门的允许,从而从相对宏观的层面来保障校本课程资源开发的文化选择。另一方面,即学校层面。这是指在学校中,作为学校的管理者一定要从学生发展的现实需要出发,把校本课程资源开发中的文化选择看作是促进学生成长和学校发展的必不可少的环节或组成部分,尽力为校本课程资源开发创设一种开放、民主的文化选择氛围与文化选择机制,以此来保障校本课程资源开发的文化选择能够实实在在地在学校开展,并且在实践中真正发挥出实际的效果。学校管理者只有真正意识到校本课程开发中文化选择的重要性,才有可能正确而有效地引导校本课程资源开发中的文化选择。

(一)样本描述

校长是国家教育行政部门或其他办学机构管理部门任命的学校行政负责人,校长总理全校的校务工作,对外代表学校,对内主持校务。校长是学校最核心、最重要的管理者之一,校长的职责,具体内容繁多,必须要懂得学校的教学、教育和管理工作。对于课程而言,校长的课程领导力是课程改革在学校健康全面发展的重要保证,校长被视为学校

---

① 胡定荣.课程改革的文化研究[M].北京:教育科学出版社,2005:221.

课程开发与建设的第一责任人。

1. 摸底调查

本研究在 2012 年 9 月 27 日宁夏回族自治区教育厅民族教育处组织和召开的推进全区民族中小学内涵发展现场会（见附录 4 2012 年宁夏回族自治区教育厅《关于召开推进全区民族中小学内涵发展现场会的通知》）上，以全区民族中小学校长（或学校其他管理者）为调查对象，对民族中小学学校管理者在校本课程资源开发中的相关问题进行了摸底调查。本次会议共有 134 个民族中小学校长及管理者参加，共面向 134 所民族中小学校长及管理者发放调查表（见附录 8 民族中小学校本课程资源开发中文化选择的校长意向调查表）134 份，回收调查表 121 份，其中有效调查表 116 份。

由于宁夏全区民族中小学并没有达到每校都有校本课程的程度，摸底的目的在于通过摸底调查可以初步掌握全区哪些民族中小学有校本课程，有校本课程的民族中小学资源开发的现状如何，作为管理者对于校本课程资源开发有什么想法，哪些学校对校本课程资源开发有好的做法等情况。

2. 个别访谈

为了更深入细致地了解和掌握宁夏民族中小学校级领导们在校本课程资源开发中的文化选择意识与行为现状，经过摸底调查后，本研究还从中选择了个别有典型性的民族中小学学校管理者进行了访谈。访谈主要采用开放式的访谈方式，即围绕调查主题与被访问者进行自由开放的交谈。

访谈对象分别是 Y-XHSX 的 J 主任、Y-TLHX 的 Y 校长、Y-JMHX 的 S 大队辅导员、Y-TLHZ 的 L 副校长、W-CYX 的 L 主任、W-MLQZ 的 W 校长。访谈地点是在各个学校领导办公地。

表 3-26 学校管理者基本情况

序号	校长代码	民族	性别	职务	学校类型	学校所属市
1	J	回	女	教导主任	六年制小学	银川市
2	Y	汉	女	校长	六年制小学	银川市
3	S	汉	女	大队辅导员	六年制小学	银川市

(续表)

序号	校长代码	民族	性别	职务	学校类型	学校所属市
4	L	汉	女	副校长	完全中学	银川市
5	L	回	女	教导主任	六年制小学	吴忠市
6	W	汉	男	校长	初级中学	吴忠市

（二）现状分析

学校的管理者一方面要有自己的文化理想和文化理念，另一方面要意识到学校、学生所处地域的文化特殊性，从而形成适合本校特点的、适合学生发展需要的独特的学校教育哲学。一所学校，其价值体系主要体现为这种独特而鲜明的教育哲学，并且这种教育哲学要为全体教师和学生所理解和认同，只有这样，这所学校才具有可维持和发展的根本保证。

对课程开发与建设而言，校本课程作为学校拥有自主开发建设权的课程，学校鲜明的教育哲学会影响校本课程资源开发中文化选择的方向性，反过来校本课程资源开发中的文化选择也会影响一所学校的文化特色建设。在宁夏民族中小学的调研中，可以看到很多学校正是在校长独特的教育思想引领下，通过学校管理者团队的努力，加上全校师生的认同，使得学校具有了独特的教育哲学理念。比如：Y-JMHX提出"亲翰墨书香，孕科技羽翼"的学校建设理念；Y-TLHX提出"让每一位师生都成为最好的自己"；Y-XHSX提出"传承唐徕之恩泽，张致回实之水韵"；Y-LDTZ提出"知识改变人生，科技创造未来"；Y-LSX提出"弘扬以尊老孝亲为基础的中华民族传统美德"；W-MLQZ提出"学法、守法，做遵纪守法好少年"；等等。很显然，这些学校的办学理念都是在达到国家对于学校培养目标基本要求的基础上，充分考虑自己学校所处地域独特的文化资源现状，结合学生的发展需要，从校长自身的教育哲学出发而提出了具有本校文化特色的办学理念。这种理念成为学校教育活动的指导思想，并且，校本课程开发与建设就是这种理念得以体现的最好载体。所以，从这个意义上来讲，以校长为核心的学校管理者的教育理念是校本课程资源开发中文化选择的理论基石。

图 3-20 民族中小学学校理念

此外,学校管理者参与校本课程资源开发中的文化选择,是让他们在自己的文化背景之上,结合学校所处地域的文化特征,用自己特有的方式为校本课程资源开发中的文化选择活动提供服务。校级领导协同教师、学生共同参与到校本课程资源开发中的文化选择意味着这项活动会得到多方面的支持,意味着文化选择主体的多样化,意味着文化选择的对象可以延伸扩大到更广阔的范围,意味着文化选择的受益者将更多。

经过调研分析后发现,宁夏民族中小学校本课程资源开发中以校长为核心的学校管理者文化选择意识与行为现状在有些方面是积极的、值得肯定的,在有些方面仍然存在问题和不足,有待改进。主要体现在以下六个方面。

1. 学校管理者文化选择的角色意识与行为不符

校本课程资源开发中参与文化选择的成员众多,参与者根据自己的角色、地位、能力、需求适时适当地参与其中。作为学校管理者,他们对于全校师生的需求和学校特色的整体把握更便于他们对教育趋势和各种信息及资源的掌握,他们更有条件和能力去建立学校的教育哲学传统和办学特色,因此,学校管理者在校本课程资源开发的文化选择中的作用不言而喻。

学校管理者在校本课程资源开发的文化选择中应该担当"引领者""支持者""保障者""激励者"的角色。也就是说,学校管理者不应当是校本课程资源开发中文化选择的局外人,他们应当在校本课程资源开发的文化选择中发挥应有的重要作用。如果没有学校管理者的领导、参与与支持,校本课程资源开发的文化选择难以取得实质性的进展。比如在摸底调查中,在问及学校管理者:"您认为校本课程资源开发中选择哪些文化进入课程应该由谁来选?"时,53.3%的学校管理者认为应该是由"学校领导和相关教师集体"共同参与选择。可见,大部分学校管理者能够意识到教师和学校管理者应共同协商决定校本课程应选择哪些资源进入课程,认为学校管理者应该是校本课程资源开发中文化选择的主体之一,学校管理者在校本课程资源开发的文化选择中的角色意识较为明确。

但在实践中,很多学校的校本课程实际上还是由教师个人依据自己的爱好或能力来确定文化主题,并在进一步选择后加以开发的,学校管理者在行动上因为种种现实原因,有将校本课程资源开发的文化选择问题完全推给教师的倾向。比如,就这个问题在访谈中 Y-TLHX 的 Y 校长就提到:"教师是课程开发、实施的主要力量,校本课程开发中必须由教师依据自己的特长或者文化的喜好来进行校本课程的开发。现在学校的实际情况就是学校老师和学生面对的文化种类非常繁多,但是我们的课时量是非常有限的,如果我们想要完全按照学生的意愿去选择开发什么文化内容的课程的话,学校真的是没有足够时间和精力去保障完成的。"因此,Y 校长认为:"学生在现阶段的兴趣爱好大都不稳定,今天喜欢这个,很有可能过两天又对那个产生兴趣了。而学校的课时是很有限的,加上老师的精力和能力不足等等这样一些现实的问题,使得我们在确定或者说选择哪些文化可以进入校本课程资源开发的范围内的时候,往往就是只能完全以教师特长或能力水平出发,来确定一个文化主题,围绕着这个主题再来开设校本课程,然后实践中尽可能地在一定程度上结合一下学生的具体情况。"

学校管理者在校本课程资源开发的文化选择中的角色和作用虽然不同于教师,也无法替代教师的角色,但是学校管理者必须意识到校本课程资源开发的文化选择中,扮演不同角色和处于不同地位的主体发挥的作用是不同的,每个主体都应发挥自己的优势参与到文化选择过程中去。

2. 学校管理者认可文化选择的价值,但认识不全面

校本课程资源开发中的文化选择有其重要的价值或意义,作为一所学校的管理者,应当能够自觉主动地意识到这种价值的存在,肯定校本课程资源开发中文化选择的意义。如在访谈中 Y-XHSX 的 J 主任说道:"我们的学校、学生们生活的环境里的文化各式各样,非常丰富,有很多和文化有关的事情或者现象都能给人留下很深刻的印象,这些东西对学生而言有很好的陶冶作用""我们课程的最终目标就是要让学生对各种文化有所了解、有所认识,往更远了说就是要发挥这些文化的功能,要让它们对学生今后的生活、工作有实际的作用。学校现在的这些学科课程对学生更多的是传授学科的知识,但是学生今后在实际生活中对他们最有用的应该还是和他们的生活密切相关的那些内容,比如说学生的本民族文化、学生的生活环境中的文化、学生生长的家乡的文化、我国传统文化等等"。Y-TLHX 的 Y 校长说:"即便我们给学生在学校讲再多的、再深的知识,如果孩子不和实际生活联系起来,或者没有机会与实际生活联系,那么他们根本不懂得所学内容的真正的内涵,他们也就无法接受这些内容,所以说学校里或者课程里如果没有创造这种文化的氛围,那我们培养的学生也将会是没有文化底蕴的人。"可见,宁夏民族中小学的管理者们普遍能够意识到让学生学习学科知识以外的文化对他们更有价值。

既然学校管理者都普遍认识到校本课程资源开发中文化选择所具有的价值,那么在学校管理者看来,这些价值主要体现在哪些方面呢?学校管理者对此的认识程度如何呢? 在调查中当问及:"您认为校本课程资源开发中的所选择的内容应该有哪些价值或作用？"时，说法不一，大致集中在以下这几种认识上："有利于学校特色、学校定位。""有利于扩大、补充课堂知识容量，弥补现有教学和教材中的不足。""有助于实现知识结构的多元化，拓宽学生知识面。""可以促进学生的全面发展，为地方经济发展培养人才。""可以为地方文化和回族文化的继承培养人才。""可以弘扬民族精神，传承中华民族优良传统。""能推动地方文化和民族文化的传承。"可见，学校管理者能够对校本课程资源开发中文化选择的价值做出应有的认可和肯定，并且对校本课程资源开发中文化选择的价值都有各自的一些认识，但是能够将这种价值与学生成长、教师发展、学校进步、文化传承全面地联系起来的学校管理者几乎没有。可见，学校管理者对于校本课程资源开发中文化选择的价值的认识较为模糊，不够全面准确。

3. 学校管理者的个人文化影响文化选择的方向性

有人说学校文化即"校长文化"，以校长为代表的每个学校管理者作为独立个体都有着自己的价值观和文化背景，从根本上说，学校文化总是反映学校管理者所持有的价值观念和文化理念。学校管理者个人的兴趣爱好、人格品行、价值取向、管理风格、创新能力等势必会对校本课程资源开发中选择什么样的文化进入课程产生重要影响。学校管理者的文化素养决定着学校的文化积淀，影响着课程资源的文化选择方向。同时，校本课程作为一种以校为本的新兴课程形态，也势必会以其特殊性自然而然地成为学校管理者个人文化取向的展示平台。

现实中，一个学校校长的兴趣是什么、关注什么、倡导什么，这些统统都在师生眼中代表着一个学校管理者的价值观。在W-CYX调研时，当问及："你们学校为什么会选择'国学经典诵读'来作为校本课程开发的文化资源？"时，该校负责校本课程开发的L主任说："我们学校之所以在校本课程资源开发中选择'国学经典诵读'这样一个内容来作为对象，主要是受到我们校长的影响。你们不知道，我们学校的校长自己就是一个特别喜欢读书，喜欢文学、喜欢练字的人。我们校长觉得这是一个很好的资源，读书练字也是对学生的一种很好的文化熏陶方式。所以校长一到我们学校后他的这种爱好和想法对我们开发校本课程就产生了很大的影响。这些年我们就把学校发展的特色定位在培养老师、学生热爱读书上了,我们不仅让学生爱读书、读好书,我们老师每天也有一定时间诵读国学经典,我们的校本课程也就以这个为内容开发和建设了。"此外,在 Y-XHSX 调研时,该校的 J 主任也提及了这个问题,J 主任说:"我们校长是一个对中国传统文化特别有感情的人,像什么茶艺呀、京剧呀、园艺呀,这些她都喜欢,你看我们校园里的墙上给学生做的那些中国象棋盘、中国跳棋盘、中国剪纸,还有我们的校徽设计,从这些你都能看出来我们学校的文化取向。我们学校现在开设的"茶艺"校本课程,还有以前开过的"书法""京剧"校本课程,实际上校本课程开发中选择以这些文化为内容,这在一定程度上是受到了我们校长的理念的影响的。这些中国的传统文化在学校里也就有机会被师生共同学习和传承了。"

由此可见,学校管理者自身的文化素养与价值观影响着校本课程资源开发的文化选择方向,往往一个校长的关注点或兴趣爱好都会成为校本课程资源开发中文化选择的对象。当课程对这种文化选择给予支持后,相应的文化就会在学校师生当中得以生存和发扬,久而久之,这种文化就会最终发展成为学校的校本文化。

4. 学校管理者意识到文化选择是文化传承的重要途径

在学校管理者看来,文化的传承途径可以是多种多样的。在调查中当问及:"您认为宁夏的地方文化和回族文化传承有哪些好的途径和方法?我们的学校为此可以做些什么?"时,学校管理者的认识主要有:"通过各种文化交流合作项目""编制各种文化读本或校本教材""进行文艺表演或组织实地观摩""与当地文化部门合作组织文化实践活动""作为课程资源进入学校"等等。在访谈中,Y-TLHZ 的 L 副校长说:"校本课程资源开发可以说是为地方文化和民族文化的传承提供了一个很好的平台,原先我们在学校里对于这些文化的传承无从做起,感觉没有抓手,老师也只能在自己所教的学科课上遇到这样的问题时带着讲一讲,有时候由于学校教学任务重,学生升学压力大,好多老师连完成自己教学任务的时间都不够用,就几乎没有可能在课堂上再去涉及自己课程以外的一些东西了。可是新课程改革以来,我们现在有了校本课程,也有对校本课程实施的要求,我们就可以借助这个途径来向学生传递一些他们有兴趣的,对他们今后有用的文化内容了。"

的确,在学校课程中加入可以自主开发、自主选择的内容不仅是学生成长的迫切需求,也是优秀文化传承的迫切需求。比如,在宁夏有一种回族人民代代相传下来的传统民族体育活动——"打木球"。由于"打木球"这项运动竞争性、趣味性都很强,而且便于普及推广,现在这项活动经过宁夏回族自治区体委的帮助,已经完善了竞赛规则,增加了对抗竞争的气氛,已被列入全国少数民族体育比赛项目。W-MLQZ这个学校所在地正好是宁夏回族木球项目的发源地,所以该校就以木球文化为对象开设了"木球运动"这样一门校本课程。该学校的W校长在访谈中说:"我们这里是宁夏回族木球项目的发源地,过去民间很多人都会这个项目,有很多孩子和大人茶余饭后都会在一起打木球,一方面是娱乐,另一方面还能锻炼身体。可是这些年大家的生活都发生了变化,木球项目越来越不受重视,会这项运动的人也越来越少。为了发挥我们这个木球项目发源地的优势,保护这个项目不消亡,所以我们就想通过开设木球项目的校本课程把这种传统文化传承下去,不要让它消失了。"那么通过校本课程得以传承的"木球项目"传承的情况如何呢?W校长说:"我们现在这个地区只有我们学校开设木球课,只有这么一支木球队,所以也没有比赛的机会,也没有对手,这个项目的传承还是不广泛。"这样的现状一方面反映了校本课程资源开发中文化选择对少数民族文化传承所具有的价值和作用,另一方面也反映了校本课程资源开发中文化选择的时空局限性问题。

5. 学校管理者在文化选择对象和可操作性的认识上本末倒置

那么现实中校本课程资源开发中选择的内容能够实现文化传承吗?Y-XHSX的J主任在访谈中说:"学校现在的课程设置已经很满了,老师和学生觉得各个学科课程里的知识的教学已经够多了,对于学校自身而言,校本课程资源开发时,学校更愿意或者说也只能就是选择一些与学校有关的,相对简单容易的、浅显的内容进入课程。"也就是说,学校在进行校本课程资源开发的文化选择时,首先考虑的不是文化选择,而是看选择什么样的内容易于操作和实现,这样的选择程序是一种本末倒置的做法。J主任还说:"校本课程想要实实在在地开展,但有时会因为选择的内容有难度,选择的文化过于深层,范围包含得过大,就往往无从下手。比如说我们学校之前本来打算以'水文化'为资源开发校本课程的,结果就是因为这个内容涉及的范围太广,学科太多,实在是不好实现,也不好操作,所以后来就夭折了。"那么,校本课程资源开发中的文化选择到底应该首先考虑选择什么样的文化在先,还是考虑怎么选择在先呢?有些学校管理者对这个问题的混乱认识严重影响了校本课程资源开发的文化选择的实效性。实际上就文化选择而言,不仅对象丰富多彩,形式也可以多种多样,不能因为某种文化在进行课程开发时不易于操作就将其割舍或埋没,即便这种文化对于学生发展而言有重要价值。

图 3-21　杨达吾得在课堂上展示"泥哇呜"

比如,"泥哇呜"是一种流行于宁夏回族自治区,尤以海原县一带最为盛行的回族乐器,"泥哇呜"作为非物质文化遗产负载着宁夏回族发展过程中重要的历史与文化,而在现实中熟知和掌握其渊源、制作工艺、演奏技法的人少之又少。也正因为如此,"泥哇呜"作为一种宁夏回族文化遗产面临失传和难以传承的两难困境,一方面,掌握并能传承这种文化的人很少,另一方面,这种文化如果不加以传承就会面临失传的境遇。如果我们的学校管理者或课程资源开发者过分看重这种文化遗产在传承过程中的难度,而不关注这种文化所具有的传承价值的话,"泥哇呜"这一宁夏特有的回族文化就无法进入学校课程,也就无法通过学校课程这一便捷高效的途径为更多的宁夏学生所了解了。面对这样的现实,Y-JMHX 的大队辅导员 S 老师在访谈中介绍道:"我们学校开设的'西夏的历史'校本课程里有关'泥哇呜'的相关内容,学生对这部分内容很感兴趣,可我们老师又对这方面的内容知道得很少,后来学校领导就想办法请来了'泥哇呜'的传承艺人——杨达吾得,定期邀请他为我们的学生介绍关于'泥哇呜'的相关文化内容,这种做法既满足了学生的求知欲望,实现了对这种文化遗产的传承,又解决了教师能力上的不足,是一种两全其美的办法。"

6. 学校管理者在文化选择意识与行为上存在现实问题

学校管理者在校本课程资源开发中的文化选择意识与行为上也存在一些问题和困惑。在调查中当问及:"您认为目前宁夏中小学校本课程资源开发的文化选择过程中存在哪些问题和困难?"时,学校管理者的看法基本集中在四个问题上。

(1) 课程的时数太少,没有给校本课程实施留有足够空间,所以校本课程资源开发本身就不受重视,文化选择也就更无从谈起。

面对课程改革提出的"少课时、轻负担、高质量"目标要求,学校从管理者到教师普遍感到"课时"太少,认为把国家课程教好就行,校本课程有与没有关系不大,能应付就应付。于是,校本课程在有些学校到现在也没有被关注和重视起来。摸底调查的全区203所民族中小学中开设有校本课程的占44%,其中有校本教材的占79%,有课程方案和教学大纲的占44%。可见,校本课程本身在学校就不受重视,那么何谈校本课程资源开发中的文化选择呢?Y-TLHX的Y校长在访谈中就提到:"我们和学生面对的文化种类这么多,但是学校课时量又非常有限,怎么才能在这有限的课时量里选择那些学生成长需要的文化呢?这的确是一个不好解决的现实问题。"

(2) 教师队伍从数量到能力都无法满足校本课程资源开发的文化选择需求。

校本课程开发不仅要有一支爱岗敬业的教师队伍,更需要教师具有课程开发的专业知识和基本技能。而校本课程资源开发中的文化选择更需要学校管理者和教师有文化自觉性,有文化的敏感度,有对文化的热爱与了解。对于早已定型于以教学为主要职责和角色的教师而言,要突然转入集课程开发、课程资源选择、课程实施、课程评价于一身的现代教师角色,确实很难,尤其对于农村教师而言更难。面对这样一支教师队伍,学校管理者要如何协同教师共同实现校本课程资源开发的文化选择呢?这对于学校管理者来说是一个不小的挑战。

(3) 学校管理者将校本课程资源开发中文化选择"权力"完全转嫁给教师。

现实中,学校管理者在行为上表现出把校本课程资源开发的"权力"全部转嫁给教师,自己作为观望者,给教师施加压力的倾向。学校管理者要么由于自身新课程素养的欠缺,很少过问校本课程建设及其资源开发,对教师提出的关于文化选择的合理需求或不予理睬,或拖延滞怠;要么在对校本课程资源开发的实际状况不甚了解的情况下,不定时、毫无系统地或随意发布指令进行干涉,或轻率地对校本课程资源开发的文化选择结果做不恰当的评价。

(4)考试评价制度影响学校管理者对校本课程资源开发中文化选择的内容和方向的把握。

考试评价是影响校长课程领导权最为敏感的因素。在长期以升学率为最高追求的教育价值取向引导下,学校管理者往往也只能表示无奈接受。在校本课程资源开发上,"应试"制约了学校管理者的组织决策和自主利用当地社会、社区、学校的文化资源开发校本课程的需求;"应试"剥夺了学校管理者应有的课程自主权,使得学校与课堂几乎没有文化发展的自由空间,校长课程权力搁浅在应试选拔的边缘。

Y-TLHZ的L副校长在被问及:"校本课程资源开发的文化选择过程中遇到的最大困难是什么?"时谈道:"现在的新课程改革虽然倡导很多积极的、先进的理念,在校本课程资源开发这方面也强调校本课程资源开发中要选择那些与学生成长真正有密切关系的文化内容进入课程,但是现实中我们学校又无法摆脱现有的考试评价现状,于是,文化选择往往流于形式或过于随意。这也是为什么校本课程资源开发中一些小学的文化选择更生动、更充实的原因,因为小学的升学压力相对较小。"这也是很多学校管理者在校本课程资源开发的文化选择中的无奈。现实中,一方面上级教育行政部门对学校有开发校本课程的要求,另一方面升学的客观问题摆在面前,于是有些学校就干脆把开发的校本课程定位在国家课程的补充层面。这样一来可以应付上级的要求,二来不会影响学校的升学率,所以,国家课程中的知识成为校本课程资源开发中文化选择的重要对象。

综上所述,校本课程资源开发中文化选择的意识与行为主要通过文化选择主体得以体现,这些主体主要包括教师、学生及以校长为核心的学校管理者。校本课程资源开发中的文化选择要求文化选择主体既要具有积极能动的文化选择意识,又要形成系统、有序的文化选择行为。文化选择过程中文化选择意识与文化选择行为相互影响且密不可分,两者共同影响着校本课程资源开发的文化选择过程与结果,推动着校本课程资源开发中的文化选择走向文化自觉。

本章在对校本课程资源开发中文化选择的意识与行为的关系及意义的论述基础上,主要对宁夏民族中小学校本课程资源开发中文化选择主体的意识与行为现状进行考察与描述。现状考察的目的在于:一方面展示宁夏民族中小学师生及学校管理者的文化选择意识与行为的现实样态,另一方面揭示出这些主体在文化选择的意识与行为方面存在的现实问题。现状描述有助于从微观现实中发现问题,探索适合于本地区民族中小学校本课程资源开发的文化选择行为模式或实践方式。以下是现状考察的结果。

首先,教师是校本课程资源开发中文化选择的主体之一,提高教师的文化选择意识和行为能力是校本课程资源开发的关键。经过调查研究发现,宁夏民族中小学教师在校本课程资源开发中的文化选择意识与行为上一方面呈现出文化主体的主体意识明确、文化认同感强、认可文化在课程中的价值、意识到文化传承途径的多样化等积极的样态;另一方面也暴露出主体的行为薄弱、无法满足文化价值需求、课程在文化传承中作用发挥不良等现实问题。

其次,学生也是校本课程资源开发中文化选择的主体之一。研究中通过对宁夏民族中小学校本课程资源开发中学生的文化选择意识与行为的考察与分析发现,学生在这方面的现状体现出文化认同程度高,但认识不足;高度认可文化价值,但在学校课程中价值实现得不理想;获取文化的途径多样化,但学校课程未成为主要渠道的特点。

最后,学校管理者也同样是校本资源开发中文化选择的主体之一。研究中发现宁夏民族中小学的学校管理者在校本课程资源开发中的文化选择意识与行为方面的现状是:文化选择主体意识与行为不符;对学校文化的价值认识片面化;个人文化影响学校课程的文化选择;校本课程作为文化传承途径,功能发挥不理想;对文化选择对象和可操作性的认识不清等诸多问题。

第四章 民族中小学校本课程资源开发中文化选择的内容与结果

新课程改革中,国家课程、地方课程与校本课程共存的目的之一就在于让课程能够有空间、有机会去关注多元的文化、关注多元的需求。在我国,地域的自然条件、政治经济、文化的差异使得不同地区、不同学校的课程资源状况具有巨大差异。特别是在少数民族地区,由于其文化资源的异常丰富性,势必给地方性、传统性、民族性的教育资源如何有效、高效地整合进校本课程带来巨大挑战。宁夏回族自治区作为少数民族聚居区,面对的现状是社会经济发展水平较低、文化种类相对较多,因而在民族中小学校本课程资源开发的过程中面临的文化选择也就更为复杂。如何根据本地区的优势和特点因地制宜地选择、利用文化资源,是一个面对差异、解决差异的过程。如果说校本课程资源开发中文化选择的意识与行为所涉及的是关于在文化选择过程中对不同文化"选不选"和"如何选"的问题,那么校本课程资源开发中文化选择的内容与结果则讨论的是关于面对这些文化"选什么"和"选择得如何"的问题。

一、文化选择内容与结果的内涵与载体

(一)文化选择内容与结果的内涵

"内容"是哲学范畴内的一个名词,它是指事物内在因素的总和。

世界上任何事物没有无形式的内容，也没有无内容的形式，内容决定形式，形式依赖于内容，并随着内容的发展而改变，但形式又可以反作用于内容、影响内容，在一定条件下还可以对内容的发展起到有力的促进作用，内容和形式是辩证的统一。而"结果"，是指在一定阶段，事物发展到最后所达到的状态、所表现出来的形态或所发挥出来的功能。从一定意义上说，内容与结果是不可分的，或者说是一致的，只是二者的侧重点不同，内容更侧重于事物当中"有什么"和"有哪些"，而结果更侧重于事物"是怎样"和"怎么样"。内容最终通过形式表现出来，而结果则是形式的最终状态和功能的体现。因此，二者很难区分开来单独加以阐释和探讨。

多元文化社会中，课程内容不可避免地面临着选择的问题，而且由于文化积累至今已比以往任何一个时代都丰富得多、复杂得多，对课程的文化选择要求则必然更为严苛。课程文化选择既要维持社会成员思想行为的一致性，又要增进各群体间的相互尊重和了解，使得课程面临两难选择的困境。从课程资源开发来看，文化选择的内容与结果是课程资源开发中的重要组成部分，也是课程组织、编制、实施过程中必须考虑的问题。事实上，当谈及课程资源开发中的文化选择问题时，人们首先想到的就是"选择了什么""选择的结果如何"这样两个问题，而这两个问题正好是关于文化选择的内容与结果。这其中，文化选择的内容通过某种形式承载着、展现着不同文化，它是文化选择最为直接的外在表现，是以最终状态所展现出来的文化选择的内容，它在很大程度上也体现着文化选择的结果。此外，关于文化选择的结果，则主要指的是文化选择内容的最终状态以及由此而引发的功能判断，即人们经常关心的关于文化选择"选得好不好"，这些文化选择"发挥和实现了哪些应有的功能"，等等。

有鉴于此，本研究对校本课程资源开发中文化选择的内容与结果的展示与探讨主要从以下两个方面展开：一是文化选择内容与结果的对象，即文化选择是将哪些文化及类型作为对象来选择的、这些内容的功能是什么、功能发挥得如何。二是文化选择的内容与结果的载体，即文化选择的内容与结果最终是以何种形式展现的、功能是通过何种途径体现出来的。综合来说，校本课程资源开发中文化选择的内容与结果所要探讨的就是以校本教材、教师、学生、校园环境为载体所承载的国家文化、地域文化和学校文化的具体内容、形式与功能。校本课程资源开发中文化选择的内容与结果可以通过下图给予较为直观的展示。（见图 4-1）

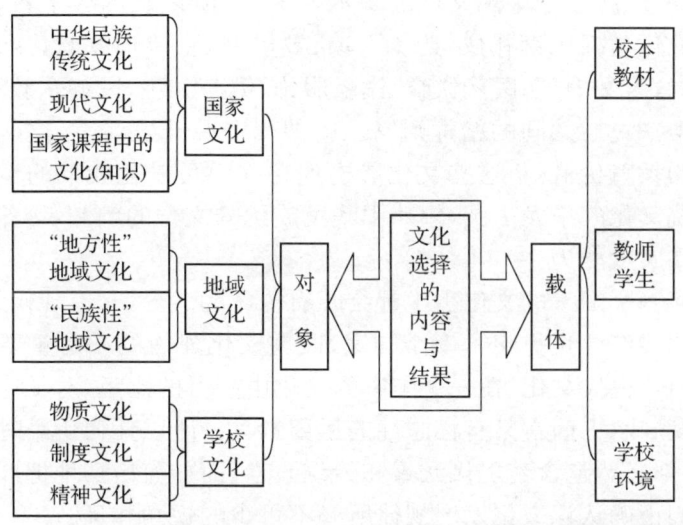

图 4-1 校本课程资源开发中文化选择的内容与结果

文化类型是人们在特定的地理环境和长期的历史生活中形成的文化形态特征。具体看来，以上三种文化选择对象的类型都包含着各自的子类型和意义。

1. 国家文化

国家文化首先是由中华民族在几千年的历史发展中所创造的悠久灿烂的传统文化和以科学文化为核心的现代文化构成。此外，在课程领域内，虽然新课程改革提出了三级课程管理模式，但由于国家课程是学校课程的主要组成部分，所以国家课程对地方课程和校本课程仍然存在相对宏观、间接内隐的介入。对校本课程资源开发而言，国家课程的这种介入，体现为校本课程开发中包括对国家课程的校本转化。所以，本研究中的国家文化主要是指包括中华民族传统文化、以现代科学技术为核心的现代文化和国家课程中的文化知识在内的文化，这三者都是现有校本课程资源开发中文化选择的对象，它们是构成国家文化的三个子类型。

其中,中华民族传统文化是国家文化的重要"源泉",正如张岱年等先生曾指出:"独具特色的语言文字,浩如烟海的文化典籍,嘉惠世界的科技工艺,精彩纷呈的文学艺术,充满智慧的哲学宗教,完备深刻的道德伦理,共同构成了中国文化的基本内容。"①所以从内容上看,中华民族传统文化包括忠孝礼仪、诸子百家、琴棋书画、诗词歌赋、传统节日、戏曲歌舞、天文地理、医药饮食、民俗服饰、健康养生、民族宗教等等,这些都是中华民族共同的精神财富。就课程资源开发而言,这些文化具有极强的教育价值,将这些文化渗透到课程中可以让我们的学生感受悠久传统文化的来龙去脉,领略中华民族优秀文化的精髓,培养爱国主义精神和实践能力。

任何一个国家的文化当中都会既有传统的成分,又有现代的成分,现代性和传统性是贯穿于一个国家、民族文化建设的一对重要基本关系。其中,"现代文化"在一个国家的文化中所占的比重,对于这个国家的整体发展水平而言具有标志性的重要意义。所以任何一个时代的文化建设,都必然包含着现代元素和传统元素,而如何恰切地把握这对关系是我们正确认识文化发展规律所必不可少的视角和环节。

那么什么是现代文化?首先,简单地说,"现代文化"是在现代性与传统性的矛盾中产生和发展的一种文化,它的提出是相对于传统文化而言的,因此它不是一个时间上的概念,而是一种性质判断。其次,现代文化是科学精神和人文精神的统一。一方面,现代文化中的科学文化是核心,它不断促进着社会的变革与现代化进程,它的出现意味着人类的思想解放和精神自由,意味着人类生活方式的现代化转型;另一方面,人文精神是对现代文化本质规定性的抽象,它是现代文化发展过程中的一个重要组成部分,它体现为现代文化是否能够反映现代问题、是否能够体现现代精神、是否能够顺应现代要求、是否能够运用现代方法、是否能够符合现代趋势等。

作为国家文化主要内容的中华民族传统文化和现代文化,二者之间既存在差别,又存在联系。一方面,中华民族传统文化和现代文化在

---

① 张岱年,方克立.中国文化概论[M].北京:北京师范大学出版社,2004:9.

内涵和外延上是相互区别的：中华民族传统文化是中华民族历史发展过程中各种思想文化、观念形态的总体表征，它是由文明演化而汇集成的一种反映中华民族特质和风貌的文化。而现代文化则是指伴随社会的现代化进程，中华民族在继承自身优秀传统文化并吸收人类文明一切优秀成果的基础上，通过发展、改革、借鉴和创新而形成的具有鲜明时代特点和内容、能够适应和促进现代社会不断发展的新的整体文化形态。另一方面，没有中华民族传统文化就没有现代文化，二者是相互联系、相互渗透的关系，即现代文化是对传统文化的继承和发展，"现代"是"传统"的一种延续。同时，现代文化的发展，也必将经历历史的变迁成为传统文化，或是被比现代更高级的某个时代的文化所替代。同时，现代文化以其科学性为主要特征，影响人类社会的科技进步与社会发展。

在课程资源开发的过程中，我们既要看到"中华民族传统文化"作为重要课程资源所具有的教育价值和开发意义，又要看到产生于"中华民族传统文化"基础之上，又与之并存且相对应的"现代文化"也是重要的课程资源，尤其要注意到现代科学技术对人类发展的意义，看到现代科学精神的育人价值。把国家文化视为重要的课程资源，一方面要看到课程资源开发是对传统文化的选择和传播，另一方面也要认识到课程资源开发是对传统文化的继承和创新。

除了以上两类文化外，校本课程资源开发中的文化选择还涉及国家课程中的文化（知识），对这一类文化的选择其实就是对国家课程中的相关文化知识，结合学校、学生实际需求的再次开发与选择。也就是说，校本课程资源开发中的文化选择可以是以学校为主体，在领会国家课程的基本精神的前提下，根据自身的条件和特点对国家课程中的文化知识进行再度调整性的选择，是一种校本化的课程文化选择。总之，对国家课程中的文化选择只要是体现以学校为主体、以学生发展为本的再度开发与选择，就是一种将国家课程文化作为资源的校本课程资源开发。本研究中的"国家文化"所包含的内容大致可见下表。

表4-1 校本课程资源开发中文化选择对象之一：国家文化

	子类型	包括的内容
国家文化	中华民族传统文化	道德礼仪、文学典籍、诸子百家、琴棋书画、诗词歌赋、传统节日、戏曲歌舞、天文地理、医药养生、民俗服饰、饮食健康、建筑雕刻、宗教文化、爱国主义
	现代文化（现代科学技术）	自然科学、社会科学、数学科学、系统科学、思维科学、人体科学、地理科学、军事科学、行为科学、建筑工程、文艺理论[①]
	国家课程中的文化（知识）	对国家课程内容的校本化资源再开发

2. 地域文化

我国因地理区域中文化构成因素与结构关系上的差异，使得不同地域有不同文化特征，其中地域性又是文化的基本特征之一。关于"地域文化是什么"有许多理解，比如：有学者认为"地域文化是一门研究人类文化空间组合的地理人文学科"[②]；有学者认为"地域文化是指在一定地域环境内，具有共同历史积淀、生活风俗等特征的文化"[③]；有学者认为"地域文化专指中华大地特定地域源远流长、独具特色、传承至今仍发挥作用的文化传统"[④]；有学者认为"地域文化是代表着在政治、经济和社会方面具有独特的统一体功能的空间单位"[⑤]；有学者认为"地域文化是指整个地域中共有的一种文化模式"[⑥]；有学者认为"地域文化是以地域为基础，在社会进程中发挥作用的人文精神"[⑦]等。由此可

[①] 黄顺基.钱学森现代科学技术体系的创建及其意义[J].中国人民大学学报，2008(5):125.

[②] 俞晓群.中国地域文化丛书·编者札记[M].沈阳：辽宁教育出版社，1998:1.

[③] 杨存栋.民族文化与地域文化背景下的内蒙古企业文化研究[D].呼和浩特：内蒙古大学硕士学位论文，2005:14.

[④] 唐永进.繁荣地域文化，促进经济社会发展——"地域文化与经济社会发展研讨会"述要[J].天府新论，2004(5):23.

[⑤] 王海燕.地域文化与课程[D].上海：华东师范大学博士学位论文，2003:47.

[⑥] 韩承敏.地域文化与校园精神[J].苏州市职业大学学报，1999(2):22.

[⑦] 路柳.关于地域文化研究的几个问题——第一次十四省市区地域文化与经济社会发展研讨会综述[J].山东社会科学，2004(12):18.

见,"从地域上来说,无论其范围是一个民族、一个地区或一个社区,文化系列也是十分繁多的"①。

本研究认为,简单地、描述性地来说,地域文化就是指具有地域特色和属性的文化。而具体看来,地域文化则是指在一定的地域环境内所特有的自然地理环境、人们的生产和社会生活方式,以及民族历史文化传统的总和。其中,"一定的地域环境"是指由政治和社会治理需要所划定的区域的文化,可称之为"行政地域文化";"自然地理环境"包括由地貌、气候、水文、土壤、动植物分布等物质要素所构成的内容丰富的"自然地域文化";"人们的生产方式"是指相同或不同族群在一定的自然条件下所形成的相同或相似的生产方式及经济交往方式文化,即"经济地域文化";"社会生活方式"是指生活在自然地域上的种族、民族的分布与生存方式的文化,可称之为"民族地域文化";"历史文化传统"则是指基于地域历史变迁的文化。上述内容既是地域文化的构成特征,又是文化的地域性规定。

进一步来看,在上述地域文化的构成中,行政地域文化往往伴随着人的政治活动和社会活动变动而较为频繁地发生改变,但其对整个文化的影响往往是表层的和缓慢的;自然环境显而易见是相对固定的,只是由于更多新的自然环境的进入才带来了自然地域文化的多样性;族群地域虽然也存在着自然的扩散、融合和非自然的迁移等,但族群地域文化也相对固定,往往体现为地域文化的扩散、融合和迁移;经济地域在传统社会通常受制于自然地理环境与人的因素,因此经济地域文化也表现出一定的稳定性,但常常处在变化之中。

由此可见,在"地域文化"中具有"地方性"的地域文化和具有"民族性"的地域文化是地域文化相对稳定的构成要素,进而"地方性"和"民族性"就成为"地域文化"的最本质特征。

其中,"地方性"地域文化着眼于文化的地域分类,是包括当地人民生活的自然环境、生态环境中的文化,这种文化因地域自然条件和特定社会环境背景而异。当地人民在与客观世界长期相处过程中逐步形成具有独特个性的民风、民俗、价值观和社会意识等。可见"地方性"的地

---

① [法]多洛.个体文化与大众文化[M].黄建华,译.上海:上海人民出版社,1987:51.

域文化包括地域的自然生态环境和社会历史文化。

此外,在少数民族聚居的地区,除了上述"地方性"地域文化外,少数民族在长期的发展中创造出了独特的、多彩的、具有不同形态特质的少数民族文化。少数民族文化是一个多元的复合体,它是相对于汉族文化的主体性文化而言的,是指少数民族在长期的生产生活历程中创造的具有民族特色的物质、精神、制度成果以及以此为基础而形成的生产生活方式和习俗。其中包括:物质文化,如生产工具和生产方式、民族建筑与民居、民族服饰与器具等;精神文化,如民族哲学、民族典籍、宗教与信仰、道德伦理、民族心理、民族语言文字与民族民间文学、民族艺术等;制度与习俗,如民族习惯法、宗教仪规、民族节庆、民族交际与行为规则、方式等。少数民族文化具有民族性、地域性、复合性、群体性、民俗性、凝聚性、稳定性和变异性等特征。[①] 但从根本上说,少数民族文化要获得自身发展,需要具备自我认同性、传承性、对外适应性。[②] 本研究就把这种相对于"地方性"地域文化而言的少数民族文化称为"民族性"地域文化。

在民族学校里,由于学生来自不同的群体,受着家庭所属民族文化的影响,所以,他们具有的特殊"身份文化"[③]在学校课程建设中具有不可低估的作用。正如柯林斯(R. Collins)所讲的,学校教育中实际上是在传递着不同的身份文化,在为学生当下和今后进入不同身份群体进行学习生活而做准备,学校传递着的各种文化知识,"其本身可能就是一种特殊的身份文化的内容,学校可以提供各种价值观和谈话的材料,并预先为成员将来能符合团体要求而做身份的准备活动"[④]。学校中的这种个体身份文化,无疑是一种对实然个体发展现状的关照,更是一种对个体应然发展目标的规定。

---

① 金志远.民族文化传承与民族基础教育课程改革[M].北京:民族教育出版社,2008:3-4.
② 朱俊杰,杨昌江.民族教育与民族文化发展研究新探[M].长沙:湖南教育出版社,2006:22-23.
③ 郑金洲.多元文化与教育[M].天津:天津教育出版社,2004:35.
④ [美]柯林斯.教育成层的功能理论和冲突理论[M]//张人杰.国外教育社会学基本文选.马和民,译.上海:华东师范大学出版社,1989:55.

除了上述提到的地域文化的"地方性"和"民族性"两个本质特征以外,由于地域文化是在相对稳定的环境中,在自然地理环境和人文社会因素等多种要素的作用下,在一个相当长的历史时期中逐步孕育和形成的,故而它还具有稳定性和传承性。

就民族中小学校本课程资源开发而言,在民族地区这个特定的地域逐渐积淀起来的地域文化,是使富有个性特色的课程得以生发的养料。将地域文化作为校本课程资源开发中文化选择的对象,将地域文化资源中具备"地方性""民族性"的有价值的部分融入校本课程中,可以让学生体验丰富多彩的文化魅力,使他们建立起热爱家乡、建设家乡的情感,使他们养成尊重少数民族文化、尊重各少数民族的态度和习惯。尤其对于少数民族地区的校本课程资源开发更应着力于从民族文化中的生产性文化、生活性文化、观念性文化、规范性文化和交流性文化等方面入手,通过这些文化充分展现少数民族优秀文化传统。① 本研究中的"地域文化"所包含的内容可以通过下表较为直观地呈现。

表 4-2　校本课程资源开发中文化选择对象之二:地域文化

	子类型	包括的内容
地域文化	"地方性"地域文化	地理环境、自然环境、生态环境、地域历史、风土人情
	"民族性"地域文化	少数民族生产生活与民风民俗、少数民族社会历史事件与名人、少数民族传统科学与民族艺术、少数民族民族文学与语言文字

3. 学校文化

学校是一种典型的文化组织,从广泛意义上说,学校文化是国家文化的一个重要子系统,但是由于学校文化是特定群体所拥有的文化,它是指向学校内部特定人群的,因此学校与文化有着千丝万缕的联系,而学校文化更是具有自身独特性的文化。

---

① 王景.少数民族地区民族文化校本课程开发研究[J].现代教育科学:高教研究,2008(10):87.

关于什么是学校文化,东西方学者的认识还是存在差别的。在西方最早提出这一概念的是美国学者华勒(Waller. W),他在《教育社会学》(1932)一书中认为:"学校中形成的特别的文化"即学校文化。此后,学者霍克曼(Heckman. P)认为,学校文化可以理解为教师、学生和校长所持有的共同信念,以及这些信念支配着的他们的行为方式。此外,他还认为,学校文化和学校本身的传统与历史也有密切的关系。①瑟吉奥万尼(Sergiovanni)认为:"学校文化是建立在师生的信念之上的,它反映学校成员的共同价值观、信念和在不同范畴所信奉的事物和想法。"②可见,西方学者普遍认为,学校文化是一种事关"规范、信念、仪式、行为、价值、传统"等丰富内容的文化。

而在以中国学者为代表的东方学者眼里,对学校文化的认识也是多样的。例如,台湾学者吴璧如认为,"每一间学校均有其独特的规范、期望、角色定义及相互强化的活动,这些因素共同形成了学校的文化"③。另一位台湾学者张振成认为,学校文化是指学校成员共同的信仰、期望、信念、行为形态和价值观。④ 大陆学者俞国良认为,学校文化是学校所特有的文化现象,是以师生价值观为核心以及承载这些价值观的活动形式和物质形态。其中,学校文化的主要内容是学校在长期的办学过程中所形成的共同的价值观念。⑤ 石鸥认为,学校文化指的是学校成员在长期实践中创造的共同遵循的精神准则指导下的学校成员的行为、心理取向及其精神风貌。⑥ 顾明远认为,学校文化是指经过长期发展历史积淀而形成的全校师生的教育实践活动方式及其所创造的成果的总和。⑦ 葛建纲认为,学校文化是学校师生共同创造和汲取

---

① 徐书业.学校文化建设研究——基于生态的视角[M].桂林:广西师范大学出版社,2008:13.
② SERGIOVANNI T J. The theoretical basis for cultural leadership[M]. VA:ASCD Yearbook;1987:61.
③ 吴璧如.学校特征与班级经营[J].研习通讯,1999(6):16.
④ 张振成.如何塑理想的学校文化[J].教育资料与研究,1999(27):1-8.
⑤ 俞国良.学校文化新论[M].长沙:湖南教育出版社,1999:30.
⑥ 石鸥.学校文化学引论[M].北京:气象出版社,1995:21.
⑦ 顾明远.论学校文化建设[J].西南师范大学学报:人文社会科学版,2006(5):12.

的学校文化形态的总和,包括物质、制度、行为和精神四个方面。① 杨世传、姚先登、郭峰认为学校文化是学校师生在教育教学活动中所创造和形成的精神财富、文化范围以及承载这些精神财富的活动形式和物质形态。②

不论是西方学者还是东方学者,其对于"学校文化"的理解与认识都存在一个共同点,即学校文化内容丰富,没有一种单一的学校文化意义的出现。于是,研究学校文化不能单靠调查和访谈就能得到较为全面的结果,往往要通过描述学校的文物、环境、英雄人物、传统等使学校文化清晰呈现,也就是说,要进入学校现场实地考察。

此外,从内容上讲,校园文化可以看作是学校文化的一个子系统,它在实践中的内涵主要体现在校园环境中的特定文化活动。从属性上讲,学校文化是学校作为一个独立的实体自觉生存和发展的方式,其中校园文化注重的是通过学校文化活动、学校建筑和设计等有形的东西所呈现的具有教育意义的氛围。因此,校园文化是学校文化的重要组成部分之一。而学校文化的另一个重要方面就是作为学校文化的主体的教师与学生文化,学生和教师作为学校中的重要主体,他们各自既承载着一定的文化,同时又在继承和创新着文化。

那么,就本研究而言,当我们把学校文化作为课程资源开发的重要对象之一来看的时候,学校文化首先是指体现在物质层面、制度层面和精神层面的一些具有显在或潜在教育价值的文化。其中物质层面的文化主要包括各种教学、科研、生产和生活资料以及校园环境布置,即"校貌";制度文化主要包括学校各项规章制度的建立与健全,以及价值观念的形成,即"校风";精神文化则主要包括学校人际文化氛围、历史传统、思想意识等,即"教风"和"学风"。

---

① 葛建纲.校园文化与大学生非智力因素培养探析[J].浙江工程学院学报,1999(3):23-24.
② 杨世传,姚先登,郭峰.潜课程研究与校园文化设计[J].临沂师专学报,1998(1):73-75.

表 4-3　校本课程资源开发中文化选择对象之三：学校文化①

学校文化	子层次	类别	关注	关键词	检视项目
	外在浅层	物质文化	物质的	校貌	校园、校舍、设施、活动等
	内隐深层	制度文化	规范与观念的	校风	规章制度、价值观念、审美情趣等
	内外交互	精神文化	行为与意识的	教风学风	师生自身的文化属性、教与学中的行为意识、个体发展等

学校文化是学校成员在长期积累中有意识地摸索并加以总结出来的，因而必定体现一所学校的人们的共性特点，也符合该学校的实际情况。现实中很多学校大同小异也正是因为学校文化的共性远远大于个性，而一所学校的个性和特色的彰显却实实在在需要借助于对学校文化的深层挖掘。其中，课程资源的开发作为一种对文化的选择过程所体现的正是对学校文化特色的积极探寻与主动彰显。

（二）文化选择内容与结果的载体

关于文化选择的内容与结果所指向的包括国家文化、地域文化和学校文化在内的选择对象已有详细阐述，在此就不再赘述。以下就校本课程资源开发中文化选择的内容与结果的表现形式，即载体加以分别阐释。文化选择的内容与结果最终总是要借助一定的外在表现形式和内在发展变化呈现出来，校本课程资源开发是在学校内部展开的文化选择过程，这一过程中所选择的文化内容主要通过校本教材、教师与学生、校园环境这三个最主要、最直接的载体来呈现。

1. 校本教材

校本教材中所体现的文化选择内容与结果是文化选择主体依据一定的价值标准和基本立场，基于一定的文化选择条件，对不同文化进行系统的梳理、考察、分析和反思。文化选择主体在这一过程中，一方面要对文化进行辩证的、否定性的消解，另一方面要对文化进行肯定性、建设性的评判，从而实现对不同文化内容的撷取与吸收，忽

---

① 王邦虎.校园文化论[M].北京：人民教育出版社，2000：65；俞国良，王卫东，刘黎明.学校文化新论[M].长沙：湖南教育出版社，1999：31.

略与排除。这一过程是通过资源利用、过程拓展、文化再现、知识重组等方法或手段将不同文化内容所蕴含的价值显现化、过程化、教育化,进而将这些文化内容转变为校本教材或教学材料中的知识,并通过课程实施用这些内容来规范与引导人们的文化观念与文化实践。校本课程资源开发中的校本教材编制与其他教材开发的不同之处在于它是以学校中的人和环境发展的需要为出发点展开的文化选择,它是校本课程资源开发中文化选择的内容与结果的最直接、最重要的载体之一。

在新课程改革理念的倡导和相关政策的保障下,通过校本教材所承载的文化选择的内容与结果将有助于更好地实现培养和发展学生的个性、提升教师的文化内涵与素养、凸显学校教育目标与文化特色等功能。因此,关于民族中小学校本教材内所承载的文化选择的内容与结果是值得关注的。

文化选择是一种内在需求与外在需求统一的,有意识、有目的、有计划的,能动地对文化进行选择的创造性的实践活动。所谓外在需求,即是说文化选择受外在环境因素的影响,是一种集社会化与理性化于一体的社会实践活动;而内在需求则反映出文化选择具有主体性,是一种具有主体性与能动性的实践活动。校本教材作为文化选择的物化客体,必然与文化选择的内容与结果存在着密切的关系。这种关系的具体表现如下。

(1) 文化选择为校本教材提供内容来源和知识创新。

基于校本教材的校本课程资源开发中文化选择的内容与结果可以体现在很多方面,它可以体现在正式的校本教材当中,即课本的形式;可以体现在学生活动成果的汇编当中,虽没有形成教材,但学生的活动成果丰硕;也可以呈现为国家课程的补充读物。作为一种课程资源或者一种素材,这些都是以校本教材形式呈现的校本课程资源开发的文化选择,都是师生共同参与校本课程资源开发的文化选择的内容与结果。

针对某一类文化或某一种文化内容所展开的校本教材的编写与使用,实际上也是一个对人类已有文化进行校本化的精挑细选、重新梳理以及整合创新的过程。在这个过程当中,校本教材的开发与编写者要依据来自多方面发展的需求、学校教育目标以及开发者个人的文化背景与价值取向,考虑校本教材使用者的身心发展特点,挑选那些学习者需要的不同文化中最优秀精华、最合适匹配、最具典型性的内容,进而再进一步将选择好的内容加以逻辑化、系统化、组织化并纳入校本教材中,以实现对现存的不同文化的归纳和整合。因而一本好的校本教材应当体现出一种富有生命力的文化选择,这样的文化选择不仅可以及时地丰富和更新校本课程内容,更为重要的是,它可以激发文化选择主体即人的创造欲望和责任感。文化选择中学校应为校本教材的编制与开发提供开放的、良好的文化选择氛围条件,运用广泛的、可伸展的文化结构,采取积极的、合理的文化选择行为模式,从而通过校本教材来达到更高层次的文化的扩展、延伸和创新。

(2) 校本教材是文化选择内容与结果呈现的重要载体。

任何种类、任何形式的教材都是某个特定时期人们对文化选择的产物和载体,都是能够对人产生教育意义的材料。学校教育的目标之一就是要在培养有文化的人的过程中实现对人类文化的传承,而校本教材是新课程改革以来最重要、最灵活、最直接的文化传承的物化载体。如前所述,虽然现有学校中开发出来的校本教材大多不具有政策效力,都是学校自行开发、自行使用的辅助校本课程的材料,但这些教材中所选择的文化内容在文化传承方面的价值却是不容忽视的,学校及教师在校本教材建设中所展开的文化选择行为更是不容置疑的。这些校本教材所承载的内容,都是人类文化的结晶,都与人类文化及其发展有密切关系,都是对文化经过精心筛选的结果,都是具有一定逻辑体系的文化内容,且这些内容往往更贴近学生实际生活和成长需要。

所以,校本教材作为文化选择内容与结果的重要载体,体现着对国家文化、地域文化、学校文化的不同选择。

2. 教师与学生

自有人类以来,人与文化之间就有着一种天然的、密不可分的关系,在这种关系中,人不仅是文化的创造者,还是文化的载体,更是文化传承与创新的主体。在学校中,教师和学生是文化的需求者和创造者,二者作为校本课程资源开发中文化选择的主体,在校本课程资源开发中与文化选择的关系依据文化的特性,具有以下三方面的含义或指向。

首先,文化具有实践性。这种实践性表现为文化是一种人的实践活动。校本课程资源开发中的文化选择作为一种社会实践活动,它是一种人为的社会实践活动,是由文化选择主体进行的课程资源配置活动,配置的资源对象则是不同的文化。哪些文化能够成为校本课程资源开发中文化选择的对象?这是需要文化选择主体在实践中加以选择的。此外,与校本教材这种物质载体不同,人是具有主观能动性的、积极活跃的文化选择主体,所以主体对于文化资源的选择通常是基于主体自身的需要而采取的一种积极主动的选择,这种选择往往从实践中来,又回归到实践中去。

其次,文化具有价值性。文化的核心是价值,价值在整个文化生活中处于核心地位。价值往往体现为一种关系,而这种关系又是人为的,也是为人的。也即是说,在价值的主客体关系中,主体一定是人,价值一定是对人的价值。因此,校本课程资源开发中文化选择的结果就是要解释文化选择的行为、内容中所体现的价值,即文化选择的内容与结果是否满足了主体的利益和需求。主体要对外在于自身的文化加以选择,使之进入课程,这种选择要依赖于文化选择主体的文化积累、依赖于个人或群体的文化价值取向。

最后,文化具有独特性。生活于不同地域、不同民族的人由于所处的文化背景及社会时空的文化现实不同,其所承载的文化是有差异性的,即所谓不同的群体有不同的文化。教师和学生是来自不同文化圈的人,他们有着各自的生存和发展方式,师生作为文化选择主体要将自己看作是文化选择的内容与结果的活的对象,是一种重要的、独特的文化资源。正如美国著名文化人类学家克利福德·格尔茨所说:"我们的思想、我们的价值、我们的行动,甚至我们的情感,像我们的神经系统自身一样,都是文化的产物。"[1]教师与学生也承载着文化选择的内容与结果,尤其是教师,在文化选择的过程中要根据学生的需要,根据文化的特点,根据自己的能力对已有文化进行筛选,将其纳入到课程内容当中,传递给学生,使学生也成为文化的活的载体。因此,教师对文化认

---

[1] [美]克利福德·格尔茨.文化的解释[M].韩莉,译.南京:译林出版社,2008:55.

识的广度与深度直接影响着文化选择的内容与结果。

所以,校本课程资源开发中文化选择的内容与结果一方面体现在教师与学生对文化选择内容与结果的认识与看法中,另一方面体现在学生的学习成果当中,这些成果包括显性的、物质层面的收获,也包括隐性的、精神层面的收获。

3. 学校环境

学校文化是一种开放的文化,在文化传承的过程中必然要面对多种文化的批判与继承,这其中对文化的选择就显得至关重要,学校必须承担起对文化进行有选择的吸收的责任。校本课程资源开发中的文化选择是一种基于学校需要、基于学校环境、基于学校成员的文化选择,因此它所面对和承载的对象是包括物质和精神在内的校园环境文化。

在学校实现这种选择的途径是多种多样的:通过培养目标选择文化、通过课程和教材选择文化、通过教师群体选择文化、通过校园环境选择文化。由于教师与教材对文化的选择之前已有阐述,本研究在这里主要探讨的是校园环境文化的选择。

学校是有目的、有计划培养人才的场所,它必须根据社会发展的要求来培养和教育具有良好适应性的学生,这就决定了学校文化的教育性。与其他文化形态相比较,学校文化最大的特点是其具有明确的目的性,为此,校本课程资源开发中文化选择所面对的精神环境和文化氛围必然是要具有鲜明的规范性的,这种规范性体现为思想与理念的规范、实践的规范、组织关系的规范、校园环境建设与布局的规范。

此外,校本课程资源作为文化的重要载体,具有继承和传播文化的功能,这就决定了学校环境文化的内容具有多样文化集合的特征。从内容上看,学校文化汇集着人类历史优秀的文化遗产、现代科学文化精粹、古今中外与校内校外的文化精华,这些内容在学校当中通过不同形式得以展现,通过不同活动得以传承,如学校布局、校园美化、文艺活动、社团组织、规章制度、学术活动等。可见,在校本课程资源开发中,学校环境中的物质层面和精神层面无不承载着文化,同时这些内容又是文化选择的重要对象。一个学校的校园环境可以体现出该学校的文化内涵、文化积淀,也可以对身处其中的教师和学生产生一定的影响作用。

总之,校本课程资源开发中的文化选择,其对象和载体是多方面的,不应将其局限于校本课程文本中,而应该是在整个学校内,形成一种以整个学校为范围的文化辐射。在校本课程资源开发的文化选择中,要综合运用校园内外的文化资源,既注重对多元文化的选择与开发,又注重对学校的软环境和硬环境进行系统开发,使学校的每一种文化要素都成为开发的对象,使校本课程形式呈现出显性课程与隐性课程并重,既有经过系统选择后编制的校本教材,又有师生丰富多彩的实践活动,还有经过精心选择后设计和布置的校园环境等隐性学校文化。

二、民族中小学校本教材中的文化选择内容与结果[①]

实践中,校本课程资源开发以校本教材中所反映的文化选择内容与结果为载体,有利于从学校实际出发,通过校本教材所呈现的文化内容来更好地实现学校的教育目标和办学特色,有利于以学校为突破口实现教材建设的多样化和乡土化,有利于依托校本教材展现的文化选择内容与结果来促进学生个性的充分自由发展,有利于在校本教材的文化选择中提高教师专业化水平,更有利于校本课程更好地实现文化传承的功能。而在民族地区进行校本教材开发,从文化选择的角度看,能更好地适应本地区本民族的社会发展现状与民族群众的文化需求,能更彻底地贯彻国家三级课程管理政策,更充分地利用民族地区的文化资源,更好地培养和发展学生的个性,更广泛地传播和传承少数民族及其所在地区的优秀文化。因此,关注少数民族地区校本教材的文化选择状况就是关注多元文化的发展价值,就是关注课程教材对文化传承的价值。

调研中发现,在宁夏民族中小学也并不是每个有校本课程的学校都有校本教材,且现有的校本教材大多是以学校内部资料的形式印刷成册,这些教材有的相对正式规范,有的只是教师编写的打印版的纸质

[①] 以下案例中的校本教材文本均由各学校提供。

材料,但这些内容为校本课程的教学与实践提供了必要的参照。在收集到的校本教材当中,公开发行的校本教材的文化选择对象主要集中于中华民族传统文化,相对比较具有局限性。如:由宁夏人民教育出版社出版的《中华古诗文读本》(2012),《论语》(2009),《易解弟子规》(2009),《中国古代历史人物(双语版)》(2009),《孟子》(2010),《千字文》(2010)。而以其他文化为内容的公开发行的校本教材可谓凤毛麟角,如:宁夏人民出版社出版的《绽放的花儿》(2012),《宁夏平罗中学校史》(2006)。本研究从收集整理的宁夏民族中小学已开发出的校本教材中分别选取了针对国家文化、地域文化、学校文化开发的相对完整的校本教材作为文本资料来源来介绍分析,其目的有二:一是通过宁夏民族中小学校本教材的典型案例来展现校本课程文化选择内容现状,二是通过校本教材中文化选择的现状揭示民族中小学校本课程资源开发中体现在教材中的文化选择的结果。

(一)国家文化类校本教材

如前所述,本研究中的"国家文化"主要涉及"中华民族传统文化""现代文化"和"国家课程中的文化知识"三类子文化。

1. 中华民族传统文化类

● 个案一:Y-TLHX《易解弟子规》

(1)学校与校本课程资源开发背景。

该校始建于1989年,是Y市兴庆区办学规模最大的一所示范性回民小学,也是Y市民族教育的窗口学校。该校占地面积10 800平方米,校舍建筑面积5 566平方米,在校学生2 238人,回族学生比例为20.5%。2007年5月该校被宁夏回族自治区教育厅确立为"宁夏回族自治区百所标准化回民学校"。作为一所回族学校,该校长期将发展民族教育贯穿于学校建设的全过程,走特色强校的内涵发展之路,学校坚守"善良相伴、快乐同行、共同发展"的办学理念,并在不断的实践中将这一理念内化为全体教师的共识,努力为每个学生提供适合个性发展的教育。

该校注重学生思想道德建设和校园文化建设,调研时,在这所学校里随处可见、随处可闻"文明礼仪伴我行"三字经;教学楼里的"印象宁夏""印象回族"和"印象校园"的宣传版画展现出学校师生对多元文化的体认;《易解弟子规》以及中华民族传统文化系列校本教材的编制与开发,将传统文化与现代文化结合起来,让学生在翻看、传阅、诵读经典中,获得心灵的感悟;学校课间的校园集体舞和回族花棒棒舞展现了对回族文化的热爱和关注。此外,该校主题雕塑和多楼层的文化墙具有浓郁民族文化底蕴和现代气息,匠心独具地突显了校园文化特色;自然实验室、美术室、音乐室、书法室、手工坊为学生提供了独具现代气息的文化场所;初具规模的学生阅览室和教师阅览室及开放式书架营造了浓郁的书香校园氛围。在构建学校特色的过程中,学校重视校本课程开发,先后自编国学经典诵读类校本教材《易解弟子规》,并在实践中将国学经典诵读相关课程建设成为全区教育系统观摩学习的对象;自编校本教程"回族——从丝绸之路走来的民族"于2007年10月,被中国教育学会评为"优秀课程资源",后此门校本课程在发展中演变为现在的"走进少数民族"。

(2)教材内容。

图4-2 《易解弟子规》校本教材

该校开发的校本教材《易解弟子规》以中华民族传统文化为内容,以加强青少年思想道德建设为出发点,根据学校实际情况,突出懂礼貌、知礼仪、重礼节的主题教育,通过"礼德"文化的传承,旨在引导学生知义明礼、互相友爱、和谐相处、遵纪守法、保护环境、为他人着想、热心公益。《易解弟子规》这本教材的内容是对学生的生活行为予以规范，要求学生在日常生活中要做到言行规范、有理有节。通过学习相关内容，以期有助于学生良好习惯的养成、正确思想道德观念的形成；有助于学生学会在家庭、学校、社会中与人和谐相处，为今后的完满生活打下坚实基础。

● 个案二：Y-TLHZ《中华古诗文读本》

(1) 学校与校本课程资源开发背景。

该校坐落在宁夏回族自治区Y市唐徕渠畔，始建于1990年，占地面积38 052.7平方米，校舍建筑面积24 959平方米，教职工190名，在校学生3 209人，回族学生比例为30%。该校是"全国民族团结进步模范单位""全国民族体育模范集体"。特别是2005年以来，被国家自然科学基金委员会等部门评为"全国科学教育实验基地"，被全国教育学会评为"劳动技术教育先进学校"，是宁夏回族自治区教育厅授予的"自治区普通高中一级示范性学校"、"百标工程"项目学校、"校本培训"先进集体。该校在1994年、2009年曾两次被国务院授予"全国民族团结进步模范单位"称号，国家领导人李岚清、白立忱曾为学校题词："进一步办好回民中学"和"发展民族教育，培养优秀人才"。

多年来，学校除了不断改善校园硬件设施外，积极营造健康向上的校园文化氛围，始终坚持"环境育人、活动育人、文化育人"。学校文化体系建设中从形式到内容上都坚持：以健康的文化引领学生，以浓厚的文化熏陶学生，以多样的文化发展学生。如举办文化艺术节、科技周、学习方法交流周、英语周、语文课本剧表演周、演讲比赛、辩论比赛、学生风采展、书法绘画比赛、每周一诗、中华古诗文诵读、校园小乐手小歌手比赛、迎新春猜灯谜展、以中华民族传统美德为主题的故事会等等活动，以及全校班级各自开展的班级文化建设，都从不同侧面帮助学生在校本实践中不断发掘自己的特长，勇敢展示自己，通过这样的活动帮助学生体验课堂上难以体验到的成功的快乐，从而实现培养学生积极健康昂扬向上的精神风貌的教育目标。学校围绕"了解本民族，热爱大家庭"主题，积极探索，开展富有特色的民族教育活动。其中，该校根据学校所处地理位置、民族经济文化历史，结合本校办学特色、区域优势、文化传统等，有针对性、有选择地进行特色课程开发。几年来，学校自主开发的校本教材有《唐徕渠灌区多学科综合科学考察》《中华古诗文读本》《研究性学习》等。

(2) 教材内容。

该校开发的校本教材《中华古诗文读本》已由宁夏人民教育出版社出版发行(2012)。之所以选择这样的内容开发校本教材,是因为该校领导和教师普遍认为要创新文化必须站在优秀文化传统的基础上,本校的校本教材开发中选择中华民族传统文化中的古诗文为内容,正是意识到了中华古诗文是中华民族传统文化的重要载体之一,其中蕴含着爱国主义教育的经典内容,是中华民族优秀文化传统的瑰宝,更是学生们从小了解、学习中华传统文化的沃土。

图 4-3 《中华古诗文读本》校本教材

该校本教材开发的文化选择以中华古诗文为对象,旨在通过校本课程给学生一把开启心灵的钥匙,以期让学生们通过中华古诗文的诵读与学习从小扎根于中华民族优秀的传统文化中,在接受中华古诗文的文学滋养和传统文化熏陶的同时,实现对传统文化中健康向上的道德精神和人生理念的继承和发扬。正如原 Y-TLHZ 校长、现 Y 市教育局 Z 局长在该教材的序言中所写的,"我们要将中华古诗文中所渗透的中华民族的伟大魂魄贯彻到我们的教育思想中去,培养学生去拥有这些伟大的财富"。

2. 现代科学文化类

● 个案三:Y-JMHX《多米诺骨牌》

(1) 学校与校本课程资源开发背景。

该校始建于1964年,占地面积20 000平方米,校舍建筑面积7 862平方米,教职工74名,在校学生1 700人。学校地处回民聚居区,回民学生比例为31.6%。2007年5月被宁夏回族自治区教育厅确立为"宁夏回族自治区百所标准化回民学校"。在基础教育课程改革中,学校一方面把开展"书香校园""西夏探秘"活动作为校本课程开发的一大特色,开发了《西夏的历史》《回族文化》《羊响板》等地域文化校本教材;另一方面学校还注重以教科研促进教师专业成长,以科技文化促学校特色发展,开发了《多米诺骨牌》《机器人》《小发明、小制作》等以现代科技文化为内容的校本教材。该学校因独特的科技兴校风格,而成为Y市"科技活动先进集体""科普示范学校"。

(2)教材内容。

图4-4 《多米诺骨牌》校本教材

多米诺骨牌虽然是一种古老的游戏和运动,但是现代社会人们将多米诺视为一种文化,在漫长的发展过程中,现代人赋予它独特的教育功能,它可以培养人的创造能力、增强自信心、提升个人品位。而且这项活动不受时间、地点的限制,对开发参与者的智力、创造力和想象力,以及训练参与者的动手能力、思维能力都非常有好处,更重要的是,它能够锻炼参与者的意志,最大限度地发扬团队精神。于是,该校结合学生身心发展的特点和兴趣爱好,开发了校本教材《多米诺骨牌》。

● 个案四:Y-XSZ《机器人教材》

(1) 学校与校本课程资源开发背景。

该校始建于1958年,占地面积21 000平方米,绿化覆盖面积3 000平方米,教职工144人,学生2 597人,回族学生比例为27.5%。学校在教育教学中注重培养学生学会做人、学会求知、学会健身、学会生活的能力,使学生在德、智、体、美、劳诸方面健康发展。为了在素质教育的探索与实践中走出一条富有特色的路径,形成"学校有特色、教学有特点、学生有特长"的特色教育,近年来,学校大力加强精细化管理,积极大胆地探索现代教育技术条件下教育教学模式的改革,切实实施联合共同体学校带动工程和与农村学校手拉手共发展工程,以此形成了自己的办学特色,打造出自己的品牌。该校先后荣获"全国现代教育技术实验学校""全国中小学教师信息技术实验学校""全国绿色学校""全国教科研先进学校""自治区网络教研先进学校""银川市校园建设先进单位""银川市特色学校"等荣誉称号。

为了实现促进学生发展的目标,学校根据新课改的要求及学生的实际需求,大胆研发与开设了各种校本课程。近年来,该校先后开发和编制了校本教材《安全教育读本》《花儿飞进心窝窝》《机器人教材》《沙雕艺术》,这些文化内容为学生提供了更广阔的学习空间。

(2) 教材内容。

该校自2003年承担宁夏回族自治区教育厅中小学机器人课程的研发课题,以此为契机,学校编制了校本教材《机器人教材》。该课程旨在让机器人教学走进课堂,使更多的学生有机会了解机器人,开发出机器人文化的教育功能、发掘智能机器人的教育价值,从而提高学生的创新能力和实践能力,使之成为推进素质教育的良好载体。在这门校本课程的影响下,不仅学生的创新意识、创造能力、动手能力、审美能力得到了培养和提高,而且该校学生在社会实践与创

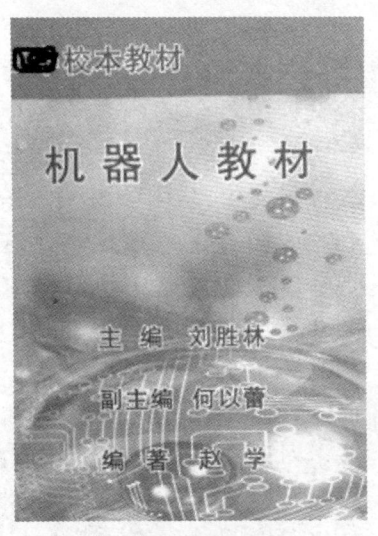

图4-5 《机器人教材》校本教材

新项目竞赛中也得到了锻炼并收获了众多荣誉。

3. 国家课程中的文化知识

这类校本课程资源开发所选择的对象中,一类是针对已有的国家课程中的相关文化主题与内容,结合本校实际和学生需求进行的再选择与再开发。另一类是针对新课程改革所倡导的课程理念、结合师生的教与学而开发的指导性的课程文化资源。由于这些内容也是在国家课程基础上结合学校师生的实际需求与能力进行的校本课程资源的再度开发,也要经历文化选择的过程,所以本研究中也将其列入了校本课程资源开发的文化选择对象当中。宁夏民族中小学校本课程资源开发中,基于对这一对象的文化选择而编制的校本教材有:《快乐识字》《WZ中学历史水平测试纲要》《语文读本》《突破高考英语》《高考作文升格技巧》《研究性学习》等。

● 个案五:Y-JMHX《语文读本》

(1)学校与校本课程资源开发背景。

同"个案三"学校与校本课程资源开发背景。

(2)教材内容。

该校本教材分1—6年级,以下以三年级和六年级为例。

该校开发的这套《语文读本》校本教材其内容选择主要是结合1—6年级语文课程教学的内容与学生学习的实际需求,选择与小学语文课程内容相关的优秀文化、与中华民族传统文化经典相关的内容进入该读本。这样的文化选择一方面可以实现对国家课程资源的补充,另一方面可以实现对优秀文化的进一步深入挖掘与传承。对于学生而言,这样的文化选择有助于联系学生在学习语文课程中的实际情况,有助于更全面地理解国家课程中的相关文化知识,拓宽语文方面的知识面和文化积累。

图4-6 《语文读本》校本教材

● 个案六：Y－TLHZ《研究性学习》

（1）学校与校本课程资源开发背景。

同"个案二"学校与校本课程资源开发背景。

（2）教材内容。

"研究性学习"是新课程改革倡导的新的学习形式与方式，它是教育部2000年颁布的《全日制普通高级中学课程计划（试验修订稿）》中综合实践活动板块中的一项内容。该校这一校本教材的编制所选择的内容就是关于新课程改革中转变学习方式的相关内容。校本教材编制中要求学生在教师的指导下，自行选择一个自己感兴趣的问题，并把它变成有价值的课题，然后围绕这个课题，像科学研究者一样，通过检索相关文献资料、开展社会调查、访问专家、做实验、统计数据等多种手段进行研究，最后在分析、比较、研究的基

图4－7 《研究性学习》校本教材

础上解决所提出的问题。这种形式的课程资源开发一方面要向学生介绍"研究性学习"的相关基本知识与技能，另一方面要让学生在实际的课题研究中践行"研究性学习"的过程，最终掌握"研究性学习"的方法。Y－TLHZ 的这本校本教材中，不仅选择了关于研究性学习的基本知识，还将学生开展研究性学习的成果予以展示，从理论到实践给予了学生必要的指导。

（二）地域文化类校本教材

校本课程资源开发中对地域文化的选择与反映是多方面的，这其中包括：学生来自不同的地域，将所在地域的形形色色的文化特征带入学校；教师因生活于不同地域，在教学中及与学生的日常交往中，会将其他地域文化特征有意或无意地反映出来；学校因处于不同地域，所处地域的方言、习俗、行为等也会对学校构成一定的影响。由此可见当地

文化构成是学校课程中的一个有机组成部分。[①] 就校本教材内容中所反映的文化选择而言,本研究中的地域文化包括两类:一类是学校所处"地方性"地域中的文化,如地方民风、民俗文化、地方历史、地域地理特征所形成的文化;另一类是学校所处"民族性"地域中的文化,如少数民族艺术、体育、发展史、风俗习惯、饮食起居等。

1. "地方性"地域文化类

● 个案七:Y – TLHZ《唐徕渠灌区多学科综合科学考察》

(1) 学校与校本课程资源开发背景。

同"个案二"学校与校本课程资源开发背景。

(2) 教材内容。

《唐徕渠灌区多学科综合科学考察》是该校校本课程建设的一个重要组成部分。由于该校地处宁夏回族自治区首府唐徕渠畔,且以该渠命名,这样的地理历史背景使得该校师生想到以唐徕渠及其文化为内容开发建设校本课程与编写校本教材。该校本教材的文化选择是以唐徕渠灌区作为背景,力求关照到灌区的各种生态类型、环境类型、社会文化类型、经济类型等。教材内容结合多学科,如历史、地理、生物、化学、物理等共同考察该地区包括语言、风俗、宗教、历史、政治、经济、工农业发展等在内的文化。旨在训练学生基本社会实践能力、科学考察能力、自我管理能力等,使学生从多文化角度被带入到科学发现和创造的领域中。该课程在开发与实践的过程中既实现了对地域文化的传承,又实现了对学生科学精神和人文素养的培养。

图4-8 《唐徕渠灌区多学科综合科学考察》校本教材

---

① 郑金洲.多元文化教育[M].天津:天津教育出版社,2004:58.

● 个案八:Z-SYXZ《西瓜种植、栽培技术》

(1) 学校与校本课程资源开发背景。

该校始建于 1984 年,学校占地面积 83 985 平方米,校舍建筑面积 6 680 平方米,教职工 65 人,在校学生 990 人,回族学生比例为 20.1%。学校所处地区历史悠久,既有独具特色的旅游资源,又孕育着本地灿烂的古代文明和深厚的文化底蕴,为 Z 市赢得了"塞上文化明珠"的美誉。该校所处地区深居内陆,远离海洋,靠近沙漠,属半干旱气候,具有典型的大陆性季风气候和沙漠气候的特点,春暖迟、秋凉早、夏热短、冬寒长,风大沙多,干旱少雨。学校将当地特殊的经济地理环境、自然条件和资源作为校本课程资源开发中文化选择的对象,开发并编制校本教材,主要有:《西瓜种植、栽培技术》《果树栽培》《养殖业》《运动与游戏》《回民风俗习惯》。这些内容从本地区实际出发,贴近学生生活现实,贴近学生生活技能,发挥了一定的实效性。

(2) 教材内容。

图 4-9 《西瓜种植、栽培技术》校本教材

Z 市种植的压砂西瓜,因产品中富含健康元素"硒"又称"硒砂瓜",系宁夏回族自治区 Z 市的主要特产之一。因原产于该市城区香山地区,并采用压砂栽培技术而得名。该教材主要介绍了香山压砂西瓜的生长环境、自然条件,压砂栽培技术,压砂瓜的营养成分,压砂瓜的社会

价值等内容。
- 个案九：Y-JMHX《西夏的历史》

(1) 学校与校本课程资源开发背景。

同"个案三"学校与校本课程资源开发背景。

(2) 教材内容。

该校自2001年起就以"昊文"少年西夏考古研究活动为学校的特色活动，编写了一套校本教材《西夏的历史》。本教材分上、中、下三册，以西夏的建立、西夏的兴盛、西夏的灭亡为内容，分别向四、五、六年级学生提供此教材。通过教师的讲解与展示、学生的阅读与实践，使学生能够基本了解西夏历史、人物、政治、经济、文化等内容，让学生在继承与弘扬优秀的地域传统文化的同时，培养学生热爱家乡、热爱祖国、热爱历史的热烈情感，帮助学生树立自强不息、不屈不挠的民族精神。该校本课程教材内容的选择有助于开发学生综合潜能，培养动手动脑能力，从而全面提升学生的综合素质。

图4-10 《西夏的历史》校本教材

2. "民族性"地域文化类
- 个案十：W-MLQZ《木球运动概述》

(1) 学校与校本课程资源开发背景。

该校始建于1930年，学校占地面积18 688平方米，校舍建筑面积5 131平方米，教职工42人，在校学生654人，学校地处回族聚居区，故学生中回族学生比例高达85.0%。该校2004年被评为"宁夏回族自治区百所标准化回民学校"。校园规划整齐，布局合理，树木葱茏，花草繁茂，优美宜人，2007年被评为宁夏回族自治区区级"绿色学校"。近年来，学校紧紧围绕"教育观念现代化、办学条件标准化、学校管理规范化、教育教学质量明显提高"的建设目标，发扬艰苦创业的精神，已初步打造成一个环境一流、设施一流、特色鲜明的民族窗口学校。

回族木球运动起源于 W 市的 MLQ 乡,作为这里回族群众喜爱的一项传统体育项目,由于其简便易学,一度风靡 MLQ 乡各村、各校,使这里成为远近闻名的体育之乡。1982 年,全国第二届少数民族传统体育运动会期间,由一向喜爱木球运动的 MLQ 乡回族青年代表宁夏回族自治区进行了首次木球表演,深受各族参赛选手的好评。于是 1989 年,木球比赛正式列入比赛项目。MLQ 中学在学校领导的倡导和乡政府的支持下,建立了一支"MLQ 回民中学木球队",学校还进行了相关基础设施和器械的建设与投入,学校成为 W 市木球项目的训练基地。在此基础上,该校以"木球运动"为内容进行了校本课程开发与建设,并自行编制了《木球运动概述》校本教材。2010 年 5 月,该校的木球运动项目和主要从事木球运动开发与建设的 Z 老师被 W 市定为第一批非物质文化遗产项目和传承人,木球运动作为回族一项特色民族文化活动正式得到传承与发展。

(2) 教材内容。

该校的校本教材《木球运动概述》主要以回族木球运动为内容,就比赛的技术战术、比赛场地、比赛器械、比赛相关规则进行图文并茂的介绍与讲解,为木球技术的实战教学与比赛提供一定的理论指导。该校本教材将回族传统娱乐生活中的木球项目引进学校,使这项具有民族特色的体育文化进入课堂,丰富了回族体育运动的内涵,也激发了学生运动的兴趣和创新运动的激情。但教材中的欠缺之处在于对回族木球的发源地、发

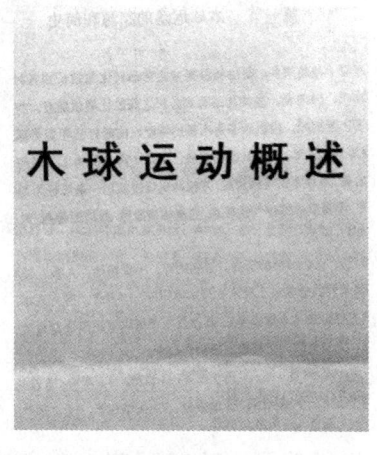

图 4-11 《木球运动概述》校本教材

展历程、在回族文化中的地位、对回族群众的作用没有体现,仅仅只是从体育运动的角度来开发相关资源,局限性较大,作为回族学生比例达 85% 的回民学校更应该从多方面向学生介绍回族文化,所以校

本课程资源开发的文化选择行为有待改进和完善。

● 个案十一：Y-XHYX《绽放的花儿》

（1）学校与校本课程资源开发背景。

该校始建于1922年，学校占地面积6 424平方米，教师55人，学生1 351人，回族学生比例为19.0%，是一所历史悠久的民族学校。学校本着"办规范加特色学校，育全面加特长人才"的原则，面向全体学生，通过各种途径，采取各种措施，积极推进艺术教育工作。2009年5月31日，经国家非物质文化遗产保护中心审定，该校被正式命名为"国家级非物质文化遗产代表作名录项目传承保护基地（宁夏）"，成为Y市唯一一所被命名的小学。

图4-12　国家级非物质文化遗产代表作名录项目传承保护基地（宁夏）

该校在开展"花儿进校园"的实践活动中，由校长牵头，调动学校相关教师组织编写了符合学校教育教学实际的"花儿"校本教材——《绽放的花儿》。这一校本教材的开发，不仅将"花儿"有机地融入音乐课的教学之中，而且以此为契机，把众多回族民间艺术引入了学校课程，有力地推动了回族民间艺术在学校的传承。教材由该校音乐教师在众多的"花儿"中选择旋律优美、节奏明快、容易上口、内容积极向上的曲目列为学唱内容，并大胆创新，把现有的"花儿"进行艺术再加工，在原有的曲调上，对于不太适合儿童的部分，在保留"花儿"原始风味的基础上，由师生们共同改编撰写，重新填词，变成适合小学生演唱的"校园花儿",力争让这些名歌既符合儿童的身心发展与兴趣特点,又贴近他们的真实生活。此外,该校本教材还根据不同年龄段学生的认知发展水平、音乐素养等实际情况,分不同年级制定了学习内容与学习目标。

(2)教材内容。

该校本教材从内容上分为八个单元,分别涉及"花儿"的发源地、"花儿"的种类、宁夏"花儿"所描述的回族生活的不同场景与对象。每一个单元里都包括唱歌、欣赏、选唱、知识窗、表演唱几个部分。内容强调音乐学科的人文属性,具有鲜明的时代感和民族特色。内容选材宽泛,在注重引导学生主动参与音乐实践,突出民族教育新理念的同时,教材中的每一首歌曲后都附有结合宁夏当地地理、历史、人物等文化内容的介绍,将民族文化与爱国、爱家乡的情感密切联系起来。据了解,为了让宁夏"花儿"传唱更有教育意义,学校把

图4-13 《绽放的花儿》校本教材

"花儿"传唱与学校德育工作相结合,在宁夏"花儿"曲调的基础上,组织师生填写小学生日常行为规范、良好习惯养成教育等相关内容的新词,赋予了"花儿"新的教育功能。

校本改编"花儿"节选:

你把网吧的大门少(者)进[①]

(2011级毕业班 L 同学编词)

小(哎)网虫,(哎)髦角儿绣成个雀雀儿窝。

你把网吧(者)的个大门(哎)少(者)进,(哎)

上坏了眼睛(者)玩儿坏了心。

---

① 金学林,孙伟.绽放的花儿[M].银川:宁夏人民出版社,2012:27.

绿苗苗①

（校音乐组改编）

苗苗子发芽嫩着咧，

娃娃子壮壮地长呀啊。

阿哥的白牡丹呀，

日常行为要规范呀，

"五讲四美"记心中呀。

● 个案十二：Y-TLHX《回族——从丝绸之路走来的民族》

(1) 学校与校本课程资源开发背景。

同"个案三"学校与校本课程资源开发背景。

(2) 教材内容。

图4-14 《回族——从丝绸之路走来的民族》
校本教材

宁夏回族自治区是回族最集中的地区，因而有"回族之乡"的称谓。该校作为一所回民小学，认为自己有义务去传承回族文化，有责任让学生了解回族的历史，师生也有意愿去了解和熟悉回族的风俗。所以学校

---

① 金学林，孙伟.绽放的花儿[M].银川：宁夏人民出版社，2012：40.

就由从事校本课程开发的教师精心为学生编写了《回族——从丝绸之路走来的民族》这一校本教材。该校本教材中主要选择了与回族人民生活息息相关的各方面文化内容加以呈现,其中包括民族信仰、回族服饰、回族饮食、回族婚礼、回族葬礼、回族节日、回族艺术、回族名人等。通过这些内容,学生可以清楚地认识到在民族发展的历史长河中,回族文化所闪耀着的耀眼光芒,从而产生对民族、家乡乃至国家的强烈认同感。

图4-15 《回族——从丝绸之路走来的民族》校本教材内容例举

(三)学校文化类校本教材

1. 学生身心健康类

● 个案十三:Y-ZZZ《健康教育》

(1)学校与校本课程资源开发背景。

该校始建于1958年,现在是Y市一所九年一贯寄宿制农村初级中学。校园占地面积41 536平方米,校舍建筑131 442平方米。现有教职工113人,在校学生1 232人,住宿学生800人,回族学生比例为31%。ZZZ师生秉承"诚、正、毅、恒"的校训,以实际行动践行"励教笃学,严谨创新"的教风,引领学生树立"博学好问,慎思笃行"的良好学风,营造"崇善树德、勤奋致远"的浓厚校风。由于该校地处农村,且学生大多数寄宿于学校,远离父母亲人,这些成长于特殊地区的特殊阶段的孩子,身心发展存在诸多问题,于是学校开发了相关校本课程"健康教育",并编制了校本教材。旨在通过校本课程的开发与建设,帮助学生形成健康积极的身心状态,帮助学生养成良好的有助于身心健康的行为习惯。

(2) 教材内容。

《健康教育》是该校为了学生身心健康成长编写的一本教材,全书由健康知识和实践行动两个专题组成。健康知识专题分为行为篇、营养篇、预防篇、青春期、心理篇五个单元,帮助同学们了解基本的健康知识。其中,"行为篇"帮助大家规范行为,做文明中学生;"营养篇"帮助大家掌握基本的营养常识,学会科学膳食;"预防篇"帮助同学们关注身体健康,积极预防治疗;"青春期"帮助同学们顺利度过花样年华;"心理篇"帮助同学们拥有积极健康的心态。实践行动专题由实践篇、运动篇、感受篇、爱心篇、调研篇五个单元组成。"实践篇"帮助同学们将学习到的知识学以致用;"运动篇"帮助大家学习简单的瑜伽动作,放松身心;"感受篇"引导同学们将学习到的健康知识进行宣传、普及;"爱心篇"帮助同学们体验帮助他人的心理感受;"调研篇"帮助同学们深入班级、社区,通过调查、研究,使同学们在完成报告的同时,提升了自身的综合能力。

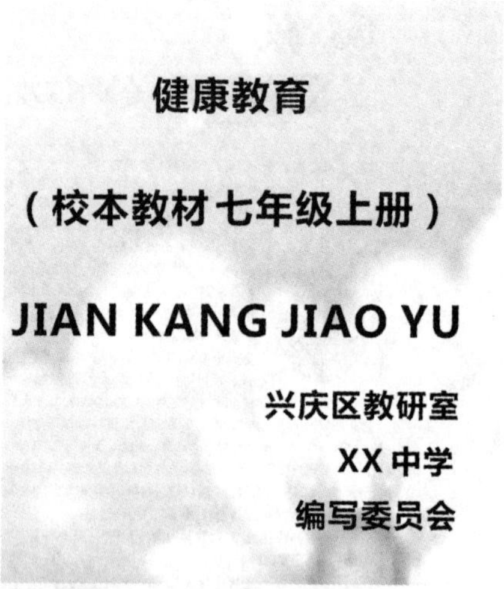

图 4-16 《健康教育》校本教材

● 个案十四:W-LSYX《学会生活》

(1) 学校与校本课程资源开发背景。

该校始建于 2010 年,是调整城区学校布局,由 W 市市委市政府、教育局批准新成立的一所城市小学,是 2010 年中小学校安工程项目学校。学校占地 23 866 平方米,校舍建筑面积 6 200 多平方米,现有教师

78名,学生2 043名,回族学生比例达到60%以上,是W市区小学办学规模较大的学校之一。

学校秉承"为幸福人生而教育"的办学理念,努力打造"书香校园、活力校园、特色校园、和谐校园"文化。近年来,该校围绕小学阅读与心理健康教育,结合不同年级学生发展的特点和需求开发了一系列校本教材,包括:《书香润泽(1—6年级)》《心理健康教育(1—6年级)》《我长大了(一年级)》《学会生活(二年级)》《手工制作(三年级)》《回族风情(四年级)》《食物与健康(五年级)》《我的家乡宁夏(六年级)》。学校办学特色鲜明,教育教学工作稳步提升,学校领导关注学校文化建设。2012年,被授予"W市级非物质文化遗产项目传承基地""全国随笔化习作教学示范基地"的荣誉称号。

(2)教材内容。

该校二年级的校本教材《学会生活》结合该年龄段学生的身心发展特点与成长中的实际需求,从学生的家庭生活技能、学校生活技能、社会生活规范、日常卫生与健康、实践能力等多方面对学生的成长给予尽可能多的指导。该教材共包括五个单元的内容,每个单元中选择的文化知识具体、生动,贴近学生实际,如:第二单元关于学校生活的内容中,就选择了"整理文具""伙伴和我""学校就是家"这样的三个具体的主题,从学生学习习惯的养成,到伙伴关系的建立,再到热爱学校生活给予实际的关注、指导与训练,有助于学生顺利完成此阶段的学校生活。

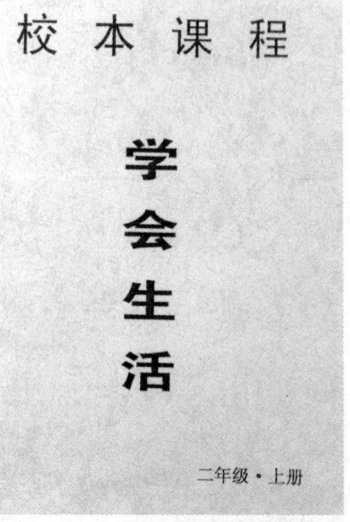

图4-17 《学会生活》校本教材

2. 学校历史文化类

● 个案十五:S-PLZ《宁夏平罗中学校史》

(1)学校与校本课程资源开发背景。

该校始建于1946年,现学校占地面积174 667平方米,设计建筑面积78 000平方米,教职工224人,在校学生3 057名,回族学生比例27.9%。该校是宁夏回族自治区重点中学,1960年被自治区教育厅确定为自治区首批4所重点中学之一。长期以来,学校坚持"育人为本、追求卓越"的办学理念,追求"高质量、有特色、争一流"的办学目标。该校历经变迁,历史悠久,2006年以该校校长为主编编写并出版了该校的《校史》一书,该书如今成为介绍、展示该校发展历程的重要成果,也成为该校重要的校本课程文化资源。

（2）教材内容。

图4-18 《宁夏平罗中学校史》校本教材

该书是为纪念该校成立60周年而组织编撰的校史,现被该校作为校本教材使用。主要内容包括:学校发展概况、学校建设成就、学校校会议资料、学校校规章制度、优秀教师介绍、学校精选论文等。全书真实记录了该校的成立、发展及学校取得的成就,是建校以来的发展总结。书中以校内文化历史为内容,让师生通过书中的介绍了解自己学校的发展史、了解学校的文化,从而产生热爱自己学校的情感。

（四）综合文化类校本教材

在已开发出的校本教材中,除了上述这些分别选择以某一种文化为内容的校本教材外,还有一种校本教材是按年级编写的,每个年级的每一本校本教材都将上述各种文化类型纳入其中。就某个年级的某一本校本教材而言,这种校本教材所体现的是一种综合性的文化选择结果。

● 个案十六:W-CYX 的综合文化校本教材

(1) 学校与校本课程资源开发背景。

该校始建于 1917 年,学校办学历史悠久。占地面积约 21 000 平方米,建筑面积约 7 500 平方米,教职工 112 人,在校学生 2 426 人,回族学生比例为 46.0%。学校环境优美,人文气息浓郁,现代化教学设施齐全。凭借着深厚严谨、大气睿智的历史文化底蕴,该校以科学的办学理念、鲜明的办学特色、独特的育人风格和优异的教学成绩享誉社会。学校办学成绩显著,是"中国名校",2010 年 9 月被 W 市人民政府命名为名牌学校。

该校在发展中积极构建人文和谐校园,用心打造优质品牌教育,力争把学校建设成为现代化教育的窗口。学校开发建设了校本课程与教材《经典诵读选编(1—6 年级)》《美工》、综合文化校本教材(1—6 年级)。

(2) 教材内容。

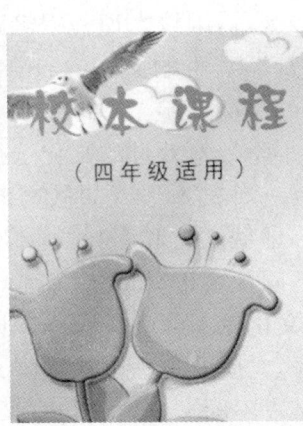

图 4-19 W-CYX 综合文化校本教材

该校的综合文化类校本教材分 1—6 年级,各年级一册。以下以二年级、四年级、六年级为例展示其中的内容。

该校这套按年级开发的校本教材,依据不同年龄阶段的学生身心发展特点与需求选择不同文化进入课程。每一本校本教材中涉及的文化类型都是多样的，其中有关于国家主流文化的内容，如：我与科学、人与电脑、我与社会、我们的生活、艺术天地、智慧天地、国际互联网等；有关于地域文化的内容，如：我和家乡、异域风采、宁夏风光等；有关于少数民族文化的内容，如：民族风俗、民族风情、回乡文化、回族拳艺等；有关于学校文化与学生成长的内容，如：卫生与保健、我们的校园生活、我和学校、我与科学等。每个年级的校本教材综合地选择多种文化，有利于对学生进行全面的文化熏陶与传承，且这些文化内容较为贴近生活实际，易于学生接受。但是，由于追求面面俱到，该校本课程及教材的特点不够鲜明，学校特色也不够突出。

学校中的每个受教育者都是不同文化的继承者，都是重要的课程文化资源，都有权利与义务接受具有文化特色的教育，并在这一过程中形成对国家、对家乡、对民族、对学校的认同感。现代社会文化呈现出多元开放的态势，但是，文化的传承仍然离不开学校课程，仍然需要借助课程的力量，而校本教材作为文化内容的载体和文化选择的结果，应该将促进与增强对国家、家乡、民族和学校的认同感作为文化选择的目的之一。校本教材以学校为本，因校本课程得名，因此它就像是一所学校的文本形式的最佳"名片"，其中的文化内容在获得学校群体的认同基础上，打下了文化选择的深深烙印。

综上，对宁夏民族中小学校本教材的文化选择的展示可以看出，民族中小学的校本教材作为一种文本形式的教育载体，文化选择内容丰富，其中包括了国家文化、地域文化和学校文化，每种文化之下又有各自的子文化类型。对于不同社会群体的人而言，由于各自所处的社会文化环境不同，而不同的文化有不同的成因与本质，且不同的文化有不同的价值与信念，所以课程实质就是一个对不同文化进行选择的系统，这种选择最终要实现的是对不同文化价值与意义的追寻。

三、民族中小学文化选择主体的文化选择内容与结果

校本课程资源开发中的文化选择以文化选择主体的文化选择需要为出发点，以文化选择主体的文化选择行为为动力，以文化选择主体的文化选择内容与结果为归宿。其中，主体的文化选择内容与结果体现

在两个方面,一是文化选择主体对文化选择内容与结果的认识和态度,二是学生最终的学习成果中所体现的文化选择的内容与收获。

(一)师生的认识与态度

1. 本研究对象描述与说明

前文已经提到,校本课程资源开发中文化选择的主体是教师、学生和学校管理者,这三者不仅有着各自的文化选择意识与行为,还直接参与、影响着文化选择的内容,并成为文化选择结果的负载者。

在校本课程资源开发的文化选择中,教师、学生及学校管理者对于文化选择的内容的认识和选择是从自身发展与成长中的需求、学校特色化建设的需求出发,根据文化选择主体的能力以及对文化的理解而做出的不同的选择。这些主体对文化内容的选择直接影响着文化选择的结果,而文化选择的结果一方面体现为文化选择的最终内容是什么,另一方面则体现为文化选择对于个体、学校乃至文化自身发展的功能如何。

本研究中对于文化选择主体的文化选择内容与结果的现状揭示主要借助于问卷调查、访谈来获取相关信息与结论。宁夏民族中小学教师、学生的基本情况及本研究对象描述同第三章。

表 4-4 宁夏民族小学教师和民族中学教师在文化选择内容与结果维度 T 检验($N=465,22$ 人职称未评定)

维度	小学(N=257)		中学 (N=208)		T	P
	M	SD	M	SD		
内容	23.60	3.151	23.93	3.391	1.089	0.277
结果	24.74	4.232	25.50	4.012	2.007	0.045*

注:(* P<0.05 表示差异显著,** P<0.01 表示差异极其显著)

由表 4-4 可知,民族中学教师和民族小学教师在校本课程资源开发的文化选择中,在内容维度,$T=1.089, P=0.277>0.05$,所以,民族中学教师和民族小学教师在校本课程资源开发中文化选择的内容维度不存在显著性差异。在结果维度,$T=2.007, P=0.045<0.05$,所以,民族中学教师和民族小学教师在校本课程资源开发中的文化选择结果维度存在显著性差异,其中,民族小学教师在文化选择的结果维度得分

均值为 24.74，中学教师在文化选择的结果维度的得分均值为 25.50，可见，民族中学教师在文化选择结果维度的得分均值要高于民族小学教师。

表 4-5 宁夏民族中小学回族教师和汉族教师在文化选择内容与结果维度 T 检验（N=487）

维度	回族（N=128）		汉族（N=359）		T	P
	M	SD	M	SD		
内容	23.27	3.183	23.94	3.293	1.977	0.041*
结果	24.48	4.095	24.96	4.161	1.224	0.222

注：(*P<0.05 表示差异显著，**P<0.01 表示差异极其显著)

由表 4-5 可知，民族中小学回族和汉族教师在校本课程资源开发的文化选择中，在内容维度，T=1.977，P=0.041<0.05，所以，回族教师和汉族教师在校本课程资源开发的文化选择内容维度存在显著性差异，其中，回族教师在内容维度得分均值为 23.27，汉族教师在内容维度得分均值为 23.94，汉族教师在校本课程资源开发的文化选择内容维度得分均值高于回族教师。在结果维度，T=1.224，P=0.222>0.05，所以，民族中小学回族和汉族教师在校本课程资源开发文化选择的结果维度不存在显著性差异。

此外，就宁夏民族中小学学生而言，中学生和小学生在校本课程资源开发中文化选择的内容与结果维度也存在差异性。

表 4-6 宁夏民族中学学生和民族小学学生在文化选择内容与结果维度 T 检验（N=1 023）

维度	中学（N=743）		小学（N=280）		T	P
	M	SD	M	SD		
内容	33.00	15.62	30.75	9.52	2.14	0.032*
结果	8.35	3.59	6.31	2.18	7.94	0.000**

注：(*P<0.05 表示差异显著，**P<0.01 表示差异极其显著)

由表 4-6 得知，在校本课程资源开发的文化选择内容维度上，T=2.14，P=0.032<0.05，所以在 0.05 的显著性水平上拒绝虚无假

设,接受备择假设,民族中学学生和民族小学学生在校本课程资源开发的文化选择内容维度上得分差异性显著。这一维度上,中学生得分均值为33.00,小学生得分均值为30.75,可见,中学生在校本课程资源开发中文化选择的内容维度上得分显著高于小学生。

在校本课程资源开发的文化选择结果维度上,$T=7.94$,$P=0.000<0.01$,所以在0.01的显著性水平上拒绝虚无假设,接受备择假设,民族中学学生和民族小学学生在校本课程资源开发的文化选择结果维度上得分差异性极其显著。这一维度上,民族中学学生得分均值为8.35,民族小学学生得分均值为6.31,民族中学学生在校本课程资源开发的文化选择结果维度上得分显著高于民族小学学生。

所以,宁夏民族中学学生与民族小学学生在校本课程资源开发的文化选择内容与结果维度上,民族中学学生的得分均值均高于民族小学学生的得分均值。

2. 文化选择主体对文化选择内容与结果的认识与态度

校本课程资源开发中文化选择主体的文化需求、文化背景、文化积淀不同,从而影响着主体文化选择内容的现实状况。经过调查发现,宁夏民族中小学师生在校本课程资源开发中对文化选择内容与结果的认识与态度主要体现在以下方面。

(1) 文化选择主体的身份背景影响对文化选择内容与结果的认识。

第一,民族中学教师在文化选择结果维度得分均值要高于民族小学教师。宁夏民族中小学教师在文化选择结果维度的认知水平要高于民族小学教师,究其原因主要有两方面:一方面,中学教师由于其所面对学生群体的身心发展阶段高于小学教师面对的学生群体,学生的接受能力直接影响校本课程资源开发时文化选择结果的水平;另一方面,中学阶段教师由于教学活动本身对教师的要求更多、更高,所以教师在进行校本课程资源开发的文化选择时更看重文化选择的结果所具有的作用和价值。

第二,汉族教师在文化选择内容维度得分均值高于回族教师。本研究文化选择对象是包括国家文化、地域文化和学校文化在内的所有文化类型,所以通过数据分析发现,民族中小学中汉族教师在校本课程资源开发的文化选择中能够较为全面地看待不同文化,并在文化选择中对其有所选择,而回族教师由于其特定的文化背景和民族身份,因而在进行文化选择时更多地意识到的是回族文化内容所具有的可供选择的价值。

第三,民族中学学生在文化选择内容与结果维度的水平均高于民族小学学生。宁夏民族中学学生与民族小学学生在校本课程资源开发的文化选择内容与结果维度上,民族中学学生的得分均值均高于民族小学学生的得分均值。如前所述,这也是与学生个体身心发展阶段有直接关系的,民族中学学生在文化选择的意识与行为维度的水平高于民族小学学生,从而其在文化选择的内容与结果维度的认知水平也高于民族小学学生。但需要说明的是,这里反映的只是民族中小学学生主体对文化选择不同维度的认识与态度,与文化选择内容与结果的现实丰富性没有冲突关系。

(2) 师生对"学生最想了解的文化内容是什么"的认识存在差异。

调查中,当分别问及教师和学生"您认为学生最想了解的内容是什么?"和"以下内容中你最想了解的是什么?"时,42.5%的教师认为学生最希望了解关于"家乡风土人情"方面的文化,而33.1%的学生实际上最想了解的是"现代科学技术"方面的文化知识。此外,仅有1.4%的教师和12.1%的学生认为学生最想了解的是关于回族生产生活的文化。

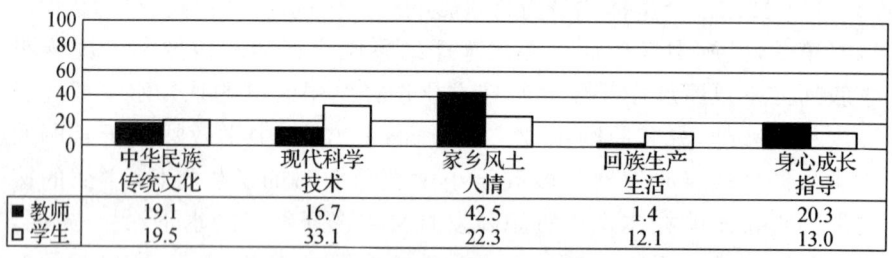

图4-20 师生眼中最想了解的内容

可见,在教师看来,学生在成长阶段最想了解关于"家乡风土人情"方面的文化内容,教师的这种看法源于教师对地域性文化重要性的认识,访谈中有教师认为:"学生现在不要说别的内容,首先就应该对自己的家乡文化有所了解,不管他们以后生活学习在什么地方,家乡都应该是每个人最熟悉的地方,所以学生应该很想要了解家乡的文化知识吧。"

从学生的角度来看,学生群体由于所处年龄阶段身心发展的特殊性,使得其求知欲望非常强烈,尤其对于科学技术领域的新鲜事物更是充满好奇心,所以学生中学习科学技术的兴趣相对较浓。调查中当问及学生:"你最希望在学校课程里学习哪些文化?"时,33.8%的学生回答"现代科学技术",于是调研中也看到很多民族中小学为了激发或适应学生对于现代科学技术的热爱和渴求,选择了一些以现代科学技术为内容的文化进入校本课程,如:Y-LDTZ 学校的"一起学做机器人""航模制作""探索科学奥秘",Y-JMHX 学校的"机器人",Y-XSZ 的"机器人制作"等校本课程。

表 4-7 "你最希望在学校课程里学习哪些文化?"调查结果

		Frequency	Percent	Valid Percent	Cumulative Percent
Valid	少数民族文化	154	15.1	15.1	15.1
	当地的文化	130	12.7	12.7	27.8
	现代科学技术	346	33.8	33.8	61.6
	汉民族传统文化	220	21.5	21.5	83.1
	成长指导	173	16.9	16.9	100.0
	Total	1 023	100.0	100.0	

(3)师生对不同文化内容的了解程度与学生实际了解程度之间有差异。

调查中,当分别问及教师和学生对汉民族传统文化、家乡文化、回族文化的了解程度时,师生都认为对这些文化有一定的了解。其中,关于教师和学生对"汉民族传统文化"的了解程度,大部分师生都认为虽然达不到"非常了解"的程度,但是还是"比较了解"的,分别有 82.1%的教师和 76.1%的学生认为自己"比较了解"汉民族传统文化。关于教师和学生对"家乡文化"的了解程度,也呈现出差异不大的调查结果,分别有 77.8%的教师和 67.4%的学生认为自己达到"比较了解"的程度。关于教师和学生对"回族文化"的了解程度,分别有 72.1%的教师和 54.0%的学生认为自己达到"比较了解"的程度,比例明显低于前两种文化。以上描述通过下表可以较为直观地看出。

表 4-8 师生对不同文化了解程度的比较

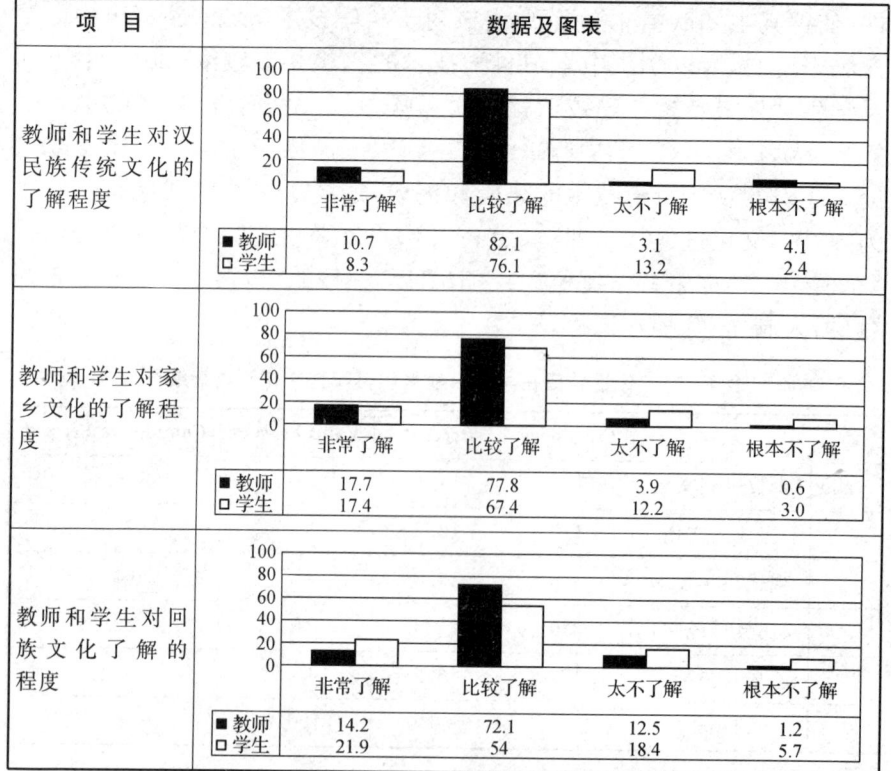

由此可见,从横向上看,教师和学生均认为自己对于上述文化有比较高程度的了解,其比例都到达了 50.0% 以上。从纵向上看,关于对"汉民族传统文化""家乡文化""回族文化"的了解程度,教师"比较了解"的程度分别为 82.1%、77.8%、72.1%,学生"比较了解"的程度分别为 76.1%、67.4%、54.0%。虽然差距不是很大,但在一定程度上也体现出师生对于"回族文化"的了解程度相对偏低,这样的情况实际上与学生直接接触回族文化的机会和途径较少有直接关联。

大部分学生认为自己对于上述三种文化达到"比较了解"的程度,那么学生实际上是否真正比较了解这些文化呢?调查中针对学生对于汉民族传统文化的了解程度,当问及学生:"你能列举出 3—5 个我国的传统戏曲种类吗?""你能列举出 3—5 个我国的传统节日吗?"时,有

64.9%的学生能列举出3个或3个以上的中国传统戏曲种类,有82.5%的学生能列举出3个或3个以上的中国传统节日,可见学生对汉民族传统文化中的有关内容相对比较了解。调查中针对学生对于家乡文化的了解程度,当问及学生:"你能列举出3—5个宁夏特色旅游景点吗?""你能列举出3—5个宁夏的特色食品吗?"时,有76.9%的学生能列举出3个或3个以上的宁夏特色旅游景点,有69.7%的学生能列举出3个或3个以上的宁夏特色食品,可见学生的确对家乡文化中的有关内容是比较了解的。调查中针对学生对于回族文化的了解程度,当问及学生:"你能列举出3—5个回族的传统节日吗?""你能列举出3—5个回族的传统体育项目吗?"时,有44.6%的学生能列举出3个或3个以上的回族传统节日,有27.6%的学生能列举出3个或3个以上的回族传统体育项目,而有36.6%的学生无法列举出回族的传统体育项目,可见总体上学生对于回族文化有关内容的了解是比较欠缺的。

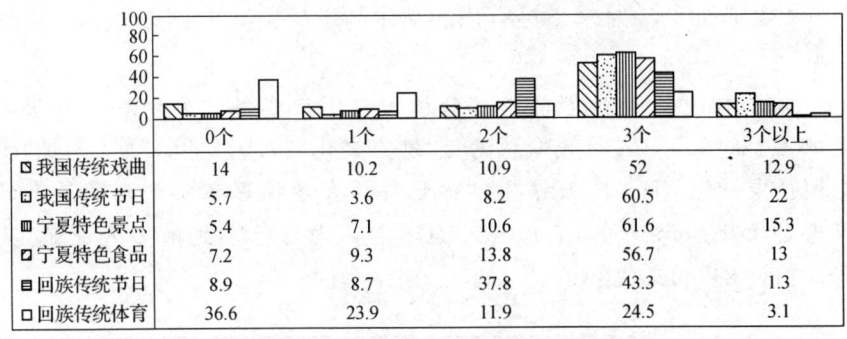

	0个	1个	2个	3个	3个以上
我国传统戏曲	14	10.2	10.9	52	12.9
我国传统节日	5.7	3.6	8.2	60.5	22
宁夏特色景点	5.4	7.1	10.6	61.6	15.3
宁夏特色食品	7.2	9.3	13.8	56.7	13
回族传统节日	8.9	8.7	37.8	43.3	1.3
回族传统体育	36.6	23.9	11.9	24.5	3.1

图 4-21　学生对不同文化内容的了解现状

(4) 师生对"学生最缺乏的文化是什么"的认识有差异。

问卷调查中,当问及教师:"您认为学生现在最缺乏哪些方面的文化知识?"时,30.5%的教师认为学生缺乏的是"汉民族传统文化与现代文化";但问及学生:"你认为自己现在最缺乏哪些方面的文化知识?"时,35.9%的学生认为自己最缺乏的是"学科知识"。而有10.9%的教师认为学生最缺乏的是"学科知识",15.5%的学生认为自己最缺乏的是"少数民族文化"。

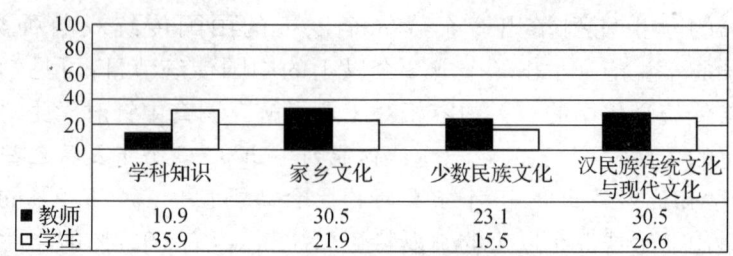

图 4-22 "学生最缺乏的文化是什么?"调查结果

事实上学生认为自己最缺乏"学科知识",最不缺乏"少数民族文化",这样的结果产生的原因是我们的学校教育长期一味只追求升学率且师生观念中对少数民族文化不够重视。正如有教师说:"让学生接触和学习不同文化固然重要,但是学生学习精力有限,加上学校有升学压力,学生自己也有升学压力,所以孩子们往往对于其他内容提不起兴趣。"

(5) 教师认为对学生最有用的文化与学生实际学到最多的文化不一致。

问卷调查中,当问及教师:"您认为以下内容对学生今后最有用的是哪些?"时,55.4%的教师认为是"地方文化",7.9%的教师认为是"少数民族文化"。而当问及学生:"你觉得你在学校课程中学到的最多的是哪些文化知识?"时,有40.8%的学生认为自己学到最多的还是"为升学打基础"的文化知识。

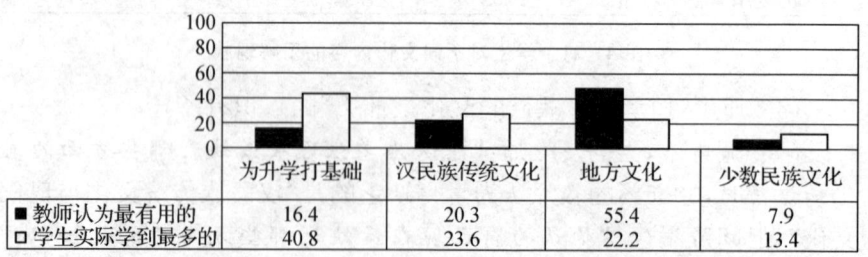

图 4-23 教师认为最有用的文化和学生学到最多的文化的比较

由此可见,在教师认识当中今后与学生密切相关的是他们生长的地方的文化,这些文化对于学生日后的生活有重要作用。所以当问及教师:"您认为以下最适合被选择成为校本课程资源的是什么?"时,

43.2%的教师认为是"当地文化资源"。

表4-9 "您认为以下最适合被选择成为校本课程资源的是什么?"调查结果

		Frequency	Percent	Valid Percent	Cumulative Percent
Valid	少数民族文化资源	44	9.0	9.0	9.0
	当地的文化资源	210	43.2	43.2	52.2
	现代科学技术资源	40	8.2	8.2	60.4
	汉民族传统文化资源	120	24.6	24.6	85.0
	学生成长指导	73	15.0	15.0	100.0
	Total	487	100.0	100.0	

有教师说:"课程最终目标是要让学生对不同文化都有所了解",但从学生角度看,学生觉得自己在学校课程中学到最多的还是"为升学打基础"的文化知识,而这些知识主要就是学科课程中教授的那些内容。可见教师的观念是正确的,但现实中由于种种原因,课程中还是过于注重对学科课程中所涉及内容的传授。此外,由于宁夏民族中小学不是完全的民族学校,回族学生比例一般在30%以上,所以,教师在选择"地方文化"时大多将回族文化看作是地方文化的一部分,而学生由于有回族的、有汉族的,所以在对"少数民族文化"的态度上是存在差异性的。

(6) 师生对文化选择的目的认识一致。

校本课程资源开发中的文化选择应该着眼于谁的发展?问卷调查中当问及教师:"您认为校本课程资源开发的文化选择中应最关注哪方面的发展?"58.5%的教师认为最应关注"学生发展"。同样当问及学生:"你认为学校校本课程中选择不同内容进入课程最根本的目的是什么?"时,54.1%的学生认为是满足"学生成长的需要"。

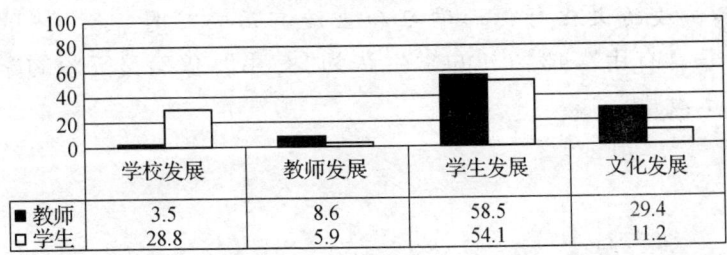

图4-24 校本课程资源开发中文化选择的目的

由此可见，教师和学生都能认识到，教育的根本目的是培养人，促进人的发展。校本课程资源开发中选择什么样的文化内容关键看这种文化是否能够满足学生需求，有效地促进个体的发展。在此基础上，再谈其对于学校特色建设、教师专业成长以及文化自身的传承与创新。也就是说，文化选择的根本在于文化对人的成长所具有的价值和影响。调研中发现 Y-TLHZ 的教务处办公室摆放着学生为参加创新大赛准备的演示展板，该校的 M 老师说："我们的'唐徕渠灌区多学科综合科学考察'校本课程虽然是以唐徕渠地理文化为内容，但实际上这门课程所衍生出来的内容和作用非常丰富，你就比如说这个学生创新大赛，我们的校本课程就为学生提供了很多的素材、想法。因为在这门课程的学习中学生对科研已经有了很大兴趣，而且培养了他们一定的科学探究的能力。"可见，校本课程资源开发的文化选择具有促进学生发展的重要功能，且这种功能不仅仅是在校本课程中实现，还可以辐射到学生的其他研究学习和日常生活中去。调研中就此问题有教师说："学校作为一个以教学为主要任务的机构，应该主要以教学为主，而校本课程资源开发中选择什么文化也不应该是针对地方文化和其他文化服务，而应该是为了学生自身发展考虑，一切以学生发展需求为准则。"

（7）师生对地域文化是否具有价值认识一致。

对于宁夏民族中小学的校本课程资源开发而言，与其他地区、其他学校的校本课程资源开发的不同之处就在于宁夏是西部的少数民族聚居地区，地域特点和回族文化特色使得当地的文化资源具有很鲜明的特点。那么对于这些文化，学生是否能够认识到他们所具有的价值呢？在问卷调查中，当问及学生："你认为学习关于家乡和回族的文化对你的学习和生活有用吗？"时，43.9%的学生认为"非常有用"，43.2%的学生认为"有用"，仅有 2.7% 的学生认为"根本没用"。

表4-10 "你认为学习关于家乡和回族的文化对你的学习和生活有用吗?"调查结果

		Frequency	Percent	Valid Percent	Cumulative Percent
Valid	非常有用	449	43.9	43.9	43.9
	有用	442	43.2	43.2	87.1
	用处不大	104	10.2	10.2	97.3
	根本没用	28	2.7	2.7	100.0
	Total	1 023	100.0	100.0	

可见,学生还是能够认识到这些文化的价值的。那么教师又是如何看待这些文化的价值的呢?问卷调查中,当问及教师:"您怎么看待所处地区的地方文化和少数民族文化资源?"时,46.4%的教师认为这些文化资源"蕴含着丰富教育价值,应该积极挖掘和利用到课程中来",仅有6.0%的教师认为这些文化资源"有很多消极的内容,不应该引入到学校课程中来"。

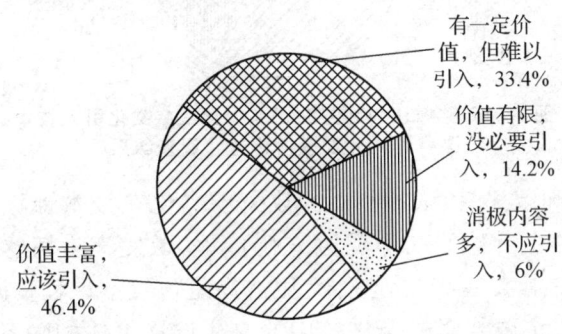

图4-25 "您怎么看待学校所处地区的地方文化及少数民族文化资源?"调查结果

那么,作为学校应该如何面对所处地区的文化资源的差异性呢?有教师认为"学校应该专注地方、民族的特色,为学校的特色创建所用";有教师认为"应该以'价值'为本来对待差异";有教师认为"要从学生实际出发,兼顾学生身心发展需要与地方民族文化特点,比如将学生的实践能力培养与当地民族文化及汉民族传统文化都考虑其中";还有教师认为"学校应该以一校一特色为建设目标,把校本课程资源和创建校园文化结合起来,与地方经济建设和社会发展统一起来,达到学校课程使学生能够学以致用的目的"。

（8）师生对文化选择的内容与结果具有何种价值认识一致。

既然师生都认可现有文化进入校本课程的价值,那么师生对于校本课程资源开发中通过文化选择将这些文化引入课程有什么价值是如何认识的呢?问卷调查中,当问及教师:"您认为地方文化和少数民族文化引入校本课程资源开发最主要的价值是什么?"时,排在前三位的答案依次是:"促进文化的传承与创新""激发师生的爱乡、爱家、爱校的情感""增强学校的文化特色"。

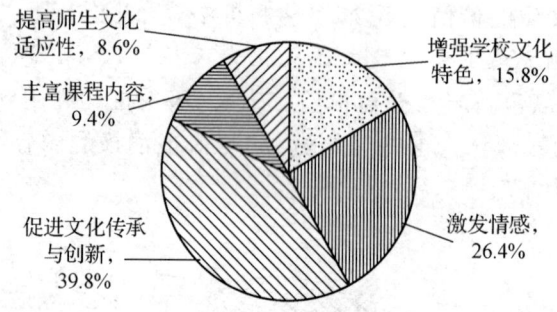

图4-26 "您认为地方文化和少数民族文化引入校本课程资源开发有何价值?"调查结果

可见,教师认为家乡文化和少数民族文化在校本课程资源开发的文化选择中的主要价值在于促进文化传承、激发学生情感以及增强学校文化特色。事实上,由于这种文化选择是在校本课程资源开发中的,因此其价值一定要与学校及学校中的文化选择主体相联系。教师的这种认识虽在一定程度上带有随意性或主观性,但至少它体现出教师对文化选择价值的认同,可以看出教师对地方文化和少数民族文化进入校本课程资源开发的价值是肯定的,并且对于有什么价值有自己的看法和认识。于是,调查中当进一步问及教师:"您认为校本课程资源开发中的文化选择在文化传承中最应该发挥什么作用?"时,50.0%的教师认为这种作用在于"传承和创新优秀的文化",29.0%的教师认为这种作用在于"培养文化的传承者"。

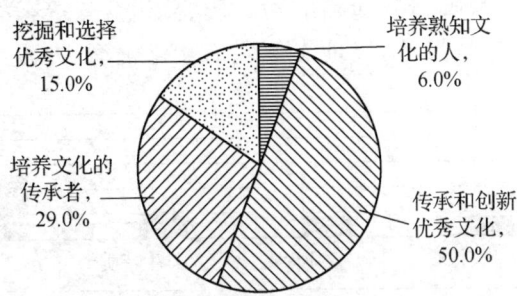

图4-27 "您认为校本课程在文化传承中
应该发挥什么作用?"调查结果

那么,学生对教师的这种认识是否认同呢?问卷调查中当问及学生:"你同意'在校本课程资源开发中选择家乡文化或少数民族文化的内容是为满足学生成长需要,促进文化传承,培养爱家乡、爱民族的情感'这种认识吗?"时,59.5%的学生表示"比较认同"。

表4-11 "你认同'在校本课程资源开发中选择家乡文化或少数民族文化的内容是为满足学生成长需要,促进文化传承,培养爱家乡、爱民族的情感'吗?"调查结果

		Frequency	Percent	Valid Percent	Cumulative Percent
Valid	非常认同	141	13.8	13.8	13.8
	比较认同	609	59.5	59.5	73.3
	不大认同	241	23.6	23.6	97.3
	不认同	32	3.1	2.7	100.0
	Total	1 023	100.0	100.0	

由此可见,师生不仅能够认识到不同文化所具有的多元价值,而且对这些价值表现出认同的态度。

(9)师生对影响文化选择内容与结果因素的认识存在差异。

问卷调查中当问及教师和学生:"你认为下列哪一项是影响校本课程资源开发中的文化选择的内容与结果的最主要因素?"时,教师的回答从最重要的影响因素开始,选项依次是当地文化、学生特质、教师特质、学校特质,学生的回答从最重要的影响因素开始,选项依次是教师特质、学校特质、学生特质、当地文化。这其中,学校特质包括学校文

化、校长素质等,教师特质包括能力素质、文化背景等,学生特质包括学生身心特点、文化背景等,当地文化包括文化类型、内容等。

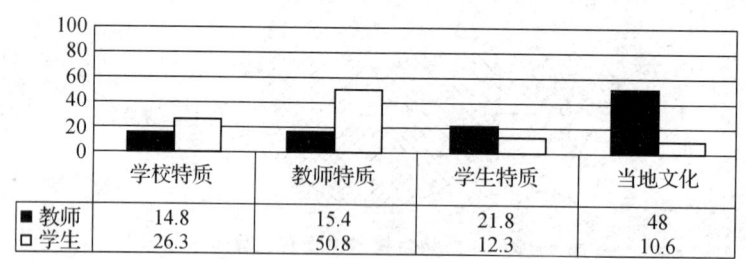

图4-28 影响校本课程资源开发文化选择内容与结果的主要因素

由此可见,教师认为学校所处地域的文化内容及其特点是影响校本课程资源开发中文化选择的最主要因素,学生基于对校本课程资源开发中教师的地位与角色的认识,认为教师的能力素质、文化背景等特质是校本课程资源开发中文化选择的主要影响因素,这一问题上师生的认识存在明显差异。

(二)学生的学习成果

在调研中发现,宁夏民族中小学有很多校本课程在实施的过程中,学生们收获颇丰,他们在校本课程资源开发中文化选择的意识与行为的指引下,自己动手、动脑,在接受不同文化熏陶与浸染的同时创作了很多极富文化内涵与韵味的成果,这些成果有的通过学生书面文字形式体现出来,有的通过学生制作的各种手工作品体现出来,还有的通过学生的各种活动或展演体现出来。

1. 以书面文字形式展现的文化选择的内容与结果

● 案例一:Y-LSX"孝道教育"学生成果展示

(1)学校与校本课程资源开发背景。

该校于2009年秋季开学建成并投入使用,是一所新兴学校。学校占地面积30 400平方米,校舍建筑面积11 833平方米。学校现有教职工105人,学生2 901人,回族学生比例为31%。学校以创办特色学校为核心,以办好人民满意的教育为办学目标,以培养学生"做最好的自己"为办学理念。学校在德育工作上,以孝道为核心,以"孝敬父母,尊敬师长"和"热爱祖国,立志报国"为主题,努力打造特色品德教育;在教学工作上,以成功教育思想和目标教学模式为核心,以提高课堂教学有效性为目的,努力打造特色课堂教学;在校本课程开发上,以中华经典诵读和汉字书法为核心,开设绘画、足球、舞蹈、写作、剪纸、五子棋等课程,努力打造特色校本课程。

(2) 文化选择内容介绍与成果展示。

孝道教育是德育的基础,该校开发以"孝道"教育为主题的校本课程,其目标为:弘扬以爱国主义为核心的民族精神,发扬以尊老孝亲为基础的中华民族传统美德。在校本课程资源开发中,围绕爱国、爱家、爱校的文化内容,学生在教师的指导下完成了以多种文化为内容的成果展示,实现了校本课程资源开发中的文化选择结果。该校教师和学生将平时的学习成果集结成册,主要以文本形式呈现,其中包括:《爱国报国主题绘画册》《爱国报国主题手抄报》《爱国报国教育征文》《孝亲敬亲广播稿》《孝亲敬亲主题剪贴报》《孝亲敬亲主题班会教案》《孝亲敬亲实践活动记录》《孝道教育演讲稿》《孝道之星先进事迹》《励志修身主题手抄报》《励志修身教育征文》《励志修身粘贴画》《尊长友幼主题手抄报》《尊长友幼主题班会教案》《孝道好少年实践记录册》《家乡特长广告词》《赞美祝福家乡的话》等。这些内容以年级或班级的形式呈现并保留下来,见证着学生在孝道文化中的成长,见证着学校在孝道文化中的特色发展,见证着中华民族传统文化在校本课程中的传承。

图 4-29 Y-LSX 孝道教育——学生成果

图4-29　Y-LSX孝道教育——学生成果(续图)

孝道实践记录节选(灵武四小四年级(2)班孝道实践记录册,2011):

四年级(2)班　H同学

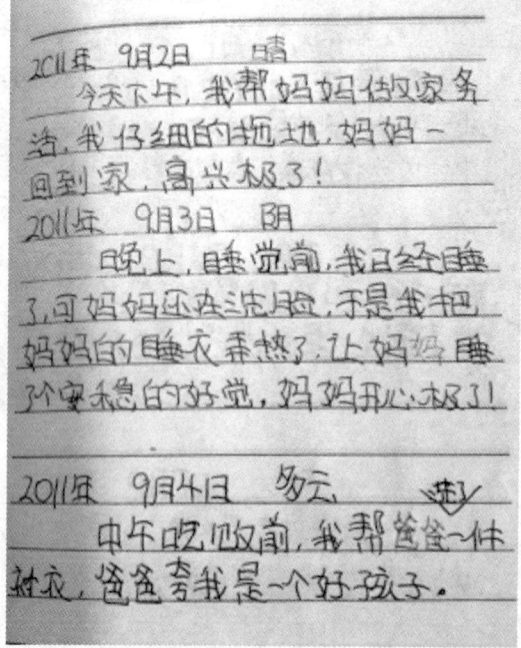

图4-30　Y-LSX孝道教育——孝道实践记录(节选)

孝亲敬亲广播稿节选(灵武四小《孝亲敬亲广播稿》,2012)：

三年级(3)班　C同学　《妈妈的微笑》

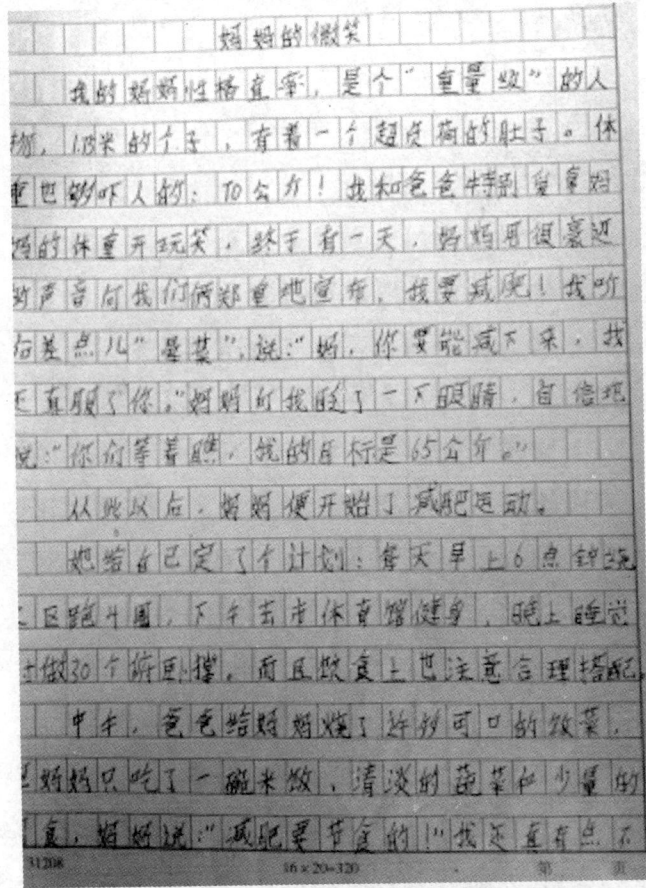

图4-31　Y-LSX孝道教育——广播稿(节选)

写给爸爸妈妈的一封信节选(灵武四小《写给爸爸妈妈的一封信》,2012):

五年级(1)班　S同学　《给爸爸妈妈的一封信》

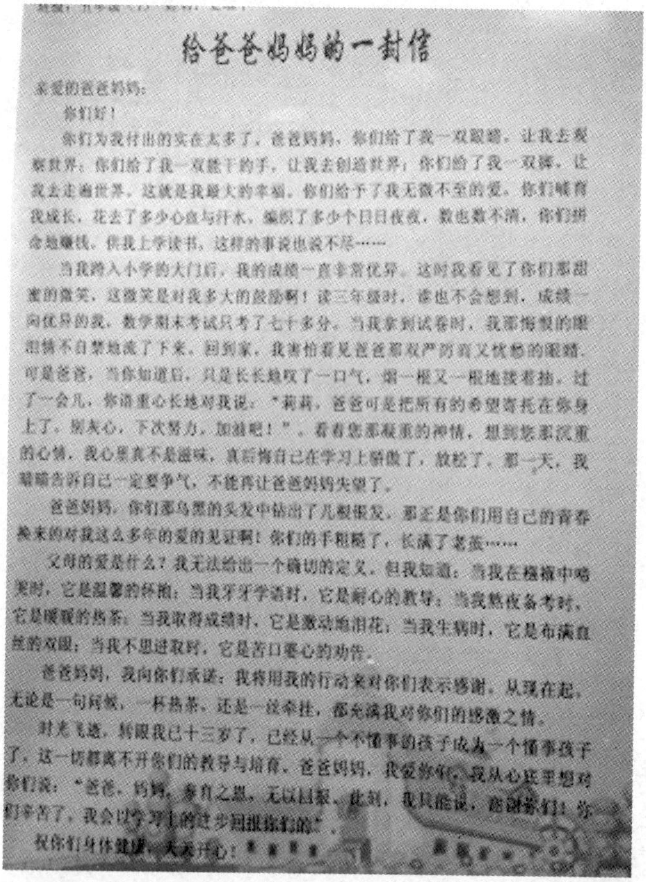
给爸爸妈妈的一封信

亲爱的爸爸妈妈:

你们好!

你们为我付出的实在太多了。爸爸妈妈,你们给了我一双眼睛,让我去观察世界;你们给了我一双能干的手,让我去创造世界;你们给了我一双脚,让我去走遍世界。这就是我最大的幸福。你们给予了我无微不至的爱,你们哺育我成长,花去了多少心血与汗水,编织了多少个日日夜夜,数也数不清,你们拼命地赚钱,供我上学读书,这样的事说也说不尽……

当我跨入小学的大门后,我的成绩一直非常优异。这时我看见了你们那甜蜜的微笑,这微笑是对我多大的鼓励啊!读三年级时,谁也不会想到,成绩一向优异的我,数学期末考试只考了七十多分。当我拿到试卷时,我那悔恨的眼泪情不自禁地流了下来。回到家,我害怕看见爸爸那双严厉而又忧郁的眼睛,可是爸爸,当你知道后,只是长长地叹了一口气,烟一根又一根地接着抽。过了一会儿,你语重心长地对我说:"莉莉,爸爸可是把所有的希望寄托在你身上了,别灰心,下次努力,加油吧!"。看着您那凝重的神情,想到您那沉重的心情,我心里真不是滋味,真后悔自己在学习上骄傲了,放松了。那一天,我暗暗告诉自己一定要争气,不能再让爸爸妈妈失望了。

爸爸妈妈,你们那乌黑的头发中钻出了几根银发,那正是你们用自己的青春换来的对我这么多年的爱的见证啊!你们的手粗糙了,长满了老茧……

父母的爱是什么?我无法给出一个确切的定义。但我知道:当我在襁褓中啼哭时,它是温馨的怀抱;当我牙牙学语时,它是耐心的教导;当我熬夜备考时,它是暖暖的热茶;当我取得成绩时,它是激动地泪花;当我生病时,它是布满血丝的双眼;当我不思进取时,它是苦口婆心的劝告。

爸爸妈妈,我向你们承诺:我将用我的行动来对你们表示感谢。从现在起,无论是一句问候,一杯热茶,还是一丝牵挂,都充满我对你们的感激之情。

时光飞逝,转眼我已十三岁了,已经从一个不懂事的孩子成为一个懂事孩子了。这一切都离不开你们的教导与培育。爸爸妈妈,我爱你们,我从心底里想对你们说:"爸爸,妈妈,养育之恩,无以回报。此刻,我只能说,谢谢你们!你们辛苦了,我会以学习上的进步回报你们的"。

祝你们身体健康、天天开心!

图4-32　Y-LSX孝道教育——《给爸爸妈妈的一封信》(节选)

家乡特产广告词节选(灵武四小《家乡特产广告词——三年级》,2012):

三年级(5)班　家乡特产广告词

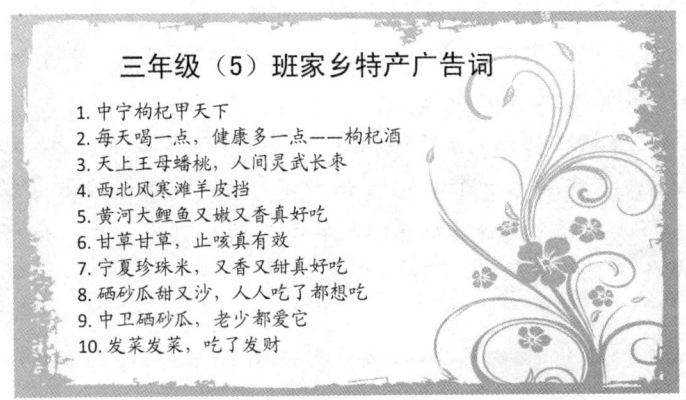

图4-33　Y-LSX孝道教育——家乡特产广告词(节选)

● 案例二:Y-TLHZ"唐徕渠灌区多学科综合科学考察"学生成果展示

该校的"唐徕渠灌区多学科综合科学考察"是一门社会实践性的校本课程。该校本课程在对相关基本问题和研究方法进行集中、系统介绍的基础上,主要采取的是带领学生到实践中进行科学考察,获得对包括区域地理、唐徕渠历史沿革、唐徕渠水文特征、区域变化、生物生态、环境与污染、农业与经济发展、语言文化、风俗宗教等方面的知识,并对某方面问题以多学科视角做出综合分析与判断。于是,在这一过程中,学生获得诸多关于唐徕渠灌区的文化知识,并形成了包括考察日记、考察报告、考察设计在内的以各种文本形式呈现的学生学习成果。

考察日记节选(《唐徕渠灌区多学科综合科学考察学生日记》,2012):

　　　2012年7月14日　　晴　　高一(3)班　　L同学

今天,是我们社会实践的第三天,也是我们最累的一个上午——我们走进了沙漠。

"大漠孤烟直,长河落日圆。"是唐代诗人王维对沙漠的描写。印象中沙漠总是一望无际,一片"黄海"。来到这里却没有想象中的那般荒凉,来往的游客把这里装点得热热闹闹。

金黄色的沙海,在风的拂动下欲动欲静,让人惊叹不已却不知怎样形容。沙丘连绵不断,一座接着一座,连着天边,浩瀚无垠,壮阔至极。在这片神秘的"黄海"中,我发现它有一种特别的美,蕴含着说不尽的奥妙。偶尔能发现一簇孤零零的沙生植物在这片广阔的"黄海"中努力寻找着同伴,敬佩之感油然而生。

回头望望走过的路,一串串脚印依稀清楚,点缀着沙丘,让其似乎有一种生气。"沙漠",一个看似可怕的名词,却因我们的亲身经历变得亲切。一路上走走停停,说说笑笑,旅途很快结束了,虽然在这期间有些同学身体不适,但是我们都以坚定的意志坚持了下来,大家都是好样的!

在这次磨炼意志,培养团结协作的活动中,我们学到了许多书本上没有的知识,受益匪浅!

  2012年7月14日 晴 高一(1)班 S同学

连续两天,我们都在沙漠外围穿行,失去了云彩的庇护,阳光直射到我们身上,两脚经过长途跋涉之后也显得麻木,但当我们到达沙坡头防沙护林区时,一切的辛苦都暂时淡忘,完全被沙漠地区生长的植物吸引,沉醉在博士的讲解之中。

环境在改造和选择着生长在该区域的植物,在沙漠这种极度缺水、日照时间长,同时紫外线强烈的环境下,自然迁移和人工移植的各类草、树、花都在不同程度上改变着自身形态以适应这种恶劣的环境。如原本宽大的叶片变得窄细,叶片表面长出灰毛,叶片变为同化枝等都是植物在储存水分来与恶劣环境做斗争;否则就会被淘汰而无法生存。

植物同时也在潜移默化地改变这片环境,从沙漠的周边向内不断看到三种或三种以上的植物安家落户,在两种植物之间往往生长着有着从低等到高等,从菌类到地衣各种形式的生物土壤结皮,正是由于这些植物的生长使得沙地之中黏粒、含氮量、有机质成分比重增加,沙漠地质的养分增加,为更多高等生物的生存创造了条件。

通过与博士之间的交流,学到了许多知识,明白了环境改变着植物、植物也影响着环境,同时也了解到学科与实践应该紧密联系。

考察报告节选（引自刘喜林《唐徕渠灌区多学科综合科学考察校本教材》）：

草方格治沙原理及功能初探

成员：×× ××× ×××

单位：2007级高一年级科学考察队第七组

指导教师：Z老师

关键词：草方格 原理 功能

概况：

第七组同学在学习制作草方格的过程中用心探究草方格的治沙原理，主要是从草方格的形状、大小、材料，草方格设计成型的原因以及草方格草入沙深度这些方面进行探究。本组同学还特别针对草方格在治沙过程中起到的作用，草方格的应用以及草方格的缺陷这些问题进行了探究。

本组同学在此次探究中，主要通过亲手实践、采访专业人士、调查文献资料、小组成员讨论等方法来培养组员团结协作的能力，学习科学的探究过程及方法。

引言：

此次活动中，学校安排学生在宁夏中卫市沙坡头亲自扎草方格、亲自体验治沙的活动。第七组成员通过各种方法了解到草方格治沙的原理及功能，并最终将其确定为小组的探究课题。草方格对于治沙防沙的意义重大，而宁夏中卫沙坡头是应用草方格进行治沙最典型的地区，并且是应用草方格治沙效果最显著、最成功的地区。草方格的发展历史悠久……第七组成员有感于这一方法的优势及治沙人员艰苦卓绝的努力，应用各种探究方法详细地研究了草方格与治沙方方面面的问题，然后通过小组成员分工合作，完成了这篇报告。

探究过程：略

探究收获：

1. 草方格的形状和大小
2. 草方格的材料
3. 草方格的设计原理
4. 草方格分布位置及其所在位置的重要作用（功能）

探究感言：略

图4-34 在宁夏中卫沙坡头沙漠研究所进行"扎草方格"试验

西夏王陵

2003级高一(3)班 T同学

一、西夏王陵概况

二、西夏王陵地理位置

三、王权主义影响选址

四、中轴线

五、西夏王陵的气候

六、总结

图4-35 在西夏王陵考察

　　西夏王陵的选址主要由地质特征、风水、宗教信仰、气候环境和王权主义思想几个因素所决定。而在这几个因素中,王权主义、宗教信仰以及风水问题是决定性的因素。所以说西夏王陵的选址不是随便就选在这里了,它是有充分的历史背景以及科学依据的。

　　后记:通过写这次的考察报告,我真的学到了很多东西。到现在,不管结果怎样,我觉得都不是最重要的,即使我的结论是错的。重要的是过程,是我根据自己的推断得出了自己的结论。我觉得这就是我这次写考察报告的最终目的吧。

2. 以学生作品形式展现的文化选择的内容与结果

● 案例三:Y-JMHX"西夏的历史"

西夏文化是中华民族文化的重要组成部分,Y-JMHX以西夏历史文化为内容开发了"西夏的历史"校本课程,该校本课程在介绍展示西夏历史文化的基础上,发动学生共同动手制作了诸如西夏王陵沙盘、西夏文字牌、西夏泥塑等作品,并将作品陈列在西夏活动室内。这样的文化选择,一方面让学生学习了西夏历史与文化的相关知识,另一方面调动了学生的参与性、能动性,激发了学生爱家乡的情感。

图4-36　Y-JMHX"西夏的历史"学生作品

● 案例四:Y-LDTZ"科技制作"

(1) 学校与校本课程资源开发背景。

该校始建于1964年,占地面积约21 500平方米,建筑面积约6 164平方米,学校教职工48人,学生940人,其中回族学生占28.1%。1998年该校就开始着眼开发不仅仅限于学校内部的课程文化资源,并使之进入学校课程,如:联系当地具有知名度的回族作家,以"回族乡土文学的学习与研究"为内容开设校本课程;与当地蘑菇种植专家共同以生物自然科学为内容开发了"生物实用菌与蘑菇种植"校本课程;还与当地花农联合开设了"花卉种、养植"课程等。① 该校较早地看到了不同文

---

① 汪发.校本课程开发的中学实践——以宁夏灵武市东塔中学为例[J].全球教育展望,2002(5):22.

化,尤其是本地区的文化对于学生成长的价值和意义,从学生的实际需要出发选择合适的文化进入课程。遗憾的是,该校在发展过程中面临校长换任、校本教师流失等一系列现实问题,校本课程开发也随之搁浅或夭折。现如今学校保留下来的比较好的校本课程及其资源开发就是以科学文化普及为内容的课程。

(2)文化选择内容介绍与成果展示。

该校以普及科学知识,激发科学兴趣,培养科学创新能力为目标,围绕天文地理、生物、机械物理的学科领域中的文化知识开发了科普文化类校本课程资源。课程实践中,学生们通过理论学习,自己动手制作了诸如中国地图陶艺、生物物种标本、电力机车、飞机航模等作品。

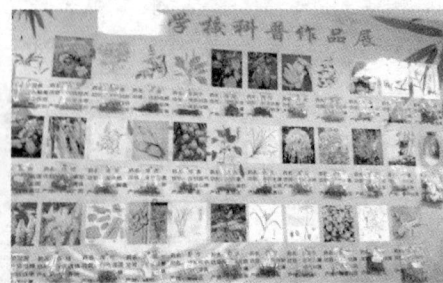
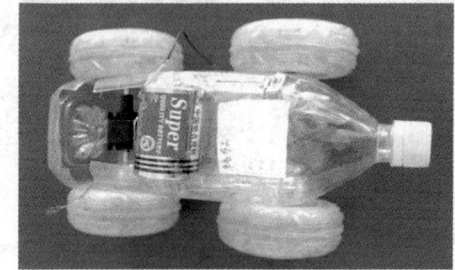

图 4-37 Y-LDTZ"科技制作"学生作品

3. 以学生活动或展演形式展现的文化选择的内容与结果

通过校本课程资源的开发与建设,学生将学习到的各种文化知识以活动、比赛、表演等形式展示出来,体现了文化选择对学生成长的价值。如 Y-TLHZ 组织学生科学考察队进入唐徕渠灌区进行不同文化的科学考察、Y-TLHX 面向全区多学校举办国学经典诵读展演、Y-XHYX 申报国家非物质文化遗产项目的回族"花儿"演出、W-MLQZ

的木球队参加全国少数民族运动会的表演、Y-JMHX以羊响板表演参加自治区回族文化展演等等。

● 案例五：Y-TLHX"国学经典诵读"展演

该校的校本课程"国学经典诵读"将中华古诗文中所蕴含的中华民族传统文化作为文化选择的对象，学校希望在六年的时间里，通过师生共同积极参与到国学经典诵读当中，来促进个体及中华民族传统文化传承的共同发展成长。

据该校M主任介绍："我们让学生按照不同年级背诵：一年级和二年级诵读《弟子规》、三年级和四年级诵读《三字经》、四年级和五年级诵读与《中国古代历史人物》相关的内容、六年级诵读《论语》。并结合语文教学中的阅读、讲故事、写作、背诵、摘抄等方式，利用每周一次的校本课程时间，进行本周古诗文诵读任务的分配，并进行内容的理解。到目前为止，在我们学校学生背诵经典、传唱经典的热情很高，我们参加了多次展演活动，不仅拓宽了学生接触不同文化的面，也培养了学生的多种能力和素质。"

2013年5月22日，该校受当地教育部门委托面向全区部分兄弟学校领导展示该校"国学经典诵读"成果。学生分年级、分主题通过歌唱、诵读、表演等形式展示了自己学习国学经典的成绩和收获，作为研究者，本人也亲历了这次展演活动。

图4-38　Y-TLHX"国学经典诵读"学生展演[①]

[①] 调研过程中拍摄的展演视频资料详见http://you.video.sina.com.cn/m/3844502667。

- 案例六：Y-XHYX"绽放的花儿"展演

宁夏作为全国唯一的回族自治区，同时也作为"花儿"最重要的发祥地之一，一直以来都有着"花儿的家乡"的美誉。宁夏回族是传播和演唱"花儿"的主体民族，"花儿"也是回族优秀文化的重要组成部分和鲜活的文化标志。在校园中唱响"花儿"，不仅能丰富校园文化生活内容，而且会增强教育工作者对传播和继承文化遗产的责任感和使命感，为学生们营造健康发展的文化氛围。该校作为国家级"非物质文化遗产代表作名录项目传承保护基地（宁夏）"，主要以回族文化中的"花儿"艺术作为校本课程资源开发中文化选择的内容。而"花儿"作为一种音乐形式，师生在学习中除了对"花儿"的文化背景及相关内容做介绍外，主要采取的方式就是表演唱。实践中，学校从申报"非物质文化遗产"，到自治区的各项展演都能看到该校师生传承"花儿"文化的表演。

"花儿"课堂　　　　　　　　"花儿"口弦教学

"花儿"演出　　　　　　　　师生共唱"花儿"

图4-39　Y-XHYX"绽放的花儿"师生展演

为了让师生零距离感受"花儿"的魅力，学校聘请民间歌手教唱原汁原味的"花儿"，通过口弦这另一种回族的非物质文化遗产形式教给老师们如何演奏"花儿"曲调,还组织师生到实地采风。通过理论与实践的学习,师生不仅会唱"花儿",还懂得"花儿"的历史与文化。

四、民族中小学学校环境中的文化选择内容与结果

学校环境中的文化是指在校园特定范围内生活的每一个成员所共同拥有的校园价值观和这些价值观在物质与意识上的具体体现。学校环境中的文化包括物质层面的文化、制度层面的文化、精神层面的文化,前两者属于硬件部分,具体体现为诸如校园环境、建筑、图书、设备、社团、组织、各种规章制度等;后者属于软件部分,具体体现为诸如校风、班风、学风、教风、校训、校园文化活动、师生精神风貌等。这些文化是以学校为本,以师生为本的文化,不同学校基于自身发展的需要与可能,由文化选择主体在学校内部的生活过程中构建起来自己的文化特色,同时这些有特色的文化又作用于学校及主体的成长与发展。也就是说,学校环境文化是能够体现一个学校的文化特色的,这种文化就是一种校本化的文化。故而在校本课程资源开发的文化选择中,除了显性的课程中的文化外,还应该看到学校环境文化一方面受制于社会文化,另一方面又是社会文化中层次较高的文化,这种文化存在选择和创新的必要性和可能性,且具有选择的价值和意义。

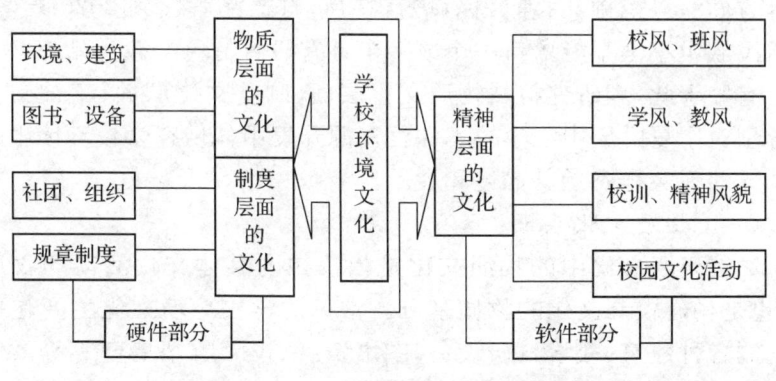

图 4-40 学校环境文化的内容构成①

---

① 王邦虎.校园文化论[M].北京:人民教育出版社,2000:64.本图在参考其中关于校园文化的内在结构图的基础上改编而成.

对学校环境文化的选择也是一种文化价值的选择。从学校文化建设方面看,校本课程资源开发中对学校环境文化的选择有利于校园文化健康发展,有利于学校走上特色化之路,有利于推动学校乃至地区的精神文明建设。从个人成长与发展方面看,校本课程资源开发中对学校环境文化的选择有助于学生的智力开发与科学文化水平的提高,有助于学生广泛直观地获得生活知识和社会经验,有助于学生树立正确的价值观以适应社会要求,有助于学生获得更多的新信息、新思想以提高学习的积极性,有助于潜移默化地影响学生道德认同的形成,有助于培养和发展学生良好的审美观和感受美、鉴赏美、表达美、创造美的能力。

总之,学校环境文化的选择相对于显性的校本课程资源开发中的文化选择而言,除了以物质文化形态展现出来的文化选择内容与结果外,还有很重要的一部分内容选择具有潜在的价值,而这些内容也是校本课程资源开发中不可忽视的文化选择的对象。

宁夏回族自治区《全区民族中小学校内涵发展建设五年行动计划》中明确提出:在全区民族中小学"实施民族中小学校特色发展计划。开展民族中小学校'一校一特色'创建评选活动,鼓励各民族中小学校立足传统和优势,在传统文化、课程设置、体育与艺术、校园文化、民族经典等方面深入挖掘,明确目标,培育特色,打造品牌。到 2020 年,争取每所民族中小学都能培育一个或多个具有显著特色的教育品牌"[1]。

有鉴于此,本研究将从物质文化层面、制度文化层面、精神文化层面分别对宁夏民族中小学校本课程资源开发中体现在学校环境中的文化选择的现实样态予以描述和展示。

(一)物质文化层面

学校环境文化中的物质文化是指校园内具体文化活动的物质载体,也是构建校园文化的物质基础。常见的学校环境文化主要包括校园内的各种建筑、教学科研设备、图书资料、校园雕塑墙壁等等。作为一种客观的物质存在,学校环境文化中的物质文化能够为人们的感官

---

[1] 宁夏回族自治区教育厅.宁夏回族自治区《全区民族中小学校内涵发展建设五年行动计划》[Z].2012.

所直接触及，具有直观形象的特点，负载着学校的文化内容和精神价值。也正是基于这种特点，使得校园物质文化建设成为文化选择的阵地和文化选择内容与结果的重要载体之一，对于积淀着文化观念的这些物质载体，体现着文化的社会存在价值，具有相当的持久性。校园中的一草一木、一座雕像、一座小桥、一面展板、一方旗帜、一条标语、一面文化墙都是具有独特性的物质文化形态，都会成为影响学生发展、体现学校特色、传承优秀文化的重要载体，都具有极强的说服力，都可以使师生感受到文化的价值和力量。

问卷调查中当问及学生："你认为校园里的雕塑、墙壁上以及班级墙报的挂图或名言警句等等有什么用？"时，40.0%的学生认为这些内容可以"向师生传递文化知识"，24.5%的学生认为可以"激励师生积极向上"，24.0%的学生认为可以"体现学校文化特色"，还有11.5%的学生认为可以"让师生热爱学校"。

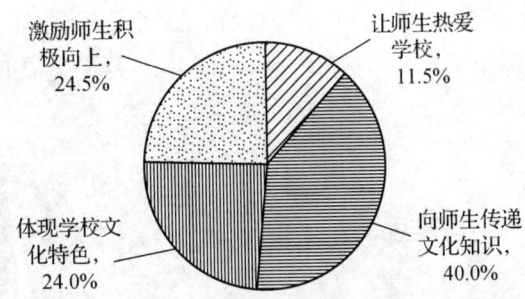

图4-41 "你认为校园里的雕塑、墙壁上以及班级墙报的挂图或名言警句等等有什么用？"调查结果

可见，学生能够认同学校环境文化中的物质文化是具有一定价值的，并且认为这种价值主要体现在对于文化的传递方面。关于这个问题，Y-XHSX的J主任谈道："我们曾经在暑假去苏州参加过培训，对苏州的文化个人印象深刻，这种文化在当地的学校中也有所体现。学校环境对孩子的影响非常大，它可以陶冶情操、开阔视野、丰富学生的生活，学校一定要创造良好的文化氛围，这种文化氛围的创造就可以借助于发掘丰富的文化资源来建设学校的各种设施、环境，让学生在他们每天生活的校园中不知不觉地受到文化的熏陶。"

研究过程中,研究者在走入宁夏民族中小学的校园中时也的确看到了不同学校在创建学校物质文化环境中的文化选择的特色与差异。

● 案例一:W-LSYX露天书法场

2013年6月20日,W-LSYX校的J校长在雨天里带领笔者参观了该校的校园环境文化建设情况,包括集邮活动室(宁夏青少年集邮示范基地)、教学楼读书展架(全国中小学随笔化写作教学示范基地)、操场地面的游戏与知识问答、书法练习场。参观中给人印象最为深刻的就是该校的"露天书法练习场"。据J校长介绍:"为了丰富学生的课余生活,学校结合我们的阅读、识字教学的需要,建了这个露天的书法练习场。这些书法练习台全部是石头打磨的光滑平面,课间学生只需要用笔沾上水就可以在这里练习书法,既简单又环保。以往学生一下课就在教学楼道里打闹,不知道玩些什么,现在我们不仅有寓教于乐的课间游戏场地,还有这个书法练习场地,学生课间可以玩的内容就丰富了,更有意义了。"该书法练习场共有练习平台50个,不仅可以满足学生课间活动的需要,还可以满足教师开展相关教学工作的需要,是一个不错的创新举措。

图4-42　W-LSYX露天书法场

● 案例二：Y‐LSX 孝道教育文化墙

调研中，在 Y‐LSX 里看到，该校以孝道文化作为学校文化选择的主要对象，不仅开发相关文化资源进入课程教材，还在学校的校园环境建设中紧紧围绕这一文化主题，校园教学楼的墙体上、阳台的围栏上随处可见关于中华孝道文化的内容。其中包括：孝道教育活动照片展、爱国报国标语、尊长友幼标语、二十四孝解读、孝道之星展示等，整个校园环境中弥漫着以孝道文化为内容的氛围，使人进入学校很快就能感受到这所学校的文化特色。

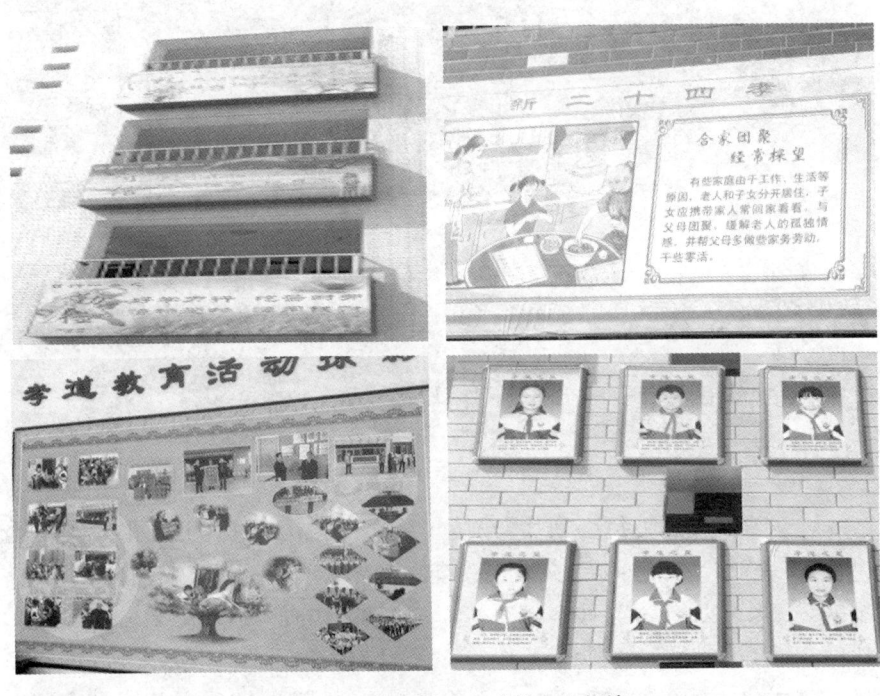

图 4‐43　Y‐LSX 孝道教育文化墙

● 案例三：Y‐XHSX 特色校园

在 Y‐XHSX 的校园里随处可见学校的文化内涵与理念。该校 C 校长在陪同本人参观的过程中介绍到："我们学校是新成立的回民实验小学，所以从校园文化建设中我们总是想突出我们新学校、新气象、新想法，所以校园文化建设这一块儿我们班子就比较重视，一方面想增强学校的吸引力,另一方面也是想从中提炼出适合我们学校、我们学生的文化特色。"由于学校的地理位置正好处于 Y 市兴庆区的唐徕渠畔,所以在该校的校园里可以看到学校以唐徕渠文化为主体风格的校园环境文化,其中包括学校校徽展示、各种标语、汉语和阿语的双语校训,此外,还有为学生课间活动准备的读书角、废品集结小超市、美德储存角、各种棋类文化介绍与操作的展板。通过参观,可见学校领导在校园环境文化建设上颇具匠心,也明显感觉到校长对学校校园文化建设所倾注的热情。

图 4-44　Y-XHSX 特色校园

在调研中,几乎每一所民族中小学都有自己独特的校园环境文化建设,Y-XHYX 的回族文化展示墙,Y-XSZ 一走进校门的大型沙雕,Y-TLHX 的学生誓言墙体,Y-JMHX 的西夏文化活动室,科技制作室,Y-LDTZ 的科学工作室,Y-LHZ 的马氏口弦陈列室,W-MLQZ 的木球场等等都以物质文化形态展现着学校的文化办学特色,都体现着所谓"让每一面墙壁会说话,让每一个角落都育人"的效果。

(二)制度文化层面

学校环境文化中的制度文化从理论上讲,是学校环境文化的重要组成部分,属于学校环境文化中的物质文化和精神文化的中层次文化。它是指学校中的各种规章制度,包括师生的价值观、行为理念在内的精神成果和学校管理思想、管理制度及管理模式的凝结形式。

学校环境文化中的制度文化表现为:各种"有形的"和"无形的"规章制度的结合与统一。其中,我们常见的诸如党和国家颁布的教育方针、政策、法律、规章,地方政府主管部门制定的各类章程、规则、指令、命令,学校结合自身实际而制定的有关教育教学、科研、工作、学习、日常管理等的规章制度,都属于"有形"的规章制度,这种规章制度是可查、可见的。而"无形"的规章制度指的是全体师生经过长期的教育教学实践,逐步形成的、自觉的规范要求,是那些通过舆论导向来约束、规范、引导大家行为的行为准则。它表现为:全体师生在思想道德观念、认知水平、价值观念这几方面的共同行为准则,这种准则是不可见的,但却比"有形"的规章制度更能发挥相应的作用。

一个学校如果有着充满文化气息的优美环境,却没有严格的规章制度来规范校园中人们的言行举止,同样可能会引发不良的后果。校本课程资源开发旨在以校为本,而学校环境文化中的制度文化就是用制定的条例或要求来规范和约束主体的行为。从校本课程资源开发的文化选择视角来看,对于一所学校而言,学校环境中的制度文化,除了具有一般的学校制度文化的行为规范功能、思想导向功能、人文关怀功能外,还应该具有与文化选择内容与结果相关的制度文化及其功能。或者说,民族中小学校本课程资源开发中体现在学校环境文化的制度文化层面的文化选择的内容与结果应该具有其特殊性。这种特殊性体现在:第一,民族中小学学校环境文化中的制度文化应该可以通过自己的文化特色对师生产生潜在的影响,并使师生在感受这种影响的同时,形成规范的行为;第二,民族中小学学校环境文化中的制度文化要着眼于民族地区与民族学生的发展需求,对民族学校师生的各方面发展产生直接或间接的影响,从而促使师生增强爱家乡、爱民族的归属感和责任感;第三,民族中小学在进行校本文化建设中,更应该关注民族师生的能力发展与切身需求,通过以校为本的健康、良好的学校环境文化中的制度文化建设,给广大师生及学校自身发展产生强大的作用。

在宁夏民族中小学校本课程资源开发的实地调研中,民族中小学在进行校本化建设与发展的过程中,对于学校环境文化中的制度文化的内容与结果的选择大致与其他中小学的制度文化相似,在很大程度上缺乏具有学校特色、民族特色的校园制度文化。由此也可以看出,民族中小学校本课程资源开发中文化选择的内容与结果可以借助学校环境的物质文化体现出校本特色与个性化发展,但是在学校环境文化的制度文化层面,这种校本的文化选择较难实现。这其中的原因,一方面因为民族中小学在实际的管理中是和其他学校的管理一致的,都是由上级领导部门下达要求与任务,学校按要求形成规定、制定规范来执行的,即便有这样的以民族中小学为对象的管理要求与规定,也往往体现不出民族中小学学校管理的特殊性。另一方面,民族中小学在校本文化建设中,更多地将精力放在学校环境文化中的物质文化建设中,对制度文化建设因其难以把握,所以有所缺失。在民族中小学校本课程资源开发的文化选择中,开发出的关于学校制度文化建设的资源就比较稀少。

● 案例四:Y-TLHZ 的《学生手册》

目 录	
学校校训	1
学校创业史	3
公民基本道德规范	8
《中学生守则》	9
《中学生行为规范》	10
Y-TLHZ 学生一日常规	14
Y-TLHZ 校园行为规范	18
Y-TLHZ 教室规范	19
Y-TLHZ 课堂纪律规范	20
Y-TLHZ 升旗制度	22
Y-TLHZ 卫生制度	24
Y-TLHZ 考勤制度	26
Y-TLHZ 文明监督岗制度	27
Y-TLHZ 学生会干部管理制度	28
Y-TLHZ 学生社团管理制度	31
Y-TLHZ 学生违纪管理办法	34
Y-TLHZ 班级工作检查评比计分方案	38
Y-TLHZ "三好"学生评选办法	43
Y-TLHZ 优秀学生干部评选办法	45
Y-TLHZ 高中学生基本素质发展状况评价办法	47

该手册中的内容包括该校针对学生的各项规章制度,内容较为全面而充实,从制度本身来看,这些内容对于学生的成长和发展是具备应有的作用的。但是对于一所民族中学而言,这样的学校制度文化似乎是任何学校都可以有的,这种制度文化中对于民族学校的文化特色建设毫无体现。虽然这只是一所民族学校学校环境中的制度文化内容的某一方面的体现,但是调研中所涉及的宁夏民族中小学制度文化的相关内容大致都是如此,这所学校相对还算形成了一定的制度。

(三)精神文化层面

精神层面的文化主要包括:学校精神、校园文化氛围、价值观念等相关内容,它是校园环境文化的核心组成部分。对于一所民族中小学而言,如何构建这种精神层面的文化是学校在进行校园文化建设中所要追求的最高目标,营建这样的目标是建设富有特色的校园文化所必需的根本基础。试想一所学校,如果全体师生员工具有丰富健康的精神文化、积极向上的思想追求、风貌良好的精神状态,那么就能在全校范围内形成一个影响全体师生的优良环境。身处这样的学校文化氛围中,必然会使全体师生员工清晰而深刻地感受到学校所给予个人的正确、健康、向上、积极的精神文化的深刻教育。从校园文化整体的角度来说,精神层面的文化具有隐性的文化价值,正所谓"愿景是学校文化的根基,仪式、典礼、文化墙是学校文化的载体"[1]。

学校环境文化中的精神文化具体体现在学校的校训、校风与班风、教风与学风、学校精神风貌、校园文化活动中,它是校园文化建设的重点,也是难点,校园文化中的文化建设的成效与这个层面的文化建设密切相关。而这些内容又正好可以凸显出宁夏民族中小学校本课程资源开发的文化选择在学校环境文化的精神文化方面的内容与结果。但是由于精神文化大多是隐性的、潜在的,所以对于这种文化内容的展示仅凭书面的文字介绍是不足以感受到的。

校训是一所学校教风、学风、校风的集中表达,它表现为学校全体师生共同遵守的基本行为与道德规范,它是学校文化的核心精神。本

---

[1] 杨志成,柏维春.隐性课程的文化价值选择[J].黑龙江高教研究,2013(6):34.

研究以校训为例,对宁夏民族中小学校本课程资源开发中体现在学校环境精神文化中的文化选择内容与结果的现状给予展示。

表4-12 宁夏民族中小学校训例举

民族中小学	校训例举
Y-HZ	诚实、勤勉、仁爱、致远
Y-YZ	尚德、远志、求是、笃行
Y-LPSGZ	尚德、励志、报国、创新
Y-NXYCZ	知识改变命运,勤奋成就梦想
Y-LHZ	为一生做准备
Y-XSZ	勤勉博学、知行合一
Y-ZZZ	诚、正、毅、恒
Y-TLHX	善良相伴、快乐同行、共同发展
Y-JMHX	健康、聪颖、诚信、快乐
W-HZ	敬业乐群,博习通达
G-HZ	不动摇,不敷衍,不懈怠,不放弃
W-TXXYX	团结、进取、务实、创新
W-LSYX	仁爱、诚信、博学、笃行

这些校训中的文化选择集中于这样几个方面的内容:第一,促进学生品德的发展与意志品质的养成,如:尚德、诚信、笃行、勤勉、不动摇、不敷衍、不懈怠、不放弃等;第二,着眼于对学生的人文关怀,如:善良相伴、快乐同行、共同发展、健康、聪颖、诚信、快乐、为一生做准备等;第三,融入中华民族传统文化的内容,如:仁爱、致远、报国、博学等;第四,以现代社会所倡导的积极价值观文化为内容,如:团结、进取、务实、创新等。

由此可见,校本课程资源开发中的文化选择,就学校环境文化而言,其对象不应该仅仅局限于校本课程的文本,而是针对整个学校,形成对整个学校的文化辐射。在以校为本的校本课程资源开发的文化选择中要综合运用学校环境中的课程文化资源,对学校的软环境和硬环境中的文化进行系统选择与开发,使学校的每一种文化要素都成为文化的对象与内容,校本课程资源开发的文化选择形式要显性课程与隐性课程并重,既有经过系统选择后编制的校本教材,又要有经过精心选择后设计和布置的隐形的校园文化环境,还要有师生共同创建的、共同认可的学校精神文化。

综上所述，由于校本课程资源开发中的文化选择是在学校中的、以校为本的文化选择，因此文化选择的内容与结果也体现在作为载体的学校中。校本课程资源开发中的文化选择内容与结果的载体主要包括：校本教材、文化选择主体、学校环境。其中校本教材最为直接地反映了一个学校在校本课程资源开发中文化选择的内容与结果，它将这些被选择的文化以文本的形式呈现出来。而基于文化选择主体的文化选择内容与结果则分别通过主体的认识、主体创制的作品和主体参与的活动展现出来。此外，学校环境文化也是学校校本课程资源开发中体现在隐性课程中的文化选择对象和文化选择内容与结果的载体之一。学校环境文化包括物质文化、制度文化和精神文化，这些都可以反映出校本课程资源开发中文化选择的内容与结果。

本章通过对宁夏民族中小学在校本教材、文化选择主体和学校环境文化的展示揭示了校本课程资源开发中文化选择的内容与结果的现状。首先，就校本教材而言，校本教材中选择了包括国家文化、地域文化和学校文化在内的不同文化内容，本研究通过收集整理宁夏民族中小学的校本教材，呈现出了校本课程资源开发中丰富多样的文化选择内容与结果。其次，以教师和学生为文化选择的主体对校本课程资源开发中文化选择的内容与结果的认识上，既存在共性，又有现实的差异性。同时，学生作为文化选择内容与结果的负载者，他们在校本课程资源开发中制作的手工作品和参与的各项活动都体现出了文化选择内容与结果的生动性和多样化。再次，学校环境文化是文化选择内容与结果的载体，通过民族中小学校园文化的考察，研究者在看到宁夏民族中小学校园物质文化和精神文化建设中所体现出的丰富性、文化性、育人性的同时，也看到了校园制度文化建设的薄弱环节。

第五章　民族中小学校本课程资源开发中文化选择的实践策略

本研究通过对宁夏民族中小学校本课程资源开发中文化选择现状的调查与分析,看到了宁夏民族中小学校本课程资源开发中文化选择的现实样态,这其中既有积极的文化选择意识与行为,也有丰富的文化选择内容与结果,收获令人欣喜,但问题与不足也不可回避。反思民族中小学校本课程资源开发中文化选择存在的问题,将有助于对今后的文化选择实践提出一些有针对性的指导建议,以期在未来实践中帮助民族中小学认清校本课程资源开发中文化选择的影响因素、文化选择的应然价值,从而遵循一定的文化选择过程与策略来提高文化选择的实效性和可操作性。

一、民族中小学校本课程资源开发中文化选择的问题反思

从理论角度出发,民族中小学校本课程资源开发中确实应该将保留民族文化和地方文化作为重要的任务和责任,但在现实的实践层面却又不得不面对一些非常实际的问题。而不论是在理论层面,还是实践层面,这一文化选择的过程涉及包括国家、地方、民族、学校、个人等多方面在权力、利益分配中通过文化层面所体现出的博弈。

(一)文化选择主体的文化选择意识与文化选择能力较弱

所谓文化选择的能力,在这里包括文化选择的自觉意识能力和文

化选择的积极行为能力。民族中小学校本课程资源开发中的文化选择首先是具有主观能动性的个体和群体自觉参与的活动，在这一活动过程中体现了较强的人的内在主观性，要求文化选择主体能够积极主动地意识到周围的文化，并对有价值的文化做出相应的选择行为。只有当主体具有一定水平的文化选择能力后，他才能以主体的角色参与到文化选择过程当中，而不是以旁观者或辅助者的角色被动地进入到文化选择的过程中。

相对于普通中小学而言，民族中小学校本课程资源开发中的文化选择主要由具有民族身份的主体展开，且文化选择的对象更为多样化。民族地区由于其政治、经济、社会、教育等现实条件的相对落后，使得文化选择主体的自身能力与素质相对较低，文化选择中占有的各种资源也相对较少，这样的现实状况就使得在民族中小学校本课程资源开发的文化选择中，作为文化选择主体的教师、学生和学校管理者，他们当中虽然有些人能够意识到文化具有差异性、不同文化具有不同价值、进行文化选择具有重要价值，但是主体对这些内容的意识仅仅在被动的、被质询的时候才体现出来，而且不同地域的不同文化选择主体的文化选择意识水平还存在差异性。由此可见，民族中小学校本课程资源开发的文化选择中，文化选择主体的文化选择意识较为模糊和不稳定，文化选择的自觉程度总体较低。

此外，由于民族中小学的发展现状，校本课程资源开发中文化选择主体没有相应的文化选择行为能力，现实中几乎没有关于文化选择主体能力的培养与培训，文化选择主体在实践中由于文化选择意识的自觉程度较低，从而没有形成积极主动的文化选择行为能力。于是，文化选择主体在面临多元文化时对于那些优秀的内容虽然不排斥，但也无从合理选择，并发挥应有的行为能力加以有效传承。这样的现状是极不利于实现个体的发展、文化的适应，以及对优秀文化的传承的。

(二) 文化选择呈现"国家文化"与"地域文化"两极化

民族中小学文化选择面对的文化类型多样而丰富，民族中小学因其所处地区的特点，校本课程资源开发中文化选择的对象相对更为复杂，从纵向上看，要从不同文化发展的历史、现实与未来中选择；从横向上看，要分别对中国及世界的文化历史、不同地域多样文化、各民族自身文化中的那些有价值的文化做出选择。但是在现实中如何处理这些不同文化之间的关系成为文化选择不可回避的问题。现实中发现,民族中小学在校本课程资源开发的文化选择中,存在两种倾向,一种是将国家文化视为文化选择的唯一,认为只有国家文化才是文化选择的对象,国家文化才是最有利于学生成长和发展需要的。同时,由于民族中小学校本课程资源开发在一定程度上受到学校制度环境的限制,虽然有多方面的需求,但是由于种种原因,其所受重视程度较低。实践中,有些学校直接将校本课程变成职业技术课程、国家课程的补充等,从而在课程资源开发中忽视地方文化和少数民族优秀文化,忽视了不同文化之间的交融、互补,从而使得民族中小学校本课程,只是冠以校本课程之名,而无校本课程之实。另一种是将地域性文化作为文化选择的唯一对象,认为地域文化才是最能代表本地区、本民族文化特色的内容,才是学生最需要的文化。实践中,民族中小学在校本课程资源开发的过程中过分关注民间性、乡土性和民族性的文化内容,使得民族地区的校本课程资源开发一味强调自身文化的传承,对于他民族的他文化或文化多样性的现实甚少关注,甚至无视文化间的交融。这样做的结果虽然可以增进本民族认同与民族感情,但是也极可能造成对他文化的忽略和排斥。上述这样的两种极端性倾向,在实践中所带来的结果就是,一部分学校在文化选择中片面强调国家文化的价值,而另一部分学校则专注于地域文化的传承。事实上,我们在校本课程资源开发中应当充分认识到不同文化的价值,而不是片面地走向文化选择的某一个极端。

(三)文化选择内容对地域文化特色和优势的挖掘较欠缺

文化传承,是人类赖以生存和维系的必要手段,是一种文化传递的社会现象。相对于普通的中小学而言,民族中小学有其自身的文化特殊性,即体现在学校所处地区的文化特色、学校师生所具有的文化身份,而且民族地区除了有"地方性"的地域文化,还有"民族性"的地域文化。在实践中发现,文化选择主体对于地域文化特色和优势虽然有所认识,但是通过校本课程资源开发对其展开的挖掘和传承是远远不够的。民族中小学在校本课程资源开发的文化选择中并没有下力气、花心思努力为这些文化的传承尽可能地创造更大的空间和发展的可能。

调查中发现,还有很多民族中小学虽然所处地域的文化特色优势非常明显,但是这些学校并没有在更广泛的范围内对这些资源加以开发和选择,很多优秀的、历史悠久的本地区本民族文化没有被很好地挖掘出来加以传承或是传承不够深入而流于浅层的形式,导致校本课程资源开发中文化选择的功能大打折扣或基本丧失。

（四）文化选择在学校特色文化体系建设中作用发挥不足

特色化,是文化本身所固有的特征。所谓民族学校特色建设,就是要将传承民族优秀文化传统、加深民族文化认同、培养民族自豪感放在突出的位置上。对于建设有特色的民族中小学而言,民族中小学应当看到自己本身所拥有的丰硕民族文化资源,并将这些资源尽可能地、最大限度地在学校文化特色建设中发挥作用。也就是说,一方面民族中小学具有文化传承的责任,另一方面在学校中的民族文化传承有助于构建起民族学校的文化特色。但是在现实中,还有很多民族中小学并没有认识到校本课程资源开发在建设学校特色文化体系方面的重要价值,甚至有些学校根本没有意识到特色文化体系的建设对于一所学校发展的重要性,从而使得这些学校一方面苦于找不到自己学校的文化定位,另一方面却并没有意识到校本课程资源开发中的文化选择是一条建设学校特色文化的有效途径,从而也就更谈不上发挥校本课程资源开发中文化选择的作用来推进学校特色文化建设。

（五）文化选择具体实践过程中缺乏科学必要的理论指导

校本课程资源开发的文化选择是一个多元主体共同参与的动态过程,这其中的每一个环节都应该是有计划性的、有步骤的。但是现有的民族中小学校本课程资源开发的文化选择都是由文化选择主体自发进行的,由于文化选择的对象丰富、文化选择主体的能力参差不齐,从而导致文化选择在实践中随意性较大,选择什么文化、由谁来选择、选择的文化是否为学生成长、学校发展、文化进步所需要的内容,往往都不在考虑范围之内,反而是选择什么样的文化便于适应教师的现有能力和学校的现有条件成为文化选择的重要依据。所以整个文化选择的过程呈现出一种较强的随意性和无目的性,即便有些民族中小学在校本课程资源开发的文化选择中是有主题、有分工的,但也往往在实践中表现出"走一步,看一步"的状态,现实中甚至有些看似有一定规划性的校本课程资源开发的文化选择在实践中途就夭折了,这都是缺乏关于文化选择的必要、科学的理论指导的结果。

二、民族中小学校本课程资源开发中文化选择的影响因素

宁夏民族中小学校本课程资源开发中文化选择的现状通过本研究中第三章、第四章的展示可见一斑。总体看来,从新课程改革开始倡导三级课程管理模式以来,民族中小学校本课程资源开发在宁夏获得了一定成效,但问题与不足也随之并存。其中收获也好,问题也罢,主要都是通过文化选择主体的意识与行为、文化选择主体及客体的文化选择内容与结果体现出来的。在这一过程中,文化选择主体与文化选择客体对象共同影响文化选择的过程和产物。

(一)文化选择主体

民族中小学校本课程资源开发的文化选择实践中将教师、学生和以校长为核心的学校管理者视为文化选择主体,它们分别影响着民族中小学校本课程资源开发的文化选择。

1. 教师因素

在现实中,教师作为文化选择主体的角色意识最为鲜明,这与教师在文化选择中的参与度、权力大小有着密切的关系。目前很多民族中小学校本课程资源开发的文化选择都是由教师个体或以年级、学科教研组为单位的教师集体来完成的。在这一过程中,教师是文化选择的唯一力量。而学校管理者通常由于对校本课程本身的重视程度有限,就会将校本课程资源开发中文化选择的权力放手交给教师或推给教师。学生在这一过程中尤其是在文化选择的最初阶段,往往处于游离状态或置身事外,直到校本课程资源开发已经确定将某一文化主题作为对象后,在将这一主题进一步开发细化或具体实施时学生才从最浅层、最直接的层面参与了具体的文化内容选择。比如说,教师将各少数民族文化作为一门校本课资源开发中文化选择的对象,这一选择确定后会向学校管理者进行汇报,获得首肯后再由教师个人或教师集体分工合作确定内容中要选择哪些民族,每一个民族的文化要从哪些方面加以介绍,而一直到文化选择的这些内容确定后,学生才会在具体的课程实施中去针对每一个具体的问题展开以学生为主体的文化选择,这

样的选择往往已经不属于文化选择的范畴了,它更多的是对某一个问题的资料搜集与整理。

由此看来,作为文化选择主体的教师,其能力的发展是影响文化选择的重要因素之一。也就是说,当面对文化的丰富性和学校课程时空的有限性时,如何在普及文化、科学的基础上,又向受教育者呈现丰富多彩的文化内容与样式,并逐步增强他们的民族文化意识,这一切都是教师在进行文化选择过程中必须面对和处理的问题。那么,民族中小学校本课程资源开发中的文化选择对于教师的能力素质有哪些要求呢?

(1) 教师角色方面。

在一定程度上说,校本课程资源开发中的文化选择是一种倡导"以学生发展为中心"的活动,实践中将"以学生发展为中心"落到实处的则是教师。教师身处课程改革的第一线,熟悉学生情况、课程情况,与学校管理者、学生家长等都保持经常的接触,教师参与文化选择最适宜从学生特点出发,结合学校实际情况开发出既受学生欢迎,又突出学校特色的校本课程资源。教师参与文化选择是在校本课程资源开发的现场,贯穿整个开发过程,这样的过程可以实现对文化选择现状和学生实际发展情况的全程把握。在这一过程中,教师对文化需求的掌握更为直接,教师对学生发展的引导和促进作用更为直接,教师对文化选择的行为和内容的调控与组织更为便捷,从而促使文化选择的结果更为有针对性和实效性。

(2) 教师观念方面。

特色教育从本质上讲就是以学校为本的教育,开发体现学校特色的文化内容来推进学校文化建设,是校本课程资源开发中文化选择的必然趋势。教师在校本课程资源开发中参与度最大,投入的精力最多,教师是学校特色文化建设的主力军。校本课程资源开发中的文化选择涉及教师对自身角色理解的进一步深化,它要求教师能够意识到自己是文化选择的主体,自己不仅具有参与课程资源开发的权力,还具有校本课程资源开发中进行文化选择的优势。同时,教师自身也必须从多方面更新文化观念,树立多元文化的理念,树立振兴少数民族文化的信念,从文化的角度来看待校本课程资源开发,并且加强对不同文化学习、教学、科研的活动,从中不断提高自己的文化知识水平和文化修养。在宁夏民族中小学调研中,有教师就认为校本课程资源开发的文化选择对于教师而言最大的挑战就在于"**教师要提高自己的文化适应性和生存能力,要不断研究和发现新的问题,提高自己的文化水平,更新观念、转变角色,从而促进文化的传承与创新**"。

(3)教师能力方面。

首先,要加强教师集体协作能力和个人专业自主能力。教师的专业自主能力和专业自主权二者密切联系,不可分割。要培养教师校本课程资源开发中文化选择的能力,有赖于责任的赋予。校本课程资源开发中的文化选择为教师参与课程资源开发,充分发挥课程主体性提供了广阔的空间。一方面,教师可以直接参与文化选择,这既是一个提升能力的机会,但另一方面也是对教师能力的一种考验。作为一种应然的团体工作,校本课程资源开发不仅需要参与其中的教师能进行有效的交流、沟通、合作,在学校内部形成一种支持、协作、团结的集体氛围,还需要教师个体通过赋予专业自主权来提升教师的专业自主能力,激活教师的创造力,释放教师的文化选择与甄别能力。

其次,要提高教师的应变力和决策力。事实上包括课程专家和社区在内的校外人员并不熟悉学校的具体情况和具体需求,对师生、学校的实际问题无法切实理解或理解到位。学校自身发展的需要还是要经由学校全体教师来共同商讨与决策的,校本课程资源开发中的文化选择内容与结果也是要在学校中、课堂上加以实施和实践的,因此,教师作为学校内部最熟悉学校情况、最熟悉学生情况的人,在全程参与文化选择的过程中也是最能够随时察觉到情境变化和文化选择内容适应性问题的人,教师在这一过程中可以及时调整内容、调节实施,及时发现问题、不断反思,及时照顾不同民族学生对文化选择内容的情绪与接受能力。这也是为什么在民族中小学校本课程资源开发的文化选择中教师成为文化选择主体的中坚力量,教师的灵活适应性与行为是文化选择的重要动力。

由此可见,民族和中小学校本课程资源开发中的文化选择对教师的能力素质要求很高,但目前大多数教师并不具备这样的能力素质,这是民族中小学校本课程资源开发中文化选择必须要面对和解决的重要问题。

以往的课程资源需要开发什么内容大都是由课程研制专家来决定的,这样的现状使得教师在经历了长期的课程资源文化选择的"失语"状态后,对课程本身已经失去了不断追问和不停反思的兴趣与能力。再加上长期以来习惯于严格地依据教学大纲来进行教学实践,这也使得教师们逐渐弱化了自己的课程愿望与课程表达能力。因此,新课程改革中新的校本课程管理模式就是要把课程开发权力下放到学校、下放给教师,尤其是将校本课程资源开发中的内容选择的权力给予教师,甚至是学生。这种权力的下放或者说拥有这种权力的前提条件是必须要有相应的能力作为保障。于是,在民族中小学校本课程资源开发的文化选择中,教师不仅仅要具备教师应有的基本能力素质,还必须要接受针对民族中小学教师进行的关于文化选择能力的培训,以增强自身文化选择、文化表达的主观愿望与能力。文化选择中教师能力的提高,可以促使教师不再盲目地按某一种"先验"的文化选择模式行事,而善于从科学出发做出反思,从社会和学生的需要与利益出发做出取舍,从自身的能力水平出发做出判断,并通过不断地更新自己的知识、观念,不断地提高自己的文化选择的自由度,使自己越来越能够进行充分、独立的文化选择,获得选择中的解放。

2. 学生因素

从学生的角度而言,学生作为民族中小学校本课程资源开发中文化选择的主体之一,其对文化选择的影响主要通过两个方面来体现。

(1) 学生个体身心发展水平。

在宁夏民族中小学的调研中发现,民族中学学生在校本课程资源开发中文化选择的意识与行为维度、内容与结果维度的认识水平均高于民族小学学生,这样的现状与学生个体的年龄发展阶段有关,其身心发展水平的高低直接影响文化选择。小学生的身心发展都处于初期,有许多不稳定性,而中学生从身体素质到智力水平都有了飞跃性的发展,这样的差异性使得中学生和小学生在面对文化选择时的意识、行为、内容、结果都存在一定差异性。

(2) 学生民族文化身份。

民族中小学学生作为生长在民族地区的个体,因其民族文化的差异性使得其民族身份不同。而民族所具有的文化就是体现民族成员民族身份的重要标志。不同民族的学生具有自己民族的身份,带着自己民族文化的烙印进入学校,他们自身所负载的文化以及他们对本民族文化认同的需要使得在校本课程资源开发的文化选择中,必然要求选择那些自己熟知的、希望了解的、对今后有用的文化,也只有这样的文化选择才能促使他们通过学校课程进一步形成和加深对本民族文化的认同与归属,从而发挥民族身份在民族文化选择与传承中的作用。

3. 学校管理者

以校长为核心的学校管理者首先作为一个具有独特个性特征的个体,作为文化承载者,在校本课程资源开发的文化选择中同样发挥着文化选择主体的作用和价值。他们也是校本课程资源开发中文化选择的影响因素之一。学校管理者对于文化选择的影响通过以下方面体现出来。

(1) 学校管理者的个人文化。

学校管理者在校本课程资源开发的文化选择中一方面以新时期学校教育的育人目标和文化使命为依据,对现有学校文化进行校本化发展的取舍、整合与转化,形成富有学校自身特色、面向未来人才培养需要的校本课程资源开发的文化选择;另一方面作为校本课程资源开发中文化选择的主体之一,学校管理者又势必会结合自己的文化背景,自觉地将个人文化融入校本课程资源开发的文化选择中,将个人文化渗入到文化选择的对象中,精心构筑一个反映学校管理者文化的校本课程及学校文化体系。因此,一个学校的管理者除了要具备科学发展的管理理念、广博优化的知识结构、充满智慧的管理能力、健康成熟的心理素质外,其个人文化底蕴与积淀会直接影响校本课程资源开发的文化选择的最初选择与过程。

(2) 学校管理者的课程管理理念。

新课程改革在课程管理方面发生了重大变革,这一变革对于学校管理者,特别是校长的课程领导能力提出新的挑战。在民族中小学校本资源开发的文化选择中,围绕文化选择也暴露出一些学校在课程实施中的问题,如实践中,学校管理者能够意识到不同文化的价值、能够意识到文化选择的意义、能够意识到校本课程资源开发在文化传承中的作用，但是由于学校总体课时有限，加上考试评价的压力及教师能力的局限，使得学校往往无法为校本课程资源开发提供足够的时间和空间，如此一来，校本课程传承不同文化的作用和功能也就大大降低或无从实现了。所以，民族中小学校本课程资源开发中的文化选择必须要注意处理好国家课程、地方课程和校本课程之间的关系，既不要无限制地加大校本课程中知识的容量，也不要用校本课程占用其他课程的教学时间，更不要加重原本已经存在的"课业负担"。

解决这些现实问题的关键就是看学校管理者在进行校本课程资源开发的文化选择中是否具有良好的、开放的、民主的课程管理理念，在保证国家课程顺利实施的同时，学校管理者要思考如何将文化选择与学校课程联系起来，如何让文化选择既实现对学生发展的促进作用，又能够合理地支配师生的时间。因此，民族中小学校本课程资源开发中的学校管理者在进行文化选择时，一定要对文化选择的对象精挑细选，一定要使这些选择出来的文化在与学生实际生活需求密切联系的同时，与国家课程中的文化知识也建立起应有的联系，使文化选择的内容与结果尽可能发挥最大的功效。尤其对于地域文化不应该忽视其价值和地位，不应该以为国家课程和国家文化节省空间为由而将其拒之课程资源开发的视野之外。

（二）文化选择客体

教育的终极目标是要实现人的发展，而在这一目标实现的过程中人又是达到这个目标的重要工具和手段。人们通常在一起通过各种各样的方式进行着彼此间的相互联系、合作、竞争，而在这其中，文化不仅发挥着实现人与人之间联系与沟通的桥梁作用，同时它也促使每个个体的发展成为可能。所以，当我们把人的发展视为人类生存的整体繁荣的时候，文化恰恰就成了这种"发展"的最终目标和归宿。

现实中，任何国家的文化、任何形态的文化都不是静止的、一成不变的，一种文化不断对其他文化施加影响，同时也被其他文化影响着。比如说，一个国家的文化反映了这个国家的历史、制度、习俗、态度，反映了其社会运动、冲突和斗争的轨迹，反映了政治权力的结构和布局；一个地区的文化反映的是这个地区的风土人情、历史变迁、习俗与制度、环境特征；一个民族的文化则反映的是这个民族的宗教信仰、衣食住行等。尽管这些文化形态不同、内容不同,且这些文化总是处于不断的动态变化和演进当中,但是这些文化有着一个共同的目标或价值,就是促进人的发展。

在民族中小学校本课程资源开发的过程中,"文化"作为客体,其自身也是影响文化选择的重要因素。这种影响具体表现在以下方面。

1. 民族地区文化本身

(1) 民族地区的文化差异与多元影响文化选择。

民族中小学校本课程资源开发中的文化选择所面对的文化由于其地域的特殊性、民族的特殊性使得其从形态到内容,从功能到价值相对复杂。民族地区的这种文化多元差异性对校本课程资源开发中的文化选择的影响体现在:

第一,社会政治经济文化发展水平的差异性使得处于不同地区的主体在文化选择意识与行为维度存在差异性,社会发展水平较高、文化类型较丰富的地区文化选择主体的意识与行为能力较强,反之较弱;地区文化特色反过来影响主体的文化选择。

第二,文化的地域局限性限制校本课程资源开发中文化选择的广度。民族中小学校本课程资源开发中的文化选择面对的文化是基于一个地区的历史发展起来的,因此,文化选择的一个最基本的原则就是要在文化生长的土地上挖掘优秀文化,并将这些文化传播出去,让更广泛的受众去了解它,掌握它。每一个地区的文化都不能故步自封,既不能只在本地区、本学校传承,而忽视向其他地区和他民族的群众弘扬,也不能只强调一种方法、一种途径的传承,而忽略更多途径和方法的传承。在校本课程资源开发的文化选择中打破文化的地域限制,也是尊重每种文化、尊重每种文化的价值观、尊重来自每种文化中的人的表现,它意味着对文化的一种更积极的态度,意味着对他文化的肯定,也意味着对自己文化的尊重。事实上,在学校里,民族中小学校本课程资源开发中的文化选择既有助于推进地方文化、少数民族文化对多样文化的融入,又有助于实现多样文化对地方文化、少数民族文化的尊重。

第三,地域文化蕴含着丰富的教育价值,应对此类文化认同并传承。宁夏是民族中小学师生生长的家乡,回族文化是这里的特色文化。作为少数民族地区,这里有着丰富的"地方性"地域文化和"民族性"地域文化。这些优秀的文化滋养着这里的每一个人,且生生不息、代代相传,蕴含着丰富的教育价值。以往的国家课程中的文化选择更关注各地学校教育在育人方面的"共性"内容,一方面是为了保证每个学生都能达到国民素质的一个基本统一的水平,另一方面又是为各地教育质量的均衡发展提供保障。但是国家课程中的文化选择既无法照顾到各地区之间的差异性,又无法照顾到学校教育情境的丰富性,更无法关照到文化及文化需求的多样性,从而也就无法使课程文化选择具有应有的现实针对性。尤其对于像宁夏这样的西部少数民族地区而言,各地的风土人情、文化环境、地理气候、教育条件存在很大差异,统一的国家课程及其文化选择很难完全适应学生发展的需要。在这种情况下,引导和帮助师生认同家乡文化和少数民族文化,并在此基础上传承这些优秀文化,对于发扬民族地区课程特色,补充国家课程在文化选择上的不足,提高课程文化选择的针对性具有重要的意义。

因此,民族中小学校本课程资源开发中的文化选择,应积极地对学生的家乡文化和民族文化进行精心选择,以发挥其应有的教育价值,这也是新课程改革实现文化育人的新途径。

第四,文化选择的内容与结果可以通过多种形式体现出来。民族中小学校本课程资源开发中文化选择的主体多样、对象多样,文化选择内容与结果的呈现方式也多种多样。其中,文化选择的内容与结果可以体现在文化选择主体身上,主要表现为如文化选择主体在文化选择过程中的成长与改变、文化选择主体在文化选择后所获得的文化积累与文化素养的提高等;文化选择的内容与结果可以体现在文本和其他各种材料中,主要包括校本教材、学生文本记录、手工制作等;文化选择的内容与结果可以体现在学校的各项活动与学生组织中,主要有各种文化展演活动、参观游览活动、比赛竞赛等;文化选择的内容与结果可以体现在校园文化环境中,包括显在的物质文化、制度文化和潜在的精神文化。

民族中小学校本课程资源开发中文化选择的内容与结果可以借助多种形式呈现出来,这一方面客观地体现了文化选择内容的多样性现实,另一方面也体现出文化选择主体在文化选择过程中对于文化多样性的理解,他们渴望用丰富多彩的方式展示自己对不同文化的理解与认识。实践中主体借助尽可能多的形式展现文化选择的结果，对于提高文化选择主体对不同文化的感知、实现学校文化的丰富性、增强主体对文化传承的兴趣都具有重要的影响和作用。

（2）多元文化价值影响文化选择。

宁夏民族中小学校本课程资源开发中文化选择的内容与结果呈现出多元化样态，国家文化、地域文化、学校文化在校本课程中都有所体现，虽然每种文化所占的比重不同，但是体现了民族中小学校本课程资源开发中文化选择的多元性。

就校本课程资源开发中的文化选择而言，其核心价值在于文化选择中以承认文化的多元性为前提，尊重文化所具有的多元性；其根本目的在于通过文化选择来促进文化的多样性特性与价值，并在这一过程中包容和接纳各个民族的文化，最终实现传承、保持和发展多元文化；其核心内容在于以校本课程资源开发的文化内容来设置课程，并通过选择进入校本课程的内容来传承不同种族、民族、阶层的优秀文化。[1]

进一步说，如果民族中小学校本课程资源开发要想促进人的全面发展，就必须清楚自己生长地区的文化过去如何，现在怎样，今后想要变成什么样，并在此基础之上设计他们的未来。

当然，民族中小学校本课程资源开发不是单纯地就少数民族文化而言的文化选择，而是在多元文化的理念下，把少数民族文化与汉民族文化甚至外来民族的文化共同纳入文化选择的范围内，旨在用一种开放、宽容、平等的视野去挖掘多民族的多种文化及其价值，以丰富整个民族中小学校本课程资源开发的文化选择。这样的文化选择，要求不仅少数民族学生要学习和掌握汉民族的传统文化，而且汉族学生也要学习和掌握少数民族的文化，从而在校本课程资源开发中实现多元文化共存、各民族平等发展。同时，民族中小学校本课程资源开发并不是一定要就某一种文化开设一门学科，也不是要将所有少数民族的文化统统纳入到校本课程中来，因为这样既占用学校有限的课程时数，也给学生带来过重的学业负担，从而会降低目标的达成程度。因此，在文化选择中可以选择各少数民族的文化精华或特色，将其融入到校本课程

---

[1] 王鉴，等.解读中国多元文化教育[J].贵州民族研究，2007(1):16.

资源中来,这样一方面可以实现文化多元的期望,另一方面也可以通过融入多元文化内容和方法的校本课程来促进全体学生各方面的能力与态度的发展。例如,在以回族为主要少数民族的宁夏地区,民族中小学开设的民族文化校本课程不应该仅选择回族文化为内容,而应该展示不同少数民族的文化,让不同民族的学生在比较、融通中体验到文化的多元一体,打开师生局限于自己文化的狭小视域,并在此基础上进一步激发自己热爱民族、热爱家乡的情感。

因此,民族中小学校本课程资源开发中的文化选择主体应持有正确的文化选择态度,合理地利用文化选择的权力,客观公正地看待不同文化及不同主体对文化的需求,使得文化选择的内容与结果既满足不同群体发展的需要,又实现对不同文化的传承与创新。新课程改革中提出的校本课程这一级新的课程管理模式,从更广泛的意义上来说正是为了给多元文化进入课程提供良好的空间,并给予课程领域里的不同文化以应有的尊重。

(3)少数民族文化价值影响文化选择。

在全球化或称之为现代化的进程中,多民族国家中的主体民族和各少数民族同样受到冲击,少数民族因其所处环境中经济、文化等地位的弱势,因而所受到的冲击更加明显,少数民族悠久的民族习俗、语言文字、生活方式等传统文化呈衰微态势。从文化传承的角度看,现实中民族文化特别是少数民族文化的传承正处于不利的境地。面对这样的现实,在诸如宁夏这样的少数民族地区,由于教育目标、教育导向和教育内容与国家文化高度统一,少数民族地区政治经济特点与少数民族文化彼此分离。在这样的背景之下,很多民族中小学教育变成了普通中小学的教育,民族中小学课程根本无力体现少数民族地区文化特色,民族学校也并没有为民族地区社会发展培养所需要的人才,提供相应的文化知识和技术资源。

基于校本课程资源开发的文化选择,在对包括"地方性"和"民族性"地域文化在内的地域文化权力空间进行考察时,我们必须注意到少数民族地区的文化既是国家文化的异质的体现,也是国家总体文化形象的呈现,更是国家文化与地域文化的延伸。少数民族地区的文化关注的是自己的文化内容,关注的是自己的文化样态将如何参与和外部世界的互动。因此,民族中小学校本课程资源开发中的文化选择要从少数民族地方与少数民族成员的需要出发来确立自己的合法性。也就是说,校本课程资源开发中的文化选择不能以牺牲个体的差异来作为国家文化对于效率的追求的代价。虽然长期以来,在国家课程中的国家文化已先天地渗透了主流文化取向的价值观,且这种价值观已然成为少数民族中小学课程资源开发中的主导性价值取向和价值目标,但是新课程改革提出的三级课程管理模式在课程领域里为少数民族学生在课程中更多地感受到自己民族积累起来的文化经验提供了良好的机遇和途径,使得原本被驱逐在外的"地方性"和"民族性"地域文化在课程资源开发的文化选择中获得了合法的地位。

此外,客观地说,在民族中小学校本课程资源开发的文化选择现实中,"地方性"和"民族性"地域文化也不是全然被动的,凭借文化选择主体性的个体行为,它也显现出了相应的弹性和应变能力。在宁夏民族中小学的校本课程调研中,我们看到了以宁夏自然地理文化和回族文化为开发对象的一系列校本课程。这也使我们不得不注意,民族地区的文化要想在当前"不平等而一体化"的客观文化格局现实中存在和发展,首先需要做的就是恢复和增强少数民族地区文化的主体性地位和价值。从长远来看,这不仅是少数民族文化传承的出路,也是多元文化自我丰富和发展的重要途径之一。①

2. 校本课程资源开发本身的特点影响文化选择

在宁夏民族中小学校本课程资源开发的文化选择调研中发现,不同文化选择主体对文化传承途径的认识大致趋同,文化选择主体都能看到文化选择是文化传承的前提,文化选择的过程实质上是文化传承的实现过程。现实中,民族中小学校本课程资源开发的文化选择主体往往通过很多学校教育以外的方式和途径实现着文化的传承,比如书刊杂志、电视网络、长辈讲解等,师生对于家乡文化和少数民族文化的获得是多渠道、多途径的,而并没有将学校课程视为实践中的文化传承的主渠道。

事实上,在文化传承的众多途径中,学校教育中的课程是一种最高

---

① 翁乃群.村落视野下的农村教育[M].北京:社会科学文献出版社,2009:79.

效的途径。校本课程资源开发中的文化选择是以学校为基础、以学校为主体、以多元文化为对象的,文化选择主体应该在认识到学校课程在文化传承中的价值的同时,认识到校本课程资源开发在文化选择中的作用,并将校本课程作为文化传承的主渠道。如前所述,目前,在宁夏民族中小学里,一大批优秀的非物质文化遗产传承活动在校园开展,"花儿"、回族民间乐器的制作与演奏、剪纸等自治区优秀非物质文化遗产进校园活动开展得有声有色,校园已成为非物质文化遗产项目传承保护的重要基地。而在这当中,校本课程承担了非常重要的角色和任务,如在宁夏W市的中小学里,W-XHZ推广的穆林扇,充分彰显了民族特色和艺术价值的魅力;W-MLQHZ的木球,突出了体育竞技的特点,兼容娱乐性;W-LTYX的剪纸、W-SQZX的版画,既培养了同学们的艺术情趣,又提高了他们的审美能力;W-YZ的竹竿舞、W-EZ的霸王鞭、W-QQZ的查拳、W-KYX的校园秧歌等各具特色,最大限度地挖掘了非物质文化遗产的精髓。将适合青少年的非物质文化遗产移植进校本课程,既是对校园文化的有益补充,又是对传统文化的推广与传承。所以说,民族中小学在校本课程资源开发中,其本身所具有的特点也是影响文化选择的重要因素之一。

三、民族中小学校本课程资源开发中文化选择的价值追求

对民族中小学校本课程资源开发中文化选择的价值的探讨首先应从对课程价值的探讨开始。从过去到现在,对课程价值的探讨主要集中在"个人本位"与"社会本位"两方面的取向上。其中,"个人本位"的价值取向认为,对课程价值的认识与评价应当把重点放在学生的身上,即要看课程的开发与实施对课程价值主体——学生的发展造成何种影响;而"社会本位"的价值取向认为,课程应该是实现和传递社会价值的工具,对课程价值的认识与判定必然要看该课程对课程价值主体——社会的发展有何种贡献。但在现实中,由于个人价值与社会价值是无法分割开来的,所以从理想的状态来说,课程的价值应当具有普遍适应性,它应该既反映社会的要求,又和个人的发展需求相一致;既符合国家的育人目标,又能得到教育者理智和情感上的认同。所以,从这个意义上来说,课程的价值主体牵涉文化与学生、教师、社会等多方面的

内容。

具体到民族中小学校本课程资源开发中文化选择的价值而言,其价值应当在具有普遍适应性的前提下具有特殊性,这种特殊性与文化选择主体的民族特殊性相关联、与文化选择对象的特殊性相关联、与民族社会和民族学校的特殊性相关联。此外,值得注意的是,在长期的课程改革与实践中,人们不断尝试通过各种形式消解教师在课程中的价值主体地位,这种教师价值主体地位的消解无形中使得课程价值的实现因离开了教师作用的充分发挥而变得难以保证。对于这一问题,一定要在校本课程资源开发的文化选择中给予应有的关注,因为校本课程资源开发中文化选择的价值之一就体现在它能够提高教师的专业化水平,而教师专业化水平得到提高的主要标志之一就是教师具有自我价值判断能力。因此,把教师列为校本课程资源开发中文化选择的价值主体,提高教师对课程资源开发的文化选择的认同程度,对于校本课程的实施,学生价值主体、社会和学校价值主体的价值实现,都是十分重要的。

但是,民族中小学校本课程资源开发中的文化选择把学生、教师、社会列为文化选择的价值主体并没有达到完善的程度,这其中依然忽略了校本课程资源开发中的另外两个价值主体。其一,校本课程资源开发中文化选择的重要目的之一就是实现学校文化的重建,这就使得在做出文化选择的价值评判时不得不考虑校本课程资源开发中的文化选择对学校文化体系构建究竟有何种价值的问题。其二,校本课程资源开发中的文化选择意味着学校角色不再是单纯的国家课程的实施场所,而是要成为课程资源开发的阵地,对课程资源开发本身负责。因此,校本课程资源开发中文化选择的价值探讨就不得不把校本课程资源开发中文化选择的过程本身和构建学校特色文化体系也作为研究对象加以分析。

综上所述,当我们从民族中小学校本课程资源开发中文化选择价值主体的角度来看待校本课程资源开发中文化选择的目的时,结合民族地区民族中小学的特殊性,我们至少可以把校本课程资源开发中文化选择的价值分成三个层次:第一,对学生发展和文化发展的价值;第二,对校本课程自身发展和教师专业成长的价值;第三,对社会发展和民族学校特色文化建设的价值。这三个层次的关系可以通过图5-1表示出来。

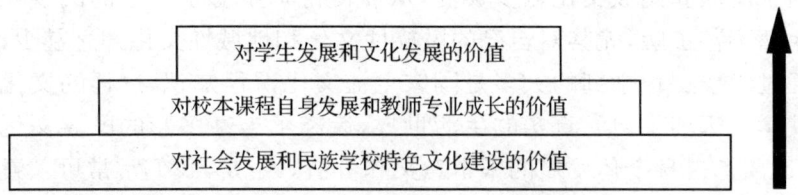

图5-1 民族中小学校本课程资源开发中文化选择的价值层次与关系①

以上这三个层次中,首先,可以看出民族中小学校本课程资源开发中的文化选择最核心、最重要的价值在于文化选择对学生发展和文化发展的价值,即为学生提供了怎样的发展机会,满足了学生什么样的文化需求,对学生成长起到了什么样的作用,这样的文化选择对文化的发展有何意义。其次,通过文化选择,校本课程资源开发获得了大量有关校本课程资源的信息,为校本课程资源开发中文化选择的完善和实施指明了方向,也为今后进一步的文化选择提供了宝贵经验。与此同时,作为文化选择的重要主体之一的教师在参与文化选择的过程中其思想与态度有何种程度的转变,其专业化水平通过文化选择得到了怎样的提高。再次,通过文化选择的价值判断可以充分了解文化选择对于民族地区社会的发展而言有何价值,以及文化选择在整个民族学校特色文化体系建设中的地位,明确与民族学校文化体系建设要求间存在的差距,以为今后的进一步完善与发展指明方向。

(一)对学生成长和文化发展的价值

1. 对学生成长的价值

中小学学生作为发展中的有生命意义的个体,其发展是所有课程建设中理应关注的核心。现代教育倡导的生命教育是一种对人的生命意义、个体价值的积极认知与主动提升,是课程文化的应有命题。② 民

---

① 靳玉乐.校本课程开发的理念与策略[M].成都:四川教育出版社,2006:175.
② 刘启迪.课程文化:涵义、价值取向与建设策略[J].课程·教材·教法,2005(10):23.

族文化是一个民族区别于他民族的重要表征,民族文化通过民族生活得以体现,因而与民族生活密切相关。传统的课程与课程文化选择往往对于民族和民族文化较少关注,从而使得学生对于自己的民族社会与生活不甚了解,尤其对自己的民族性文化和地域性文化知之甚少,学生通过学校课程学到的大多是国家主流文化课程知识,这样的文化选择使学生远离了自己真实的生活世界,远离了丰富多彩的民族文化资源,远离了自身个体发展的根本意义和价值。于是,我们常常可以看到我们的学生对中华民族的传统文化毫不了解却对自身毫无反思,对自己民族文化无比生疏却也对此不以为意,学校课程对于这样的现状更是不闻不问,这样最终导致的是民族地区学生在发展过程中成为民族文化的"边缘人",甚至是"局外人"。学生个体发展不能适应本地区、本民族社会发展的需要,个人生活也无法适应民族地区和社会的发展现实,于是学生在成长过程中显现出诸多问题,如无法融入民族社会生活、无法在民族社会生活中承担应有的责任等。

民族中小学校本课程资源开发中的文化选择正好以学校课程为渠道,使得原先不受重视或在课程领域没有空间的民族文化能够有机会进入课程,有机会在学生发展中发挥应有的价值。对于学生的发展而言,校本课程资源开发中的文化选择具有的价值主要体现在以下四个方面。

(1) 明确文化归属,促进文化认同。

在文化领域内,文化的归属感和认同感,即是指人对自己所处环境中的文化的价值认同,并由此而引发的对该文化的依恋、顺从、忠诚的关系。一个民族在发展过程中也存在文化上的归属与认同。如果一个少数民族在文化认同上发生矛盾,就会造成一个民族发生矛盾,进而使得民族内部的个体对该民族毫无归属感可言,也就更谈不上为民族的发展承担责任、做出贡献了。民族中小学校本课程资源开发的文化选择必须看到这一点,借助文化选择使汉民族文化和少数民族文化中优秀的内容进入学校课程,以帮助学生增强文化归属感,进而达到对本民族文化的认同,并在此基础上增强民族凝聚力,实现民族认同与国家认同。

(2) 培养学生的文化包容意识。

在人类文明史上,中国文化的包容性特征是其能够长期地保持不竭生命力的关键因素之一,是中华民族得以生生不息的生命源泉。反观中华民族的发展历程,这种包容性一方面体现在汉族融合了很多少数民族及其文化,另一方面,汉族也吸收了少数民族的优秀文化因子,充实和提高了汉民族的文化内容与水平,这种包容性与中国文化传承与演变休戚相关。[①]

  从某种意义上说,文化的包容性是中国文化最难能可贵的精神财富之一,在民族中小学校本课程资源开发中的文化选择所面对的不仅有本民族文化,还有他民族文化;不仅有传统人文文化,还有现代科学文化;不仅有"地方性"地域文化,还有"民族性"地域文化,因此,文化选择需要在尊重文化多样性的前提下做到对不同文化的包容。在民族中小学校本资源开发的文化选择中应该意识到文化包容性在表面上看是本国文化对外来文化的甄别和借鉴,是汉民族文化对少数民族文化的吸纳和学习,是本民族文化对他民族文化的尊重,而实质上是要求在文化选择过程中充分体现出一个国家或民族文化的基本精神。也就是说,文化选择可以实现对不同文化内容的筛选与择优,而最根本的是要实现对学生文化包容意识的培养,培养学生在尊重不同文化的前提下看到不同文化存在和发展的必然性。

  (3)发展学生多样化的思维能力。

  思维的多样性是指个体对事物能从多角度、多方面、多因素、多变量去加以思考。多样的文化以不同的形态、不同的内容呈现在民族中小学校本课程资源开发的文化选择中,因此作为文化选择主体之一的学生,应培养其思维的多样性,从而使其在面对文化选择对象时能够尊重差异性,从多角度看待不同文化的价值,并且灵活地联系生活的实际、自己的需求来选择适合的文化进入校本课程,在这样的过程中其实就是培养学生思维的辩证性、发散性和灵活性。此外,文化选择不仅对象多样,选择的途径和方法也是多种多样的,学生在进行文化选择时可以思考运用不同的方式方法去展开,这样既有利于体现文化选择内容的丰富性,也有利于锻炼学生多样化的思维能力。

---

① 韩冬雪.论中国文化的包容性[J].山东大学学报:哲学社会科学版,2013(2):1.

(4) 促进学生身心和谐发展。

校本课程资源开发中的文化选择关注文化与学生实际生活的联系性，让学生参与到文化中来，亲历不同文化，获得文化体验。民族中小学校本课程资源开发中的文化选择结果不在于让学生习得多少文化知识，而应该关注如何使学生在文化选择过程中，从情感、态度、能力、认知等多方面获得整体的发展。此外，丰富的校园文化生活，能够增长学生的课外知识，增强学生的身体素质和能力，同时还能让学校形成一种内在的管理制度，来约束学生的日常行为，让学生自觉地学习生活，健康快乐地成长。民族中小学校本课程资源开发中的文化选择通过文化选择的结果，如种类繁多的校本课程、丰富多彩的校园文化活动、异彩纷呈的校园文化环境等都可以实现对学生身心的陶冶，有助于促进学生的身心和谐发展。

2. 对文化发展的价值

人类正处在一个急剧变革的时代，我们生活的各个方面都在发生着深刻的变化，且这些变化都与各种民族和文化发生着千丝万缕的联系。在全球化的背景下，文化之间的交流更加频繁，一个民族不可能不考虑其他民族的因素而独立发展自己，全球化进程正在迅速地改变着不同地区、不同民族和不同国家的面貌。在这种形势下，传统文化与现代文化不断冲突、融合和演进，传统文化的一些基本价值不仅可以成为本民族社会整合、文化重建、文明养成和道德教化的重要资源，也可能在不同文化融合的过程中成为新的世界文明的共同价值元素。而这一过程中如何来保存和传承传统的优秀民族文化，也就成了各国面临的一个重要课题。

民族中小学校本课程资源开发中的文化选择正是可以为民族文化的保存、传递提供一个良好的渠道和途径。新课程改革赋予了校本课程内容灵活、自主研发的空间和可能性，校本课程资源开发的文化选择在实现促进个体发展的同时，也在实现着对文化自身发展所具有的价值。这种价值主要体现在以下两个方面。

(1) 为民族地区文化发展确定方向。

民族中小学校本课程资源开发中的文化选择对不同文化在民族地区的发展而言具有一种定向的功能。这是因为，首先，民族中小学校本课程资源开发所选择的文化，一般都是在民族地区经过长期发展后所形成的相对规范的、健康的、稳定的文化。学校课程作为文化传承的主渠道，社会预先已经限定了它的文化选择内容。长期以来，学校课程中所选择的文化内容往往被视为公理与法制。为此，民族中小学校本课程资源开发中的文化选择乃至整个民族地区社会的文化选择也同样无法脱离这种文化定向的功能，其文化选择也首先是要选择那些被社会认可的优秀文化。其次，民族中小学校本课程资源开发中的文化选择过程是文化选择主体对已有文化的精心组织与加工，实质上也是一种对文化系统化、条理化处理的过程。最后，任何文化选择都离不开主体作用的发挥。只要亲历过一次民族中小学校本课程资源开发文化选择的主体，再一次进行任何一种文化选择时，都会不自觉地受到先前文化选择的规范性的影响。由此可见，文化选择主体在客观上难以完全摆脱文化定向的影响，都会在文化选择中选择那些优秀的、有体系的、可被有效传承的文化，由此也进一步体现出校本课程资源开发中的文化选择所产生的定向作用。在民族中小学，校本课程资源开发通过文化选择实现了校本课程对文化的这种定向价值，使得文化选择为不同文化的发展指明方向，使得进入民族中小学校本课程资源开发文化选择视野的文化都是被广泛认可的、健康的、积极的和具有可被传承价值的文化。

（2）为文化发展拓宽视野与范围。

在民族社会的发展过程中，文化概括起来有两部分：其一是相对稳定状态的文化，即由全社会所共有的观念、习惯及心理和只为社会部分人所拥有和掌握的专业知识、技能构成的文化，它形成了一种文化的稳定的核心。其二是流动变通的文化，它围绕着上述稳定的核心部分，由文化的选择部分所组成，文化的选择部分往往是文化的生长点之所在，是发生文化变迁的重要部分。

当代社会，学校重视以新的科学前沿知识、新的学术流派、新的学术观点充实课程，培养学生。在民族中小学校本课程资源开发的文化选择过程中，应该看到任何一种文化的传承都是一个多因素交互作用的复杂文化动力学过程，且通过这一过程又会不断地创生出更多样的文化。比如，作为文化选择主体的教师，当他在课程中把某种选择好的文化传播给学生的时候,他并不是客观地、依照原样地介绍,而总是掺入了他本人的理解,他个人的是非好恶等价值观念,在所传播的原有文化中繁衍出许多生成意义的衍生文化,而文化的某些原本的意义却可能在传播过程中丧失。此外,不同的教师对同一文化内容可以有完全不同的讲解,每一位教师在他的讲授中都可能提出他独特的见解和观点,教师在文化选择的传播环节实际上就扩大了文化的选择范围,这一点对社会的文化选择可以产生出重大的影响。而对于文化选择的另一个主体——学生来说,在接受文化选择的内容的过程中,同样可以依据自己的背景和认识产生出许多衍生文化,为此,校本课程在实施阶段就有必要重视学生间的讨论、争辩,用以扩大文化选择的范围。例如,笔者在宁夏调研的过程中,在Y-XHSX听一堂"茶艺"校本课程的课堂教学,本堂课中教师主要向学生介绍有关"茶的应用",在介绍到茶的保健功能时,教师想到了结合宁夏回族的饮食习惯来向学生说明茶的保健功能,这样的内容相对于课程原本选择的文化而言就是教师在原先文化选择的基础上,依据自己的文化积累和观点所衍生出来的文化选择内容,而这样的衍生过程无疑扩大了文化选择的范围。

(二)对校本课程自身发展和教师专业成长的价值

1. 对校本课程自身发展的价值

民族中小学校本课程资源开发中的文化选择在对学生发展与文化发展具有重要价值的同时,对校本课程自身发展而言也具有重要的价值。这种通过校本课程自身发展看校本课程资源开发的价值的研究可以被视为对校本课程开发的元研究。校本课程资源开发中的文化选择结果使校本课程开发获得了大量的信息,这些信息包括:已有的文化选择在时间、效益上如何,此次文化选择的资源利用与资源消耗的程度如何,此次文化选择的功能发挥程度如何,此次文化选择目标达成度如何,等等。这些已有的校本课程资源开发中的文化选择的收获与不足不仅为后续的校本课程资源开发中文化选择的完善与进一步实施指明了方向,也为今后的文化选择提供了宝贵的经验。民族中小学校本课程资源开发中的文化选择实质上是一种文化资源的配置活动,在这一活动过程中,文化选择的结果不仅仅体现在文化选择的对象身上,即是否实现了对个体发展的促进,是否满足了个体发展的需求;同时也体现在文化选择的内容与结果是否促进了不同文化本身的进步与传承。

从校本课程发展与建设的角度看,民族中小学校本课程资源开发的文化选择有利于提高校本课程自身的针对性和适应性,即文化选择的内容应当是针对民族地区、民族学生、民族文化的发展需求展开的,这些内容对于民族地区的校本课程是具有良好适应性的文化,这样的文化选择一方面为校本课程资源开发指明了方向,另一方面也为校本课程自身发展提供了可资借鉴的路径。所以说,民族中小学校本课程资源开发中的文化选择对校本课程自身的发展具有一定的价值。

2. 对教师专业成长的价值

民族中小学校本课程资源开发的文化选择为教师的专业发展提供了机会,同时又对民族中小学教师的专业能力提出更高的要求,对民族中小学教师的专业成长具有重要的价值。这种价值具体体现在:

(1) 为教师的专业成长创造心理动力资源。

校本课程资源开发中文化选择的多样性与广泛性,使学生的认知领域大大扩展,吸纳各种文化知识的途径也变得多元化。校本课程资源开发的很多文化内容超出了原先的教材、教学以及教师头脑中所能够认识到的范围,教师对于课程中的文化知识的优越感也随之消失,且在课程资源开发的文化选择中教师的文化积淀不够、个人能力的不足都会暴露出来。因此,民族中小学校本课程资源开发中的文化选择要求教师重新评价自己的文化知识结构、能力素质,不断学习并转变自己的文化观念、不断改变自己的课程资源开发内容与方式、不断对文化需求者即学生做出预测、不断对不同文化资源做出判断。这一过程使教师产生继续学习、主动了解不同文化的愿望,并使校本课程资源开发中的文化选择成为教师专业成长的动力资源。

(2) 为教师的专业成长指明新的文化方向。

在民族中小学校本课程资源开发中的文化选择过程中,教师既要认识文化选择的目标、内容,认识不同文化的类型、特点、价值,还要认识文化选择与实现课程目标的关系,设计文化选择的程序和方式,预测文化选择所产生的效果。这些过程是一种对文化的重新认识过程,也是一种对校本课程资源开发的重新认识过程。这一过程为教师提供了获取课程文化资源的渠道,提供了组织学生获取文化资源的方法,有助于师生获得较为完整的课程文化资源开发经历,有助于教师获得一种完整的文化选择过程体验。教师在文化选择过程中,不断地更新自己的文化知识、价值观念,不断地提高自己的文化选择水平与课程资源开发的认识水平。同时,校本课程资源开发中的文化选择还有助于培养教师开放的文化思维和意识,使自己从对文化的无意识状态向全面认识文化选择的价值转变,这是校本课程资源开发中文化选择对于教师专业成长的重要价值之一。

(3) 为教师的专业成长优化知识能力结构。

教师的专业知识与能力并不是与生俱来的,而是来自于各种创造性的实践活动。校本课程资源开发中的文化选择就是这样一种具有创造性的实践活动,在这一实践过程中,文化选择的内容与结果依赖于教师文化选择的意识与行为;文化选择的意义与价值依赖于教师文化选择的智慧与创意。这一过程中教师的专业能力得以进一步优化以适应文化选择的需要。此外,民族中小学校本课程资源开发的文化选择迫使民族地区教师关注自己学科领域之外的各种文化知识,接触不同文化领域的相关人士,使他们自己必须改变之前那种相对封闭的社会生活与交往方式。在文化选择过程中,教师获得新的文化价值观,获得与人交往的新的知识能力。校本课程资源开发中文化选择的方式、文化选择的方案、文化选择活动的组织等等对于教师的专业成长而言都具有重要价值。

(4) 为教师的专业成长创造新型教师文化。

校本课程资源开发中的文化选择使教师的工作方式和指导学生的学习方式发生根本的变化,使教师从个体走向了文化选择中的合作,与同事合作、与学生合作、与领导合作。因为在文化选择的过程中,教师很难一个人完成所有的工作,这就要求教师要联合不同主体共同进行文化选择。教师既要与同事合作,完成在文化选择中的能力互补,又要与学生合作完成文化选择中的需求互补,还要与领导合作完成文化选择中的组织互补。在这种文化选择的合作参与过程中,不仅建立起了教师能力上的最佳互补结构,也实现了以课程资源开发来加强教师间的合作和凝聚力,促进教师专业成长。

(5) 为教师专业成长提供角色转变的平台。

教师在课程中的传统角色就是知识的传授者,课程标准的执行者,以及学生活动的组织者。而参与到校本课程资源开发的文化选择中的教师,将与学生共同完成文化选择的全过程,在这一过程中,教师不仅成为文化选择的发起者,还是文化选择的组织者、促进者、执行者、反思者。校本课程资源开发中教师积极主动地参与文化选择的全过程,实现了角色的多元转变,这种转变成为教师专业成长的直接收获,而这种收获是校本课程资源开发的文化选择的结果。

借用问卷调查开放性题目中一位老师的话:"走向校本,将最终带来的是每一个教师走向自己的生活舞台,更加关注自己的生存空间和生活方式,更大地激发自己的创造热情,从而使学校生活和课堂更具有活力和效率。"

(三) 对社会发展和民族学校特色文化体系建设的价值

1. 对社会发展的价值

"社会"是课程变革与发展的重要制约因素之一,它为学校课程中现实性标准的建立提供了直接的依据,为其变革提供了有力的动力。校本课程资源开发中的文化选择将满足并且促进社会健康发展的需要视为重要的使命之一,也是重要的价值之一。民族中小学校本课程资源开发中的文化选择必须基于民族中小学所在地区和整个社会的变迁、发展,而不断地做出相应的更新、调整与完善。也就是说,民族中小学校本课程资源开发完全脱离社会发展是不具备充分的合理性的。

在我国,民族地区与其他地区相比,在自然地理条件、社会政治、经济、文化等方面都具有特殊性。这种特殊性体现在,从自然地理条件上看,少数民族地区多地处边疆地区,自然条件差异大,生态环境恶劣;从社会政治上看,民族地区的政治稳定和和谐社会构建的投入需求较大;从经济上看,经济发展水平相对落后,生产方式多样化;从文化上看,文化形态多元,发掘、保护与传承任务艰巨。民族中小学处于民族地区社会发展的特殊性之中,校本课程资源开发中的文化选择只有充分考虑这些特殊性,坚持文化选择以促进个体发展为本,以弘扬民族文化为己任,以促进社会各方面进步为追求,才能充分发挥民族中小学校本课程资源开发的文化选择的功能,才能有助于实现民族地区社会的和谐发展。

此处需要说明的是,校本课程资源开发的文化选择对于社会发展而言具有重要价值,但并不表明民族中小学校本课程资源开发的文化选择可以被看作是民族地区社会中那些包括政治的、经济的,以及文化制度在内的所有内容的产物,也并不表明这种文化选择是为实现民族地区社会制度化文化的辩护、维护及再生产的方法或手段。

具体看来,民族中小学校本课程资源开发的文化选择对于民族地区社会发展的价值主要体现在:

(1) 促进文化公平性,减少民族地区社会冲突。

民族地区之所以社会政治、经济及文化都相对落后,在很大程度上是由于自身的文化传统不发达,且正统的思想文化对其部分文化的发展造成阻力,从而制约着民族地区社会的进步。在中国,少数民族文化和汉民族传统文化长期保持着互相学习、相互包容、共同进步的态势。目前,民族地区的少数民族文化面临两种状态,其一,少数民族文化过度依赖汉民族传统文化,使得少数民族文化自身的发展权利和地位无限弱化;其二,在汉民族传统文化的革新与发展过程中,少数民族文化过于顽强。这样的现状呈现出不同文化在发展中,以一种既彼此分割又相互覆盖的方式共处于一种交织状态[①],于是不同文化在发展中很难达到一种公平的状态,从而使得文化差异性突出,并由此引发出各式各样的文化冲突,进而给整个社会的发展带来诸多障碍与制约。但是在存在差异与冲突的同时,对于文化公平性的追求,也会促使生发出更多转换和发展的新机遇。

因此,民族地区在追求文化发展公平的同时如何实现社会文化冲突的减少呢?解决这一问题的方式和途径很多,但是从学校课程对这一现状的价值来看,民族中小学校本课程资源开发中的文化选择,可以以公平的课程视野与方式将不同文化中有价值的内容选进课程,以满足具有不同文化背景的个体对文化的需求。同时,对于不同文化主体而言,在学校课程中由于学校教育的规范性与纪律性,使得不同文化个体在学习自己的文化的同时,也要学习他文化,这样的条件下,不同文化主体又有了学习他文化的机会,从而使得不同文化在校本课程资源

---

① 刘敏.中国少数民族地区社会发展特征与转型[J].社会学研究,1994(1):31.

开发的文化选择中得以拥有公平的机会,显现出减少民族地区社会文化冲突的价值。

(2) 保持文化多样性,追求民族社会和谐发展。

由于少数民族地区的文化具有多样性,所以如何在民族地区保持文化的这种多样性就成为一个重要的问题,而对这一问题的解决有助于各民族文化在民族地区的和谐共生。保持民族文化的多样性首先就是要尊重各少数民族的文化,用平等的眼光去审视和看待不同民族的文化多样性。少数民族地区文化发展的实质就是在社会现代化发展的过程中,不以强势文化取代少数民族文化,不以主流文化压制少数民族文化的多样性,积极采取不同的文化保护方式方法,保持少数民族文化的多样性,以促进各民族多样且优秀的文化的发展,并在发展的过程中追求民族地区稳定与文化和谐共生。

在这一过程中,民族中小学校本课程资源开发的文化选择的价值就在于可以通过校本课程资源开发的文化选择为民族文化的多样性提供发掘、展示、保护的平台,可以使民族学校的师生在自我发展的过程中,看到文化的多样性,理解不同文化的差异性,并尊重这种多样性与差异性。从民族中小学校本课程资源开发的文化选择现状,可以看到,通过文化选择主体的文化选择意识的建立,文化选择行为的开展,文化选择内容的筛选,文化选择结果的展示,不同文化以各自的内容、形态进入校本课程资源,进入民族学校师生的视野,师生们再通过自己的社会生活将这些文化加以选择并传播出去,使得各民族文化在社会生活领域内得以和谐共存。

(3) 传承各民族文化,弘扬民族社会民族精神。

民族精神是一个民族生命力、创造力和凝聚力的集中体现,是一个民族在长期的历史过程中逐渐形成的,是民族传统文化精华的集中体现。民族精神在实践中不断促进优秀民族传统文化的发展,因此民族精神和民族文化二者相辅相成,彼此促进,不可分割。

少数民族地区存在的多种语言文字、风俗习惯、宗教信仰、生活方式、民族艺术形式,这些内容当中都多多少少地蕴含着当地少数民族的民族精神。传承和创新包括物质文化遗产和非物质文化遗产在内的民族文化,是民族地区文化发展的重要任务,是对民族地区民族精神的积极弘扬。民族中小学校本课程资源开发中的文化选择正是以这些优秀的民族文化遗产为选择对象的活动,优秀的民族文化遗产被发掘出来,并经过加工在学校课程中得以广泛高效的传承,在这一过程中,包括汉族学生在内的全体学生不仅仅学到了物质文化遗产和非物质文化遗产中的文化内容,更领悟到民族精神的强大力量,产生对民族的认同与热爱,从而进一步开展新的文化选择实践,传承并创新丰富多彩的民族文化。

2. 对民族学校特色文化体系建设的价值

与其他教育机构相比较,学校教育具有明确的目的性、系统性、可控性的特点。因此,它是真正发生教育的地方,它为每一个学生的终身发展奠定基础,对青少年一代的影响巨大且深远,在学生发展中起着决定性、指导性的作用。作为专门的教育机构,任何一所学校都是具体的、独特的、不可替代的,其复杂性也是有其自身特点的,是在经验中无法解释说明的,在理论中又无法充分验证和诠释,只有当这所学校在不断发展中形成一种自己特有的、个别化的发展模式和相关理论后,这种复杂性才可以以学校自身特色的形式体现在学校文化当中。

《国家中长期教育改革和发展规划纲要(2010—2020年)》指出,"学校要创造条件开设丰富多彩的校本课程,为学生提供更多的选择,促进学生全面而有个性的发展"。这为校本课程资源开发在学校文化特色建设中的地位与作用提供了依据。民族中小学应该看到,只有高质量和特色鲜明的校本课程的开发与建设才是学校特色化发展的支撑点和生命力所在。

具体来看,民族中小学校本课程资源开发中的文化选择在民族中小学学校特色文化体系建设中的价值体现在以下两个方面。

(1) 民族地区文化的民族性为学校特色文化建设指明方向。

民族中小学构建特色学校的核心在于在学校文化建设中体现其地域的民族性,形成具有特色的学校文化。民族中小学校本课程资源开发的文化选择强调"以校为本",这就要求作为校本课程资源开发主体的学校具有充分的"文化自觉",这种文化自觉一方面体现在文化选择主体对学校自身需要的文化的自觉理解与认识上,即文化选择主体不仅能够对学校自身已有的文化有所知,还要对学校需要的文化有所自觉,也就是文化选择主体要能够对学校已有的文化现状和未来的文化发展做到心里有数;另一方面是指学校身处民族地区,作为民族学校应当对民族文化有所自觉,明白学校在民族地区民族文化传承中应负有的责任和义务,即文化选择主体要了解民族地区的民族文化,要能够意识到民族文化在学校文化建设中应然和实然的价值。

民族地区文化最重要的特点就是其所具有的民族性,新课程改革为民族中小学进行学校文化特色建设提供了有力的帮助和途径,学校可以通过校本课程资源开发中的文化选择将那些充分体现民族地区民族性的文化引入校本课程,并将这些具有民族性的内容在课堂上、校园文化环境布置中显现出来,从而使得学校通过显在的课程内容和潜在的学校文化体现出民族性的特色。比如,很多民族中小学从民族特色出发建设自己学校的特色,开发一些以本地区民族文化为内容的校本课程及资源,选择本地区民族的各种装饰来布置校园、布置教室,组织与民族文化相关的活动、演出,等等,这些都在很大程度上凸显出了民族学校的文化特征与特色。

(2)民族地区文化的多样性为学校特色文化建设提供内容。

充分开发与配置学校所处地区丰富而独特的资源,是构建特色学校的基础与条件。民族地区的文化,不仅具有民族性的特点,还具有多样性的特点,如果说"民族性"为民族中小学的特色文化建设指明了方向,那么"多样性"则为民族中小学的特色文化建设提供了丰富的内容。学校无论是对于国家课程做进一步开发,还是对国家课程和地方课程进行"校本化"改造,那些以学校为本的校本课程资源开发的文化选择实践,都应该充分考虑学校的特点及学校所处的环境,充分利用学校所在地区独具特色的课程资源作为课程开发的基本条件和特色学校形成的基础。民族地区文化的多样性,使得民族中小学在开展校本课程资源开发中的文化选择时,不同学校可以依据自己学校学生的需要,依据学校教师的能力水平,依据学校可资提供的各项保障来选择不同的文化内容进入校本课程。实践中,一所学校有可能会选择一种文化来代表本校的文化特色,也有可能会选择一类文化来代表本校特色,还有可能选择几种文化进入校本课程,在具体实施中根据实际条件可以有所侧重。比如,宁夏Z-SYXZX就利用当地地处沙漠地区,适宜硒砂瓜种植这样的地域特点,依托地方资源优势积极开发了"西瓜种植、栽培技术"校本课程,从而形成了学校的农业科技教育特色;Y-TLHX以回族文化、国学文化为学校校本课程资源开发中文化选择的对象,但在实践中该校通过"国学经典诵读"系列校本活动,使得崇尚国学经典成为该校的文化特色。由此可见,民族地区文化的多样性特点为民族中小学校本课程资源开发的文化选择提供了丰富的对象,同时学校的这些文化选择实际上也体现出了学校文化特色建设的内容追求。

校本课程资源开发中的文化选择是学校文化建设中对整体发展的一次重新定位和自我设计,最终重塑学校自身形象,形成学校特色文化的过程。对于民族中小学校本课程资源开发而言,它的文化选择与学校文化有着内在的联系:学校文化制约校本课程资源开发中文化选择的内容,而校本课程资源开发的文化选择又是民族学校文化建设的重要内容并促成学校文化的创生。此外,作为一个动态持续的文化选择过程,这个过程具有生成性。这种文化选择从本质上讲,是学校根据自己的教育哲学思想进行的课程资源开发,开发的对象是不同文化。对于民族中小学而言,更应该将那些本地区、本民族中最具特色、最有育人价值的文化资源通过诸如校歌、校训、校徽、校园物质环境以及学生的各种活动加以体现。

四、民族中小学校本课程资源开发中文化选择的关系定位

民族中小学校本课程资源开发中的文化选择应该是校本课程建设的重心所在,它贯穿整个校本课程开发与建设的始终,文化选择的最终目的在于促进实现人与文化的双重发展。那么,民族中小学如何通过校本课程资源开发中的文化选择向少数民族学生传承本民族优秀的文化知识;如何通过校本课程资源开发中的文化选择培养学生在多民族与多元文化共存社会中交往所必需的能力;如何通过校本课程资源开发中的文化选择加强课程与民族地区学生生活的联系,培养学生的创新精神和实践能力等问题是面对民族中小学校本课程资源开发中的文化选择实践时值得深入探讨的问题。

本研究认为,正确处理好以下这五对关系是民族中小学校本课程

资源开发中文化选择的重要内容。

（一）文化选择主体主导性与多样性的关系

以文化为内容的课程资源是外在的、对象性的，需要主体发挥主观能动性去开发，开发中的文化选择是文化选择主体对文化这一客体的作用，是一种在意识指导下，通过行为的展开而进行的实践活动。在这一实践活动中，扮演不同角色和处于不同地位的主体发挥的作用也是不同的。如前所述，民族中小学校本课程资源开发中文化选择的主体是多元的，文化选择过程是合作参与的。

但是，从课程与教学的理论与实践中看，文化选择的主要力量是教师职责的发挥，是教师将文化选择渗透到课程资源开发当中，是教师在理论与实践中寻找课程资源与教育教学的结合点，教师也因此在文化选择的过程中承担了更多角色。校本课程资源开发中的文化选择如果离开了教师这一主体的参与，就会使教师自身失去作为校本课程的基本要素的特征，还会使校本课程资源开发中的文化选择失去学校课程所应具有的客观规定性与约束性。作为校本课程资源开发的文化选择中具有主导性地位的主体，教师一方面要对民族地区的文化具有归属感和认同感，让自己成为文化中具有文化的人；另一方面教师要关心文化在社会实践中的意义，使自己的文化选择行为具有创造性。民族中小学校本课程资源开发中的文化选择进一步明确了教师在课程中的文化选择权力，使得教师真正成为课程资源开发中文化选择的主人。

那么在现实的校本课程资源开发的文化选择中，文化选择主体的多元化与教师的主导性两者之间的关系如何呢？众所周知，校本课程资源开发中的文化选择需要完全来自于学校内部，文化选择完全依靠学校自身的条件和能力并实施全员参与，它充分地尊重和反映着学校教师、学生们的文化独特性和个体差异性。在校本课程资源开发的文化选择过程中，首先，文化选择应该建立在多元主体共同参与并协商的基础上，这是校本课程资源开发区别于国家课程和地方课程的地方，也就是说，校本课程资源开发重视集体在文化选择中的价值，它保证了文化选择能够满足需要满足的人，使得文化选择不是仅有一种声音的表达，而是有的放矢。其次，校本课程资源开发中的文化选择是多元主体参与，并不代表着每一个主体在参与中的角色与分工完全一样，不同主体的能力的差异、在课程中发挥作用的差异使得不同主体在文化选择中的地位存在必然的差异。这其中,由于教师角色的特殊性,加之教师的能力与实践经验的水平,使得教师当仁不让地成为众多文化选择主体中具有主导性的主体。

因此,民族中小学校本课程资源开发中的文化选择既不能忽视不同主体的地位和作用,又要看到教师所具有的主导性地位,正确处理文化选择主体的主导性与多样性之间的关系,有助于文化选择主体作用的良好发挥。

（二）文化选择内容民族性与特色化的关系

在现代社会,科学技术、文化知识飞速发展,可被选择进入课程的内容也随之增多,究竟哪些内容适合进入课程？哪些内容是与社会和学习者需要严重脱节的？这向校本课程资源开发提出了一个基本的、早已就有的关于"什么知识最有价值？"的课程问题。校本课程资源开发中的文化选择就是要根据具体地域特点、学校特点、学生特点、教师特点去寻找那些可以进入课程的,能够与教育教学活动联系起来的,具有不同文化教育价值的资源并使之进入课程。在民族中小学校本课程资源开发中,应该看到文化的民族性就是本地区文化最鲜明的特色所在,文化内容选择在共性特征下,应充分挖掘民族文化特色,并使之尽可能进入校本课程。

也就是说,民族中小学校本课程资源开发中的文化选择要做到:第一,注重本土性,尽量挖掘本地区文化及特色,根据本地区实际,体现以民族特色为主的地方特色;第二,应紧密联系民族地区学生的实际生活和社会发展现实,内容的选择既要有特色,又要切实保证为学生参与实践活动提供空间;第三,应帮助民族中小学学生形成对民族地区社会生活的完整认识,形成健康的情感、态度和价值观;第四,为了确保活动开展的有效性和实施过程的可行性,教师应该针对文化选择的内容进行预先实地考察,以确保活动安全有效地开展。比如 Y-TLHZ 的校本课程"唐徕渠灌区多学科综合科学考察"就是一门以宁夏地区特色地理、历史、文化、生态为内容的课程,这一课程在实施过程中主要以学生实地考察、探究的形式来完成,因此内容选择好以后必须由负责课程资源开发的教师预先与相关地区、相关部门联系,进入实地进行前期考察，以确定文化选择的内容能够有开发和开展的可能性。

就民族地区而言，本研究认为这些文化内容包括生态地理与自然环境、生产生活与民风民俗、社会历史事件与名人、传统科学与民族艺术、民族文学与语言文字五个大的方面。（见表5－1）

表5－1 民族中小学校本课程资源开发中文化选择的具体内容分类

序号	类型	具体内容
1	生态地理与社会环境	山川、江河、草原、动物、植物、矿产、气候、民族、政治、经济、教育、社会福利、社会建设等
2	生产生活与民风民俗	生产方式、劳动工具及其制作、节庆、饮食、婚丧、服饰、礼节、民族传统美德等
3	社会历史事件与名人	地方寓言、历史沿革、军事文化、姓氏由来、轶事趣闻、名胜古迹、名人事迹等
4	传统科学与民族艺术	天文、历法、算数、医学、建筑工程、陶器工艺、绘画、建筑、戏曲、陶瓷器具、民歌舞蹈、乐器、民族体育等
5	民族文学与语言文字	诗歌、传说、民谣、故事、格言、俚语、谚语、笑话与幽默、小说、民族语言文字等

上述这些内容可以成为民族中小学校本课程资源开发的文化选择对象，为文化选择实践提供一定的参照。实践中，文化选择在反映多元文化观的同时，应倡导把少数民族文化知识在学科领域里常规化，尤其对于少数民族学生来说，应该使学校课程有机会向他们传播本民族文化，使得民族地区的少数民族文化成为课程内容的一个重要组成部分。因此，民族中小学校本课程资源开发中的文化选择一要体现民族地区的民族性，二要通过这些反映地区民族性与地方性的文化内容来体现当地文化的特色。民族中小学在校本课程资源开发中不应该盲目追求文化的统一性，应保持文化资源的多样性与多元化，把民族地区文化资源开发变成一种以特色资源开发为主的活动，充分尊重少数民族与他民族的差异，充分发扬民族文化的优良传统，保持民族文化的民族性，有效地实现特色开发。这是民族中小学校本课程资源开发中文化选择的内容方面的重要指导策略。

（三）文化选择结构平衡性与现实性的关系

民族地区的文化类型多样，内容丰富，如何构建和优化这些课程文化资源,使之以合理平衡的方式呈现在课程资源开发的文化选择结果中是民族中小学校本课程资源开发的文化选择所必须要解决的问题之一。

所谓优化课程文化资源,是指当现有的资源配置出现问题,其内容、结构与现实需要失衡时,文化选择主体可以以具体目标为基础,通过调整结构,变换文化选择方式与内容来达到文化选择结果的新的平衡。校本课程资源开发中文化选择结构是指不同文化类型在文化选择中所占的分量和所属的地位,结构的平衡即是指多样的文化如何在校本课程中相对平衡地呈现,并使彼此间没有冲突或冲突最小化的问题。事实上,要使文化选择结构平衡,最好的也是唯一的办法就是从学生、学校、地方的文化现实需要出发来选择文化,使之在满足现实性需要的前提下实现结构平衡。

具体看来,民族中小学学校本课程资源开发中的文化选择在处理结构平衡性与现实适应性的关系时可以:首先,从文化的角度,要提高校本课程资源开发中文化选择内容的适应性和可变通性,即要使文化选择适应地区间经济文化的差异、适应不同学校的特点、适应学生各方面的差异,从而在文化选择的结构调整中依据这些差异性展开,并使其具有一定的灵活变通性。其次,民族中小学校本课程资源开发中的文化选择在多元文化背景下,要着眼于学生文化实践意识的养成,帮助学生体验生活并学以致用,强调文化选择要面向学生的生活世界和社会实践,只有这样的文化选择内容与结果才是文化选择结构调整的前提,才是文化选择结构达到平衡的具体体现。最后,明确不同文化在文化选择中的结构与地位,以实现文化选择结构的平衡性与现实性的统一。民族中小学校本课程资源开发中的文化选择,在满足上述文化选择内容对地方、学校、学生的适应性的基础上,思考不同文化进入校本课程的比重,以及民族中小学校本课程在民族中小学课程整体中的比例问题,即是探讨不同文化在文化选择中基于现实性基础上的文化选择结构的平衡问题。

以宁夏为例,调研中发现,民族中小学校本课程资源开发中的文化选择内容当中,国家文化的比例最大,占总数的56.5%;与地域文化相关的校本课程占总数的38.3%,其中"民族性"地域文化占地域文化的89.6%;与学校文化相关的校本课程占总数的5.2%。由此可见,民族地区校本课程资源开发中文化选择以国家文化为主,地域文化和学校文化比重较少,不利于发挥地域文化对少数民族中小学生的作用,也不利于民族文化在学校课程中的传承。实践中,在文化内容的选择上,应充分考虑特定地域文化和地域经济以及社会生活现实,选择有利于学生融入其中的文化,对于民族中小学而言,这样的内容就包括地域文化及其所包含的少数民族文化,这样的内容进入课程才有助于使整个校本课程结构体现出浓厚的地方特色。

此外,从整体的三级课程结构来看,新课程改革规定地方课程与校本课程两级合占义务教育总课时比例的10%—12%[①],这样的课时比例与民族中小学的民族文化传承与民族地区人才培养的需求之间有一定差距。当然,这样的课时比例安排,实质上还是以发达地区为依据和标准来制定的,少数民族地区大部分经济不发达,其教育受此影响,存在被忽视的情况,因此有专家认为,为了适应少数民族地区的文化多元性,民族地区民族中小学的地方课程与校本课程的比例应调整到12%—15%[②]。

由此可见,民族中小学校本课程资源开发中的文化选择不仅要在内容上以其对现实的适应性需求来为文化选择结构的平衡找到前提基础,还应该在实践中对文化选择内容的比例、校本课程自身的课时比例加以调整,以实现文化选择结构的平衡性与现实性的统一。

(四)文化选择过程标准化与操作性的关系

美国课程专家斯密斯(Smith)认为,课程内容的选择标准应该包括以下五个方面。第一,所选择的内容对于一个有组织的知识体系具有重要意义;第二,所选择的内容经得起历史的考验,或被长时间使用;第三,所选择的内容具有实用性;第四,所选择的内容对学生有益,能激发学习兴趣;第五,所选择的内容能够促进民主社会的形成和发展。由此可以看出,课程资源开发中的文化选择有一定的可遵循的标准,依据不同研究者研究视角与出发点的不同,关于这一标准的认识也就有所不同。对于民族中小学校本课程资源开发中的文化选择而言也应该有

---

① 王鉴,等.我国民族地区地方课程及其政策研究[J].民族教育研究,2006(2):16-17.
② 王鉴,等.我国民族地区地方课程及其政策研究[J].民族教育研究,2006(2):16-17.

一个可供遵循的标准,这一标准的制定主要取决于两方面:第一,文化选择对象的特点;第二,文化选择受益者的需求。因此,民族中小学校本课程资源开发中文化选择的标准也离不开这样两个大的方面,即文化选择以被选择的文化对象的特点和文化选择内容与结果的受益者的需求为标准,看文化选择是否反映了民族地区文化的特殊性,看文化选择是否满足了人的发展需求,这样的标准可用以衡量民族中小学校本课程资源开发中的文化选择的合理性与可行性。

美国课程理论专家泰勒(Ralph Tyler)在《课程与教学的基本原理》(*Basic Principles of Curriculum and Instruction*)(1949)中提出课程内容过滤的"三个筛子"的理论,即教育哲学、学习理论、教学理论是课程内容选择所要依赖的三种理论。英国著名的课程专家丹尼斯·劳顿(Denis Lawton)的文化选择课程编制模式中建议规定一组文化分析的原则和步骤来保证课程对文化的合理选择,并认为文化分析主要借助于哲学和社会学,对特定文化框架中的几个主要系统的概念进行变量和非变量分析,进而做出关于公共文化形式的判断,然后再借助教育心理学完成各年级课程的安排以及每一门课程的设计。劳顿将上述观点归纳为课程布局的五个阶段。(见图5-2)

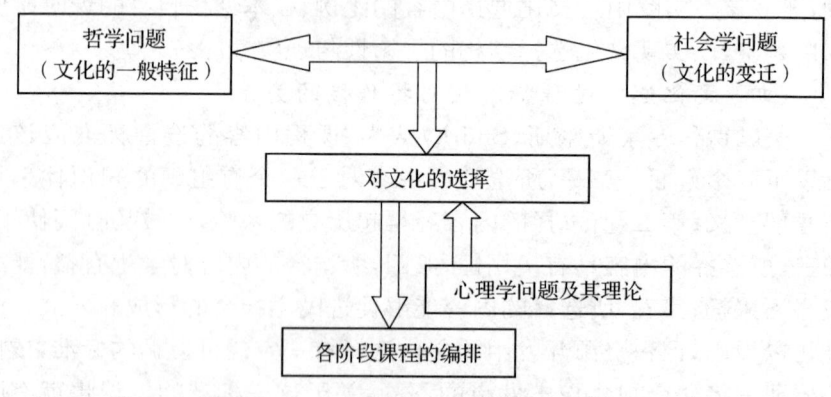

图5-2 劳顿课程文化选择的五阶段[①]

泰勒和劳顿的理论说明了课程资源开发中的文化选择实质上就是

---

① 靳玉乐.校本课程开发的理念与策略[M].成都:四川教育出版社,2006:151.

依据这样三方面理论或机制而展开的一种文化选择过程。其中,泰勒的课程内容过滤的"三个筛子"对于今天的民族中小学校本课程资源开发的文化选择而言,同样适用。比如,在校本课程资源开发的文化选择中,教育哲学可以用来指明文化选择一定要在反映社会发展的需要的基础上,尽可能向着有利于实现学校的办学理想和宗旨的方向发展;学习理论要求文化选择的内容与结果一定要符合学生个体的身心发展需求与特点,要尽可能与学生学习的内部条件相一致;而教学理论则说明文化选择不能脱离教师的现实能力水平,要尽可能与教师专业能力的发展水平相适应。这也印证了劳顿课程文化选择的五个阶段中的文化选择要以哲学、社会学、心理学为标准,要在文化的一般特征、文化的变迁及个体心理发展特点基础之上来进行。

所以,对于民族中小学校本课程资源开发的文化选择而言,文化选择必须反映学校的办学理念与育人目标、社会发展需求和学生发展需求,文化选择的内容要符合师生的心理逻辑,这样的标准有助于文化选择有据可依,有助于文化选择在按照这样的标准展开选择时有一定的可操作性和方向性。也即是说,民族中小学校本课程资源开发中文化选择的标准保证了文化选择过程的可操作性,为文化选择的过程限定了方向。

(五)文化选择结果继承性与发展性的关系

民族文化是一个民族赖以生存的精神力量,它是一种集体表象。对于民族文化而言,继承是发展的必要前提,发展是继承的必然要求,文化的继承和发展是一个动态的过程,这二者是同一过程的两个方面。校本课程资源开发中的文化选择是传承民族传统文化的最直接、最有效的途径,它充分发挥学校课程的特点,有利于系统、完整、综合地传承民族传统文化;它在学校面对众多学生传授民族传统文化,有利于从整体上扩大民族传统文化的影响力;它以课程的形式来传承民族传统文化,有利于借助课程的系统性和严密性来促进学生简便快捷地学习民族文化;它有利于让学生学习的内容与自己的生活紧密相连,激发学生对民族文化的兴趣和热爱。

民族地区校本课程资源开发中文化选择的结果一方面体现在物质层面上,如校本教材、学生作品、学校物质环境;另一方面则体现为人的精神层面的进步,如文化认同、爱国爱家爱校的情感等等。但不论是哪个层面,都体现出民族文化在促进个体发展的同时也实现着自身的继承与发展。在民族中小学校本课程资源开发的文化选择中正确处理文化继承与发展的关系,对于文化自身的保护与进步有着重要的意义。

那么民族中小学校本课程资源开发中的文化选择需要注意哪些问题呢?

第一,民族学校要为民族文化的继承和发展提供可能性。民族学校的校本课程资源开发必须从内容到形式突出民族性、地方性、历史性,且使文化选择的结果具有系统性、完整性、重点突出、内容生动、便于讲解等特点。校本教材或教学活动的安排与设计应精心选择大量与儿童生活紧密相关的、具有吸引力的内容,考虑到不同地域、层次、水平的学校的需要,鼓励具有民族文化特色和民族文化底蕴的校本教材的编写、采用与实施,使课程能较大容量地展现民族文化的丰富性。在民族中小学校本课程资源开发中的文化选择要注意将关于少数民族独特文化符号的了解、识别、认同、记忆和应用的相关内容选入到校本课程资源开发中来,使其成为重要的校本课程资源,包括少数民族学生真实生活状态中的民族文化传统仪式、民间游戏、社会活动等,这些内容使民族中小学与民族文化传统间建立亲密的内在联系,其中,对于有自己民族语言文字的少数民族中小学而言,还可以开发双语课程资源,以提高文化传承的效果和质量。

第二,文化选择的结果呈现的形式要灵活多样。校本课程资源开发中的文化选择要充分发挥自身在文化传承方面的优势,通过文化选择的结果所体现的隐性文化价值让学生感受浓郁的民族文化氛围,从而促进个体的全面发展与民族文化的发展。这些具有隐性文化价值的内容通常是通过民族学校校内和校外的各项活动、各种组织来体现的,如在学校内举办各种具有民族特色的文化节、开展民族体育活动、组织学生民族文化展演;借助媒体为学校的民族文化传承成果做宣传,让学生乃至社会体验到保存优秀传统文化的意义;还可以以学校或相关教育行政部门将本地区具有代表性的民族文化工作者、民间艺人和文化传承人邀请进校园、进课堂使其成为保存民族传统文化及进行学校课堂的重要形式和力量；还可以让学生走出课堂，走进地区和民族文化的现场，通过参观与实地考察来感受民族地区的文化；等等。

第三，文化选择的结果要在继承的基础上求发展。由于文化是一种处于永恒发展中的社会现象，且在文化的发展过程中，文化在被选择之后，一方面对于原有文化形态和内容加以继承，另一方面又会对原有文化形态和内容加以扬弃，并创造出崭新的形态和内容以适应社会发展进程。民族文化在发展过程中也同样会经历这样一个以继承为基础，以发展为目的路径。

所以，民族中小学校本课程资源开发中的文化选择必须看到上述这样一种民族文化发展的渐进过程，在文化选择的过程中始终将文化继承看作是文化创新的重要前提和基础。实践中，校本课程资源开发中的文化选择结果一方面要加强对已有的文化成果的挖掘，让民族地区长期积累起来的文化成果得以在学校课程中实现不间断的传承；另一方面，学校作为文化进步的重要力量，在对民族文化传承的基础上，要结合时代发展的需要对民族文化做进一步的创新，以实现民族文化继续向前发展。文化选择中，民族中小学要广开文化选择的途径与渠道，加大对民族文化遗产的挖掘与传播，同时，还要组织学生共同思考、探究新的文化发现，为民族文化的新进展提供新思路和策略。

五、民族中小学校本课程资源开发中文化选择的过程策略

民族中小学校本课程资源开发的文化选择在民族学校展开，它涉及学校教育教学乃至校园文化建设的各个方面，需要学校内部方方面面的人员参与其中，是一个动态的过程。因此，民族中小学校本课程资源开发中的文化选择首先要建立起一个学校内部的文化选择运作系统，以阐明学校中参与校本课程资源开发中文化选择的成员有哪些；说明不同成员在文化选择中的角色和地位是怎样的。民族中小学校本课程资源开发中文化选择的主体应当在文化选择的过程中有不同的角色，并不是每一个主体都会在文化选择的全程发挥作用，但作为主体却必须要在应有环节中发挥应有的作用，且主体之间应是相互协调、共同参与文化选择的关系。

基于文化选择的现状,本研究认为,民族中小学校本课程资源开发中的文化选择过程应该遵循以下的步骤和相关策略展开。

（一）提出文化选择意向,规划各自职责

以校长为核心的学校管理者在校本课程开发与建设之初,首先共同提出一个开发意向,并基于这个意向着手建立一个相关的组织或团体,这个过程是一个横向领导机制的形成过程。这个团体可以是以年级为单位的教师集体,也可以是以学科教研组为单位的教师集体,团体中的每一个人都可以成为文化选择的领导者,彼此之间是一种价值观和理念互动、共生的关系。团体中的年级组长、教研组长及其中的教师都可以对文化选择提出迫切的需求,都可以参与责任的规划。就校本课程资源开发中的文化选择而言,这种横向领导机制的建立往往包括成立文化选择办法管理小组,确立不同的工作项目,选定项目之间的协调者,校长在这一过程中的作用往往在于设计共同愿景,促进组织形成教育哲学和理念。在校本课程资源开发的文化选择过程中,这一环节的任务通俗地讲就是探讨关于"要不要展开文化选择"。

这样的组织或团体的建立实际上就是实现领导者与组织成员之间关系的横向多元互动。在民族中小学中,以校长为领导的校本课程资源开发要求教师团体共同参与到文化选择的组织的建立中,必须建立这样的组织以保障校本课程资源开发及其文化选择在民主、开放的人文环境下展开。这样的横向管理模式的建立,可以为文化选择提供先期的人力结构保障,可以以此为领导小组展开后续的文化选择提供具体指导。在这一过程中,学校管理者是文化选择的思想指导者,教师集体是文化选择的支持者。

（二）确定文化选择主题,彼此协商沟通

在校本课程资源开发的文化选择之初,主要是文化选择主体之一的教师来组织校本课程及其资源开发的文化选择。教师要依据学生的需要、依据文化的特点、依据教师的能力、依据学校可资提供的条件对不同文化资源进行筛选,以确定一个相对宏观的抽象的文化选择主题。这一主题在确定过程中要不断与学校管理者进行沟通和协商,以确定学校是否适合选择这样的文化,学校是否有能力对这样的文化选择给予人财物的保障。比如Y-XHYX的校本课程"绽放的花儿"最初就是由该校的J校长联合学校的音乐教研组共同选定的文化主题,然后经由该校音乐教研组的老师们依据学生的身心发展特点、依据学校回族学生的特殊性、依据自身的能力水平和学校为他们开发此资源所能提供的条件确定了这一文化主题。此外,任何一个文化主题的确定都需要与学生集体进行必要的沟通,以确定这样的文化选择是否是学生所需要的,是否是学生感兴趣的。

可以说,这一环节实际上实现的是以教师集体为核心的对于文化选择内容的一种"集体审议"①,教师以及学生在这一环节中要对文化选择到底应该"选择什么"进行解答,通过集体审议得出应该"选择什么"的行动决定,其中教师是文化选择的发动者、学校管理者是文化选择的决策者、学生是文化选择的需求者。所以这一环节对教师而言,就是对"教什么"做出选择和解答,对学生而言就是对"需要什么"做出选择和解答。

(三)细化文化选择主题,分配各自任务

文化主题确定后,由教师分工合作,带领学生根据学生的文化选择需要、根据学校所提供的文化选择条件、根据教师自身的文化选择能力进行文化主题的进一步选择与细化。这一阶段可以制订课程大纲与计划,组织编写校本教材。在这一阶段的实践中,可以将一个大的文化主题分为与之相关的若干个小的主题,不同教师可以根据自己的能力和兴趣从中选取一个或一个以上的主题来进行进一步的文化选择,这些任务完成后又需要再次获取学校管理者的肯定及支持。

还是以"绽放的花儿"为例,当学科教研组确定以"花儿"这一文化资源作为校本课程资源开发的对象后,教研组的音乐教师们就展开分工合作,有的教师负责选择歌唱回族、宁夏、美好生活的花儿曲目;有的教师负责整理与宁夏、回族相关的民间音乐知识和民族音乐人的相关资料,比如《回族宴席曲》介绍、"西部歌王"王洛宾的一生、宁夏儿歌、回族花儿歌舞剧《贺兰雪》的介绍、回族乐器口弦、泥哇呜、咪咪等等,使得该课程的文化选择内容更加充实有趣;有的教师负责

---

① 徐玉珍.校本课程开发的理论与案例[M].北京:人民教育出版社,2003:89.

在现有花儿曲调的基础上,结合学生和学校的育人目标,编写与学生生活和发展密切相关的现代花儿,如:《你把网吧的大门少(者)进》就是由学生填词,教师编曲的具有学校育人特色的花儿,《黄土坡坡漫花儿》就是由教师自己填词自己编曲的花儿歌曲。在这一环节中,教师是文化选择的组织者,学校管理者是文化选择的引领者,学生则是文化选择的配合者。

(四)开展文化选择实践,收获文化成果

具体到了课程实施阶段,在课程实施过程中教师和学生还需要针对具体的文化内容选择一些相关的素材来实现文化选择的结果。这一环节中,教师要尽可能地调动学生的文化选择积极性,以学生为主体选择课程资源,通过学生的各种成果与收获展现文化选择的结果,过程中学校领导者不断通过学生的成果展示为文化选择提供新的指导意见。"绽放的花儿"这门校本课程在具体实施阶段,就是由教师向学生通过讲解"花儿"文化、教唱"花儿"曲调、共同练习"花儿"表演,最终使学生掌握"花儿"的相关文化,并能以生动活泼的形式表现出来,学生们参加了多次表演,收获丰硕。这一环节中,教师在文化选择中做得更多的是通过实践活动、通过师生共唱"花儿"来促进校本课程对"花儿"文化选择的结果。而校领导在这一环节中主要是为本校的"花儿"课程提供展示的机会和空间,以推进"花儿"文化的传承。所以,在这一环节中,教师是文化选择的促进者,学生是文化选择的实践者,学校管理者是文化选择的推进者。

(五)反思文化选择结果,指导新的实践

根据文化选择的内容与结果,教师要对文化选择进行调整,调整的过程中要质询专家、领导。教师在这一阶段要对体现在学生身上的文化选择结果、体现在学校特色建设中的文化选择结果进行反思,为下一步的改进提出问题和方向。如"绽放的花儿"文化选择的内容与结果就是经过师生不断地调整、改进的,最终以一种较为完整的、具有一定体系的内容进入校本教材,并且在该校中可以从其校园文化环境看到"花儿"所带动的该校对于一系列回族文化的选择与传承的成果,与此同时,"花儿"作为一种非物质文化遗产在社会上也产生了重要的影响力。值得注意的是,这一反思的过程和最后选择的结果应该是集体通过一

次次反思的过程自然而然地形成的一个相对最合适的选择方案。在这一环节中，教师是文化选择的反思者，学生是文化选择的受益者，学校管理者是文化选择的监督者。

以上关于民族中小学校本课程资源开发中文化选择的过程步骤、过程中的参与主体及主体在过程中的角色可以通过图5-3给予直观的呈现。

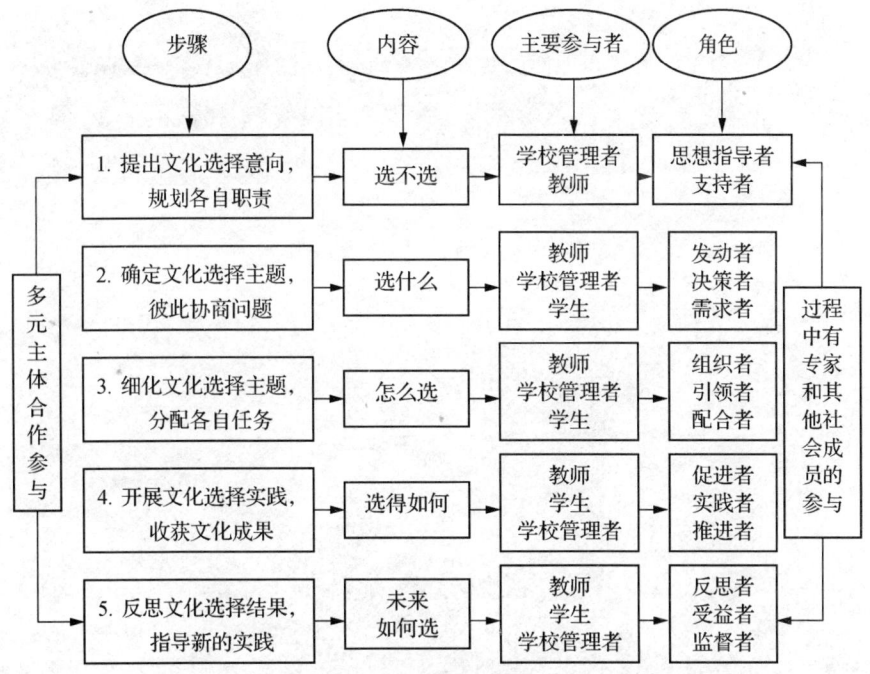

图5-3 民族中小学校本课程资源开发中文化选择的过程

由此可见，在这一文化选择过程中不同主体参与不同环节，具有不同角色地位，他们共同成为文化选择的合作者和参与者。在这些环节中，除了教师、学生、学校管理者之外，专家、行政领导也会在过程中给予一定的意见和指导。

在这里需要补充说明两点，第一，虽然本研究将校本课程资源开发中的文化选择分为不同阶段，在每一个阶段里由不同的文化选择主体参与文化选择，但这并不意味着文化选择是阶段性的，也不意味着每个文化选择主体是有选择地进入文化选择过程的。这样的步骤划分是为了体现文化选择是有过程的,且在这一过程中不同的文化选择主体在不同阶段所具有的作用是不同的。第二,文化选择不能独立于课程资源配置而展开讨论,这个过程可以被看作是一个校本课程资源配置过程,但它所表达的就是一个文化选择的过程,在此过程中并不涉及具体如何进行资源配置的问题,这不在本研究范围之内。

结　语

　　要充分实现人类社会存在和发展的价值就必须开发和利用各种文化资源,而开发和利用的前提是要对已有的文化进行选择,选择那些有价值的内容对其进行开发和利用,以保证其可持续的发展。也就是说,不论是属于上层建筑的制度和观念层面的文化,还是物质形态的文化,都要根据当时社会政治经济以及个体发展的需要,将那些适应需要的保留下来,甚至把它发扬光大,不适合的就要被淘汰,这样的过程实际上就是一个文化选择的过程。在这一过程中,课程承载着人类文明成果,传递着社会文化,促进着个体发展,课程要实现对文化具有教育意义的选择、重组、改造和传播,这是课程文化学中的一个应然命题,也是课程不可推卸的责任和使命。新课程改革提出的三级课程管理模式中的校本课程,在资源开发与建设中一方面使学校拥有了课程自主权,另一方面也为学校课程发展与建设提出了不小的挑战。

　　由于研究者个人能力有限,加上研究问题的复杂性,使得本研究在实践过程中主要存在以下三个方面的难点。

　　第一,民族地区由于面对的文化类型具有多样性,使得民族中小学校本课程资源开发中的文化选择相对于其他地区的其他学校而言具有自己的特殊性,研究中如何挖掘与分析这些特点是研究的难点,但也是研究的立论基础。

　　第二,现有校本课程资源开发是一个兼具动态开发与静态课程文本解读的复杂事物,在动静结合中如何选取有效的依据和维度来对问题加以考察是研究在进行调查设计时的一大难点。

第三,文化本身即是一个极其复杂的概念,民族中小学校本课程资源开发中的文化选择从主体到对象都是多元的,如何在这种复杂性之下为民族中小学校本课程资源开发中的文化选择建构一种包括过程与原则、依据与策略在内的机制,以保障其良性运行,这也是本研究中最终要解决的难点之一。

一、研究结论

在我国,对于民族地区的民族中小学而言,在校本课程资源开发中面临着对包括国家文化、地域文化和学校文化在内的多种文化的选择。民族中小学校本课程资源开发中的文化选择既要弘扬中华民族优秀传统文化,又要传播现代科学技术成就;既要展现民族地区的"地方性"地域文化,又要传承民族地区的"民族性"地域文化;既要建设学校的校园物质文化与制度文化环境,又要创新学校的精神文化。总之,民族中小学校本课程资源开发中的文化选择所面对的对象既丰富又复杂,文化选择时要体现出文化选择对象多元与一元、文化选择主体主导与多样、文化选择结果促进个体发展与文化发展的特点。

(一)文化选择对象:多元文化与一元文化

事实上,探讨民族中小学校本课程资源开发中的文化选择问题就是探讨文化选择到底是以一元文化为取向还是以多元文化为取向的问题,这是民族中小学校本课程资源开发文化选择中的两难问题。民族中小学在校本课程资源开发的文化选择中,不应有追求文化一元的倾向,从教师到学校管理者都应将文化选择是否能够实现促进个体或学校发展看作是文化选择的标准,文化选择不应限定于某一种文化之内,多元文化应成为文化选择的主要取向。因此,可以说,在民族中小学,总的课程设置还是以国家文化所代表的主流文化为主,但新课改三级课程中校本课程的出现,为多元文化及其观点渗透到学校校本课程资源开发的文化选择当中、在民族中小学不同的文化以显性或隐性的形式存在于学校课程当中提供了可能。校本课程资源开发中文化选择的内容应尽可能全面地反映教师、学生、地域的所有文化,这一方面有助于民族中小学学生全面地理解不同族群的文化特征,帮助他们学习跨文化交往的技能;另一方面,通过校本课程资源开发的文化选择,可以使课程在表述各族群的文化时,能以一种多元包容、尊重的方式展开分析与讨论,避免一元文化为主所带来的文化歧视与偏见。这样的文化选择才有助于学生和文化的自我发展与完善。

因此,民族中小学校本课程资源开发中的文化选择,应在现实中探寻如何在一元文化与多元文化之间保持一种必要的张力,这才是解决校本课程资源开发中文化选择两难问题的可选策略。①

(二)文化选择主体:教师主导与主体多样

民族中小学校本课程资源开发中的文化选择除了所面对的内容多样外,参与文化选择的主体也是多样的,各个主体在文化选择中主要有如下表现。

首先,民族中小学教师在校本课程资源开发的文化选择中,表现出文化选择主体意识较强,但主体行为能力较弱的特征。教师能够意识到文化以及文化进入课程的价值,对于包括国家、家乡、民族的不同文化有一定的了解,但对于课程在文化传承中的作用认识不够;教师能够认识到文化选择的目的在于促进学生的发展,但课程在教师视野中并没有成为文化传承的主渠道。

其次,民族中小学学生在校本课程资源开发的文化选择中,表现出文化选择主体意识与行为薄弱,认为教师是文化选择的主要影响因素;对不同文化,尤其是家乡少数民族文化有较高认同水平,但是对其他文化缺乏了解和认识;能够意识到不同文化进入课程的价值,但是并没有把课程视为文化传承的主渠道。

最后,民族中小学学校管理者在校本课程资源开发的文化选择中,表现为:文化选择角色意识明确,但文化选择实践能力不强;认可校本课程资源开发中文化选择的价值,但认识不够全面;校长个人文化成为文化选择的重要来源,但对于整个学校包括教师能力、时空条件在内的文化选择支持不乐观。

---

① 陈时见,朱利霞.一元与多元:论课程的两难文化选择[J].广西师范大学学报:哲学社会科学版,2000(2):25.

由此可见,文化选择主体呈现出多样化的特点,但在文化选择的实践中,由于教师在整个教育教学中的特殊地位,使得教师在众多文化选择主体中承担了文化选择的主要任务,成为文化选择的主导者。所以说,民族中小学校本课程资源开发中的文化选择主体是以教师为主导的多样化主体,文化选择中应处理好教师主导和多元主体参与之间的关系。

（三）文化选择结果：促进个体发展与促进文化发展

民族中小学校本课程资源开发的文化选择要在促进个体发展的同时促进文化的传承与发展,这是文化选择的目标,也是文化选择的归宿。任何课程都以促进个体全面发展为目标,校本课程资源开发中的文化选择也不例外,它是通过文化选择的过程与结果来实现对人的发展的促进,选择的文化在满足个体需求的同时可以实现个体的进步与成长。但是,课程资源开发中文化选择的特殊性,使得文化选择的过程在以促进人的全面发展为目的同时,还实现着文化自身的发展。对于文化自身的发展而言,它是通过文化选择来培养有文化的个体,从而由这些承载文化的人来实现对文化的传承与创新,虽然这对于文化自身发展的促进作用是间接的,但也是文化选择非常重要的价值所在。

因此,民族中小学校本课程资源开发的文化选择中,一方面,个体通过文化选择的过程提高文化选择的能力,学习了解不同文化,掌握相关经验,实现个体的主体化、个性化、社会化发展；另一方面,文化选择的内容与结果又通过校本课程内化于个体,同样地实现着文化自身的发展与创新。因此,对于文化选择的过程而言,这一过程的实质体现着文化选择的两个方面的价值,即对于个体来说,文化选择是促进个体发展的手段和中介,个体发展是目的;对文化来说,个体是手段和中介,文化的发展是目的。

二、研究反思

总体来说,本研究把课程看作是一种复杂的文化现象,以民族中小学校本课程资源开发中的文化选择作为研究对象,从研究的视角上看,涉及教育学、民族学、文化学,甚至部分地涉及社会学等多学科领域,采用跨学科的视角。从研究内容上看,本研究以宁夏民族中小学校本课程资源开发中的文化选择为切入点,将少数民族地区校本课程资源开发置于课程文化研究的视野中,通过对民族中小学校本课程资源开发中的文化选择之现状的审视与反思,探讨少数民族文化在调整其与主流文化、普遍性知识之间关系的过程中如何对自身生存空间进行有效的挖掘。从研究立场上,为了克服文化以及文化选择主体权利的偏见,本研究主要通过主位访谈法、问卷调查法等方法,进入文化选择现场,直接收集并展示文化选择的现实样态,将从中分析出的内容作为文化持有者的各种观点。

  在研究中面对的是多个民族中小学的多个校本课程资源开发的文化选择结果,研究对象总量较大,而研究者本人各方面的资源极其有限,使得研究从过程到结果都难免会存在诸多疏漏与不足,诸如对更广泛的文化选择主体的调查研究,对已有校本课程资源开发的文化选择结果的更深入的剖析,对某些资料的后续充实与增补等。此外,对于民族地区的校本课程资源开发而言,基于民族语言开发的双语课程应该是校本课程资源开发中文化选择的重要对象和结果,但是该地区回族发展由于受历史文化等因素的影响,使得宁夏语言文化极大地区别于其他地区的其他民族,具有自身的特殊性,即回族群众在日常的生活中、学校教育中都是以汉语作为本民族语言的,因此,在宁夏没有以双语为内容和形式的校本课程资源开发,这也使得本研究在一定程度上典型性和代表性不强,好在实际调研中确实看到了不少反映宁夏及回族文化的校本课程资源开发的成果。今后如果有机会进一步做相关研究的话,在本研究基础上一定尝试对不同民族地区的不同民族的校本课程资源开发的文化选择进行研究,并对本研究中尚不成熟的想法和观点给予进一步深化与完善。

  本研究主要运用了文本分析、问卷调查、访谈、课堂观察等研究方法展开研究,但实质上对于与"文化"内容相关的研究,除了这样一些方法之外,还可以借助能够更加深入、细致地反映文化选择的动态过程的学科与方法,如现象学的研究方法、人类学的研究方法等,在后续的研究中将加强对这些学科及研究方法的学习与运用,从更加广泛的学科视野审视课程领域的文化问题。

三、研究展望

民族中小学地处民族地区,社会政治、经济、文化、教育发展水平相对较低,在这样的社会背景下如何发挥校本课程资源开发的作用与功能有赖于资源开发中文化选择的合理性和科学性,这种科学性与合理性又与文化选择的理论与实践研究密不可分。因此,在针对该问题的后续研究的理论和实践中需要做到以下三点。

(一)研究要走向反思性的实践

在教育活动中,教育者不仅需要具有理论理性,去不断建构和发展教育的各种理论,而且还需要具有实践理性,在教育实践中反思、在反思中实践。校本课程资源开发作为一种现场本位的活动,具有强烈的实践倾向,因此对于本研究而言,反思性实践理应得到倡导,即在研究中应当遵循这样一个"选择—实施—观察—反思—再选择"的过程,在这一过程中,文化选择的实践反思将会最终促使文化选择结果不断完善,促进文化选择质量不断提升。因此,在今后对该问题的研究中更应该关注那些能够推进文化选择实践反思的研究与研究方法的出现。比如,行动研究理论与方法的运用,就可以让处于社会文化情境中的文化选择主体通过在文化选择行动中不断反思,来逐步提高对实践的理性认识,并在此基础上加深对文化选择实践活动及其所依赖的各种文化背景的理解,使民族中小学校本课程资源开发中的文化选择实践成为一种应然的反思性实践。在今后的研究中,要注意将反思与实践相结合,将实践上升为理性实践。反思性实践不仅仅是对文化选择结果的反思,更是对文化选择全过程的反思;反思性实践不仅仅是文化选择主体的反思性实践,更是包括专家在内的共同合作式的反思性实践。

(二)研究要不断深化基础理论

校本课程资源开发作为一种以校为本的课程实践,研究中虽然强调其反思性实践的作用和价值,但是研究中思考如何从实践中构建理论知识仍然十分必要。从深化研究的基础理论的必要性来看,一方面,校本课程资源开发的文化选择过程是一个体现学校中文化选择主体自主进行资源开发的机制,它与国家课程开发所体现的中央集权开发机制和地方课程开发所体现的地方分权开发机制三者之间是一种什么样的关系？它们彼此之间的结构层次是怎样的？它们各自的权限和责任范围是怎样的？其依据的文化选择标准是怎样的？等等，诸如此类的问题尚需通过理论做出进一步探讨，以防校本课程资源开发中学校的文化选择主体地位落空，导致校本课程资源开发的文化选择流于形式，毫无价值。另一方面，校本课程资源开发的文化选择受不同因素的影响，文化选择的研究在借助多学科或多视角探讨相关影响因素的时候也有赖于文化选择理论的深化与指导。就校本课程资源开发的文化选择的实践来说，进一步明确校本课程开发、校本课程资源、文化选择等概念，也要基于一定的理论展开对概念的"再概念化"，并在理论层面上探讨文化选择的内在机制，尝试建构文化选择的标准体系，以及通过理论分析探讨基于民族地区校本课程资源开发中文化选择的特殊性之上的理论问题等。由此可见，未来对于该问题的研究还有待在理论层面上进行深化，以有效、有目标地指导文化选择的实践。

（三）研究要灵活运用研究方法

如前所述，民族中小学地处民族地区，校本课程资源开发中的文化选择是一个在理论指导下兼具实践性和特殊性的实践活动。这种特殊性体现在文化选择的对象是特殊社会情境中的文化，文化选择的主体是特殊情境中的个体，这就使得研究不仅需要系统的观念体系和逻辑架构，还要通过实践建立起来一种适合于在特定情境中解释特定社会现象的理论，这种理论由于其与实践密不可分，所以它属于一种来源于实践并致力于解决实际问题的"实质理论"[①]。具体看来，在今后的研究中，可以尝试借助人类学的研究方法，形成理论立场和方法论视角，在具体研究中运用人类学研究方法，如以某一个区域或者类型的几所学校及若干人物为田野点和对象，进行深度访谈、观察、口述、文本（包括政策、作品、影像等）分析等等，实现对研究问题的扫描、挖掘、分析、解释、建构。此外，还有质的研究方法在理论构建的路线上也是一种自下而上的理论构建，它强调研究要通过对原始资料的归纳与分析产生相关理论，如校本课程资源开发的文化选择研究就可以通过收集相关

---

① 叶波,范蔚.课程改革十年:校本课程开发的进展、问题与展望[J].教育科学研究,2012(4):51.

资料,从中构建起某种理论,且理论与资料具有密切的联系。这些研究方法都是强调从现实的经验中去不断抽象出相关的概念原理、思想的方法,这样的方法不仅有助于理论与实践的结合,更有助于实现新理论的构建与创生,也只有这样的课程文化研究对于深化课程理论的发展才具有重要的现实意义。

参考文献

一、中文文献

● 著作类

1. [英]爱德华·泰勒.原始文化[M].连树声,译.桂林:广西师范大学出版社,2005.

2. [美]阿瑟·W.库姆斯,等.学校领导新概念:以人为本的挑战[M].罗德荣,黄爱萍,等,译.北京:中国宇航出版社,2002.

3. [挪]波·达林.理论与战略:国际视野中的学校发展[M].范国睿,主译.北京:教育科学出版社,2002.

4. [荷]C.A.冯·皮尔森.文化战略[M].刘利圭,等,译.北京:中国社会科学出版社,1992.

5. 丛立新.课程论问题[M].北京:教育科学出版社,2000.

6. 崔允漷.校本课程开发:理论与实践[M].北京:教育科学出版社,2000.

7. [美]迪尔,彼德森.校长在塑造学校文化中的角色[M].王亦兵,译.北京:中国青年出版社,2006.

8. 丁克家,马雪峰.世界视野中的回族[M].银川:宁夏人民出版社,2008.

9. 丁国勇.宁夏回族[M].银川:宁夏人民出版社,1993.

10. 丁国勇.回族史话[M].银川:宁夏人民出版社,2005.

11. 丁宏.回族社会的和谐与发展[M].银川:宁夏人民出版社,2011.

12. 刁培萼.教育文化学[M].南京:江苏教育出版社,1992.

13. 邓志伟.多元文化课程开发[M].合肥:安徽教育出版社,2008.

14. 傅建明.校本课程开发中的教师与校长[M].广州:广东教育出版社,2003.

15. 范国睿.多元与融合:多维视野中的学校发展[M].北京:教育科学出版社,2002.

16. 范兆雄.课程文化发展论[M].广州:广东高等教育出版社,2005.

17. 范兆雄.课程资源概论[M].北京:中国社会科学出版社,2002.

18. 顾明远.中国教育的文化基础[M].太原:山西教育出版社,2004.

19. 葛金国,等.课程改革与学校文化重建[M].合肥:安徽教育出版社,2007.

20. 胡定荣.课程改革的文化研究[M].北京:教育科学出版社,2005.

21. 郝德永.课程与文化:一个后现代的检视[M].北京:教育科学出版社,2002.

22. 黄显华,等.课程领导与校本课程发展[M].北京:教育科学出版社,2005.

23. 靳玉乐.校本课程开发的理念与策略[M].成都:四川教育出版社,2006.

24. 靳玉乐.新课程改革的理念与创新[M].北京:人民教育出版社,2003.

25. 金志远.民族文化传承与民族基础教育课程改革[M].北京:民族出版社,2008.

26. 金一鸣.教育社会学[M].南京:江苏教育出版社,2000.

27. 金生鈜.理解与教育——走向哲学解释学的教育哲学导论[M].北京:教育科学出版社,1997.

28. 江山野.简明国际教育百科全书·课程[M].北京:教育科学出版社,1991.

29. [美]克利福德·格尔茨.文化的解释[M].韩莉,译.南京:译林出版社,2008.

30. 刘明君,郑来春,陈少岚.多元文化冲突与主流意识形态建构[M].北京:中国社会科学出版社,2008.

31. 刘伟.宁夏回族历史与文化[M].银川:宁夏人民出版社,2004.

32. 刘旭东.校本课程的理念与实施[M].北京:首都师范大学出版社,2003.

33. 李宗桂.传统与现代之间——中国文化现代化的哲学省思[M].北京:北京师范大学出版社,2011.

34. 李庆霞.社会转型中的文化冲突[M].哈尔滨:黑龙江人民出版社,2004.

35. 李定仁.西北民族地区校本课程开发研究[M].北京:民族出版社,2006.

36. 李定仁,蔡国英.中国西北少数民族教育[M].银川:宁夏人民出版社,1996.

37. 李子健,黄显华.校本课程发展、教师发展与伙伴协作[M].北京:教育科学出版社,2010.

38. 李召存.课程知识论[M].上海:华东师范大学出版社,2009.

39. 李东东.宁夏羊皮书:2007修订版[M].银川:宁夏人民出版社,2003.

40. 龙君伟.校本人力资源开发与管理[M].广州:广东高等教育出版社,2006.

41. 鲁洁,吴康宁.教育社会学[M].北京:人民教育出版社,1990.

42. 联合国教科文组织,世界文化与发展委员会.文化多样性与人类全面发展:世界文化与发展委员会报告[M].张玉国,译.广州:广东人民出版社,2006.

43. [美]露丝·本尼迪克特.文化模式[M].王炜,等,译.北京:社会科学文献出版社,2009.

44. [美]迈克尔·W.阿普尔.意识形态与课程[M].黄忠敬,译.上海:华东师范大学出版社,2001.

45. [英]麦克·扬.未来的课程[M].谢维和,等,译.上海:华东师范大学出版社,2003.

46. 马启成.回族历史与文化暨民族学研究[M].北京:中央民族大学出版社,2006.

47. 马平.多元融通的回族文化[M].银川:宁夏人民出版社,2008.

48. 宁夏大学回族研究中心编.中国回族学:第三卷[C].银川:宁夏人民出版社,2008.

49. 宁夏大学回族研究中心编.中国回族研究论集:第一卷[C].北京:民族出版社,2005.

50. 彭定安.文化选择学[M].沈阳:辽宁人民出版社,1997.

51. 潘云鹤.文化构成[M].北京:高等教育出版社,2011.

52. [美]派纳.课程:走向新的身份[M].陈时见,等,译.北京:教育科学出版社,2008.

53. [美]帕克,等.课程规划——当代之取向[M].谢登斌,等,译.杭州:浙江教育出版社,2004.

54. 秦岭.学校环境的文化建设[M].北京:北京工业出版社,2009.

55. 单丁.课程流派研究[M].济南:山东教育出版社,1998.

56. 施良方.课程理论——课程的基础、原理和问题[M].北京:教育科学出版社,1996.

57. 石中英.教育学的文化性格[M].太原:山西教育出版社,2005.

58. 沈建民.教师的课程意识与专业成长[M].杭州:浙江大学出版社,2009.

59. 孙若穷.中国少数民族教育学概论[M].北京:中国劳动出版

社,1990.

60. 滕星,张俊豪.多民族文化背景下的教育研究[M].北京:民族出版社,2009.

61. 滕星.经济文化类型与校本课程建构[M].北京:民族出版社,2012.

62. 滕星.群族、文化与教育[M].北京:民族出版社,2002.

63. [美]T. Steuart Watson,Mark W. Steege.校本功能性行为评价——教育工作者指南[M].孙瑾,译.北京:中国轻工业出版社,2004.

64. 王军.文化传承与教育选择[M].北京:民族出版社,2002.

65. 王嘉毅,吕国光.西北少数民族地区基础教育发展现状与对策研究[M].北京:民族出版社,2006.

66. 王邦虎.校园文化论[M].北京:人民教育出版社,2000.

67. 王一军,吕林海.校本课程开发:小学案例[M].上海:华东师范大学出版社,2009.

68. 王平.磁性课程:当文化与儿童相遇[M].上海:华东师范大学出版社,2013.

69. 王正儒,雷晓静.回族历史报刊选:教育卷(上、下)[M].银川:宁夏人民出版社,2012.

70. 王伏平.宁夏回族史话[M].银川:宁夏人民出版社,2008.

71. 汪一鸣.宁夏人地关系演化研究[M].银川:宁夏人民出版社,2005.

72. 翁乃群.村落视野下的农村教育——以西南四村为例[M].北京:社会科学文献出版社,2009.

73. 吴刚平.校本课程开发[M].成都:四川教育出版社,2002.

74. 吴永军.课程社会学[M].南京:南京师范大学出版社,2001.

75. 徐继存,车丽娜.课程与教学论问题的时代澄明[M].济南:山东教育出版社,2008.

76. 许苏民.文化哲学[M].上海:上海人民出版社,1990.

77. 徐万邦,祁庆福.中国少数民族文化通论[M].北京:中央民族大学出版社,1996.

78. 徐玉珍.校本课程开发的理论与案例[M].北京:人民教育出

版社,2003.

79. 薛正昌.黄河文明的绿洲——宁夏历史文化地理[M].银川:宁夏人民出版社,2007.

80. 衣俊卿.文化哲学——理论理性和实践理性交汇处的文化批判[M].昆明:云南人民出版社,2001.

81. 余清臣,卢元凯.学校文化学[M].北京:北京师范大学出版社,2010.

82. 杨镜江.文化学引论[M].北京:北京师范大学出版社,1992.

83. 杨善民,韩锋.文化哲学[M].济南:山东大学出版社,2002.

84. 杨明全.革新的课程实践者——教师参与课程变革研究[M].上海:上海科技教育出版社,2003.

85. 杨玉厚.中国课程改革研究[M].西安:陕西人民教育出版社,1993.

86. 杨春光.宁夏文化的纵与横刍议[M].银川:宁夏人民出版社,2010.

87. 杨全印,赵中建.学校文化——课程开发[M].合肥:安徽教育出版社,2008.

88. 杨小微.价值多元化背景下的课堂重建:课例研究[M].南京:江苏教育出版社,2009.

89. 颜明仁,李子健.课程与教学改革:学校文化、教师转变与发展的观点[M].北京:教育科学出版社,2010.

90. [美]约翰·杜威.学校与社会·明日之学校[M].赵祥麟,等,译.北京:人民教育出版社,2005.

91. [美]约瑟夫,等.课程文化[M].余强,译.杭州:浙江教育出版社,2008.

92. 朱慕菊.走进新课程——与课程实施者对话[M].北京:北京师范大学出版社,2002.

93. 朱俊杰,杨昌江.民族教育与民族文化发展研究[M].长沙:湖南教育出版社,2006.

94. 郑金洲.教育文化学[M].北京:人民教育出版社,2000.

95. 张学强.西北回族教育史[M].兰州:甘肃教育出版社,2002.

96. 周传斌.薪火相传的回族教育[M].银川:宁夏人民出版社,2008.

97. 周浩波.教育哲学[M].北京:人民教育出版社,2000.

98. 周仁康.走向智慧的校本课程开发[M].北京:国家行政学院出版社,2013.

99. 周明甫,金星华.中国少数民族文化简论[M].北京:民族出版社,2006.

100. 朱益明.校本教师发展论[M].天津:天津教育出版社,2006.

101. "中小学校本课程资源开发的研究与实验"课题组.校本课程资源开发指南[M].北京:人民教育出版社,2004.

102. [日]佐藤学.课程与教师[M].钟启泉,译.北京:教育科学出版社,2003.

103. 钟启泉,等.基础教育课程改革纲要(试行)解读[M].上海:华东师范大学出版社,2001.

104. 张进海.传统文化与当代宁夏[M].银川:宁夏人民出版社,2012.

105. [英]詹姆斯·林奇.多元文化课程[M].黄政杰,主译.台北:台北师大书苑有限公司,1997.

● 报刊类

1. 白欲晓."地域文化"内涵及划分标准探析[J].江苏社会科学,2011(1).

2. 包舒畅.我国民族地区基础教育课程文化的选择[J].青海民族大学学报:教育科学版,2011(2).

3. 包舒畅.我国民族地区基础教育课程文化选择的误区及思考[J].教育学术月刊,2011(2).

4. 常维国.校本课程与教师专业发展[J].学术论坛,2007(12).

5. 陈大路,谷晓红.地域文化基本特征的新审视[J].学术交流,2007(11).

6. 陈时见,朱利霞.一元与多元:论课程的两难文化选择[J].广西师范大学学报:哲学社会科学版,2000(6).

7. 陈兴贵.多元文化教育与少数民族文化的传承[J].云南民族大学学报:哲学社会科学版,2005(5).

8. 蔡俊生.文化和文化的社会价值[J].社会学研究,1992(6).

9. 蔡淑兰.少数民族教师专业成长的文化困境与出路——兼论民族文化课程资源开发的意义[J].民族教育研究,2012(1).

10. 蔡守龙.教育重建与课程改革——"校本"的背景分析[J].当代教育科学,2004(8).

11. 曹能秀,王凌.少数民族地区的学校教育和民族文化传承[J].云南师范大学学报:哲学社会科学版,2007(2).

12. 董守生.校本课程开发的文化思考[J].当代教育科学,2004(1).

13. 范兆雄.论课程文化发展的客观标准[J].教育研究,2004(6).

14. 范兆雄.课程文化研究框架分析[J].教育理论与实践,2005(17).

15. 傅铿.文化脱节与文化选择——顾晓鸣博士谈社会主义初级阶段的文化矛盾[J].当代青年研究,1990(1).

16. 傅建明.教师与校本课程开发[J].教育研究,2001(7).

17. 高万能,李瑞熙.论民族文化的内涵与创新[J].贵州民族研究,2005(3).

18. 顾书明.校本课程开发在我国发展之客观基础分析[J].江西社会科学,2003(7).

19. 郭凤鸣.迷失与抉择——民族教育中的文化选择[J].前沿,2010(24).

20. 哈正利.试论回族文化的地域特色[J].回族研究,1995(4).

21. 韩冬雪.论中国文化的包容性[J].山东大学学报:哲学社会科学版,2013(2).

22. 胡继飞.找寻校本课程开发的规则与范式[N].中国教育报,2009-01-23.

23. 何群.地域意识行为与小民族发展——以鄂伦春族为例[J].西北民族研究,2001(1).

24. 何世冰,张建梅.论校本课程资源的开发[J].教育探索,2005(12).

25. 和学新.课程:教育的文化选择——课程设计的文化学思考[J].

教育理论与实践,1997(3).

26. 胡玉海.中国现代文化的特征[N].光明日报,1986-01-17.

27. 胡斌武,吴杰.试论课程的文化学基础[J].西南师范大学学报:人文社会科学版,2002(3).

28. 黄忠敬.课程研究的文化学路向[J].南京师范大学学报:社会科学版,2005(6).

29. 黄顺基.钱学森现代科学技术体系的创建及其意义[J].中国人民大学学报,2008(5).

30. 焦润明.近代中国的文化选择[J].辽宁大学学报:哲学社科版,1994(1).

31. 江波.文化传播的社会价值、目标与效果[J].兰州大学学报:自然科学版,1995(4).

32. 金志远.课程知识选择:内涵分析[J].教育科学研究,2011(1).

33. 金志远.主流文化与非主流文化相整合的民族教育课程知识观[J].贵州民族研究,2007(2).

34. 金志远.民族认同:民族基础教育课程知识选择的逻辑起点[J].民族教育研究,2010(6).

35. 靳玉乐,罗生全.课程理论的文化自觉[J].教育研究,2008(6).

36. 李广,马云鹏.课程价值取向:含义、特征及其文化解析[J].东北师范大学学报:哲学社会科学版,2010(5).

37. 李世春.校本课程与校本教材的主要区别[J].教学与管理,2006(22).

38. 李姗泽.接续学校教育与少数民族文化传统——论少数民族学校课程中民族文化教育资源的利用[J].课程·教材·教法,2003(12).

39. 李佩芸,王玉旺.地域文化的概念、作用及研究方向初探[J].陕西社会主义学院学报,2006(2).

40. 李卫英.中小学传承民族传统文化的现状及反思——以贵州省民族中小学为例[J].贵阳学院学报:社会科学版,2013(2).

41. 刘培军,丁红兵.校本课程——少数民族传统文化传承的主要媒介[J].内蒙古师范大学学报:教育科学版,2007(7).

42. 刘培军.利用校本课程加强民族传统文化教育[J].基础教育

研究,2007(7).

43. 刘军.校本课程——民族传统文化教育的重要途径[J].中国民族教育,2007(5).

44. 刘世星.校本课程促进教师专业发展的实践探索[J].全球教育展望,2007(9).

45. 刘启迪.课程研究的六个维度——基于课程文化哲学的思考[J].当代教育科学,2009(16).

46. 刘启迪.课程文化:涵义、价值取向与建设策略[J].课程·教材·教法,2005(10).

47. 刘敏.中国少数民族地区社会发展特征与转型[J].社会学研究,1994(1).

48. 刘茜,周莉莉.民族文化课程资源的开发策略[J].中国民族教育,2013(C1).

49. 刘茜,邱远.论学校课程民族文化传承功能的实现[J].中国教育学刊,2010(7).

50. 刘耀明.校本课程建设:内涵回归与价值实现[J].教育发展研究,2010(6).

51. 刘卓雯,张天军.重视乡土知识,传承民族文化——"中国乡土知识传承与校本课程开发研讨会"综述[J].民族教育研究,2010(1).

52. 刘刚.课程多样化与乡土课程资源开发[J].辽宁教育行政学院学报,2011(1).

53. 刘健,黄宇.可持续发展教育校本课程开发的案例与启示[J].课程·教材·教法,2013(3).

54. 刘世民,张永军.亚文化:校本课程开发重要价值取向[J].中国教育学刊,2013(4).

55. 刘冬岩,蔡旭群.新一轮课程改革的回顾与展望——第八次全国课程学术研讨会综述[J].课程·教材·教法,2013(1).

56. 龙一芝.构建课程文化:现代学校发展的新命题[J].上海教育科研,2009(6).

57. 卢德生,冯玉梓.民族文化传承与教师的文化自觉[J].教育探索,2010(11).

58. 马云鹏,丁锐.新课程实施中社区课程资源的开发与利用[J].教育科学研究,2004(10).

59. 马勇琼.校本课程开发视野中教师的专业成长[J].中国成人教育,2007(24).

60. 马骉,孙磊.建设基于学生需求的校本课程——区域推进中学发展转型和文化传承的实践[J].上海教育研究,2013(3).

61. 马志颖.课程是一种特殊的文化——浅谈新课程的文化性格[J].中南民族大学学报:人文社会科学版,2003(A2).

62. 马志颖.少数民族文化校本课程的内涵解读与功能探析[J].教育评论,2012(1).

63. 马志颖.校本课程开发中文化选择的两难困境及其解决策略[J].教育理论与实践,2013(32).

64. 孟凡丽,吕红日.文化视域下的地方课程价值探索[J].当代教育与文化,2009(1).

65. 穆岚.校本课程开发与教师个体专业性发展[J].教育探索,2005(2).

66. 潘康明.多元文化背景下民族学校的文化选择[J].民族教育研究,2010(3).

67. 裴娣娜.多元文化与基础教育课程文化建设的几点思考[J].教育发展研究,2002(4).

68. 彭钢.在学校文化建设中形成学校特色[J].教育发展研究,2008(2).

69. 彭岚嘉.物质文化遗产与非物质文化遗产的关系[J].西北师范大学学报:社会科学版,2006(6).

70. 朴泰洙,金永林.民族教育的文化选择及其重要性[J].教育评论,1998(4).

71. 彭虹斌.论课程与文化之间的关系[J].教育理论与实践,2004(12).

72. 钱民辉.民族地区校本课程开发中的文化选择[J].中国教育学刊,2010(1).

73. 石猛,彭泽平.民族地区基础教育的本土化[J].贵州民族研究

2006(3).

74. 孙智昌. 全国地方课程和校本课程研讨会简述[J]. 教育研究,2002(5).

75. 唐宗清. 帕森斯和教育社会学[J]. 外国教育研究,1987(2).

76. 唐永进. 试论中国传统文化与中国现代文化的关系[J]. 学术探索,1997(1).

77. 唐迅. 21世纪的文化选择与课程的民族化和现代化[J]. 上海高教研究,1994(4).

78. 唐丽芳,马云鹏. 文化自觉:课程变革中的学校文化研究[J]. 中国教育学刊,2007(3).

79. 王鉴,等. 解读中国多元文化教育[J]. 贵州民族研究,2007(1).

80. 王标. 少数民族文化的课程资源价值及开发利用路径——以黎族为例[J]. 当代教育理论与实践,2013(2).

81. 王标,宋乃庆. 教师开发利用少数民族文化课程资源现状调查与思考[J]. 民族教育研究,2013(2).

82. 王斌华. 面向未来与校本课程开发[J]. 全球教育展望,2006(7).

83. 王德如. 课程文化自觉:意义、本质及特点[J]. 教育研究,2007(9).

84. 王平. 课程文化变迁机制探析[J]. 当代教育科学,2009(1).

85. 王鉴,安富海. 知识的普适性与境域性:课程的视角[J]. 教育研究,2007(8).

86. 王景. 学校教育传承民族文化初探[J]. 当代教育论坛,2009(1).

87. 王景. 少数民族地区民族文化校本课程开发研究[J]. 现代教育科学,2008(10).

88. 王嵘. 贫困地区教育资源的开发利用[J]. 教育研究,2001(9).

89. 王艳霞,陈慧中. 课程文化选择问题的探讨和思考[J]. 教育发展研究,2007(20).

90. 王平. 课程文化变迁路径探析[J]. 中国教育学刊,2010(4).

91. 吴刚平. 校本课程要走出"校本教材"的误区[J]. 上海教育科研,2005(8).

92. 吴刚平. 转型期西方课程开发机制的结构层次与主要关系[J].

当代教育科学,2007(C2).

93. 吴刚平.我国基础教育课程多样化探索的历史透视[J].全球教育展望,2002(10).

94. 汪发.校本课程开发的中学实践——以宁夏灵武市东塔中学为例[J].全球教育展望,2002(5).

95. 吴艳,等.传统文化与现代文化的研究综述[J].法制与经济,2009(7).

96. 肖莉,宁琰.重视校本课程开发 打造特色学校文化[J].上海教育研究,2009(12).

97. 徐建国.回族文化传统与现代教育[J].宁夏社会科学,1997(6).

98. 杨福泉.少数民族文化保护与传承新论[J].云南社会科学,2007(6).

99. 杨志成,柏维春.隐性课程的文化价值选择[J].黑龙江高教研究,2013(6).

100. 杨义.中华民族文化的特性[J].北京联合大学学报:人文社会科学版,2013(1).

101. 叶波.论校本课程开发与特色学校建设[J].教育发展研究,2011(20).

102. 叶波,范蔚.课程改革十年:校本课程开发的进展、问题与展望[J].教育科学研究,2012(4).

103. 于珍彦,武杰.文化构成和文化传承的系统研究[J].系统科学学报,2007(1).

104. 余振贵.略论回族文化的内涵[J].回族研究,1992(2).

105. 赵德肃,刘茜.论民族文化在学校课程中的统整[J].贵州民族研究,2007(3).

106. 赵秋梧.民族意识与文化自觉[J].理论月刊,2007(2).

107. 赵世林.论民族文化传承的本质[J].北京大学学报:哲学社会版,2002(3).

108. 赵书超,邢秀茶.中国课程现状的文化学分析[J].全球教育展望,2011(1).

109. 张凤琦."地域文化"概念及其研究路径探析[J].浙江社会科

学,2008(4).

110. 张华,刘宇.试论课程变革的文化问题[J].教育发展研究,2007(1).

111. 张力.乡土知识进入校本课程的三点看法[J].中国教育学刊,2010(1).

112. 张立忠,熊梅.校本课程开发中的教师参与——基于教师实践性知识的视角[J].教育发展研究,2009(15).

113. 张世钦.论校长课程领导力的构架与建设[J].中小学教师培训,2013(1).

114. 张福生.校本课程的研发标准及品质提升[J].民族教育研究,2013(2).

115. 周勇.现代课程的文化研究[J].全球教育展望,2003(11).

116. 周宏,刘茜.民族文化传承:民族地区基础教育课程改革的使命[J].教育探索,2011(4).

117. 钟启泉."学校知识"与课程标准[J].教育研究,2000(11).

118. 左菊,孙泽文.课程内容选择:取向、依据及其环节[J].教育与职业,2012(12).

119. 朱志勇.少数民族学校教师角色意识初探——个案研究[J].清华大学教育研究,2005(6).

120. 朱治国.学校特色课程建设的深度思考[J].现代中小学教育,2013(5).

● 学位论文

1. 巴战龙.社区发展与裕固族学校教育的文化选择[D].北京:中央民族大学硕士学位论文,2005.

2. 班红娟.国家意识与地域文化:文化变迁中的河南乡土教材研究[D].北京:中央民族大学博士学位论文,2010.

3. 蔡中宏.论教育与社会发展[D].兰州:西北师范大学博士学位论文,2008.

4. 程东海.关于课程文化民族性优化研究的思考[D].西安:陕西师范大学硕士学位论文,2010.

5. 邓昭华.城市化背景下乡土文化传承的教育策略研究[D].重庆:西南大学硕士学位论文,2011.

6. 范兆雄.课程文化发展研究[D].兰州:西北师范大学博士学位论文,2004.

7. 冯波.从自然选择到文化选择:论文化进化的逻辑基础[D].长春:吉林大学博士学位论文,2010.

8. 冯青来.文化与教育——教育理念的文化哲学沉思[D].武汉:华中师范大学博士学位论文,2007.

9. 郭寿良.地方课程的文化选择:审视与展望[D].重庆:西南大学硕士学位论文,2008.

10. 黄家锦.学校教育视野中的民族传统文化传承研究[D].北京:中央民族大学硕士学位论文,2008.

11. 黄黎明.知识教学的文化哲学研究[D].重庆:西南大学博士学位论文,2008.

12. 刘学.文化选择视野下的校本教材文本分析:以黔东南两所学校为例[D].重庆:西南大学硕士学位论文,2012.

13. 刘强.课程文化的反思及超越——从工具主义到本体主义[D].西安:陕西师范大学硕士学位论文,2007.

14. 李庆霞.社会转型中的文化冲突[D].哈尔滨:黑龙江大学博士学位论文,2004.

15. 李庶泉.多元文化课程理论研究[D].兰州:西北师范大学博士学位论文,2004.

16. 马正学.西北少数民族地区校本课程开发研究[D].兰州:西北师范大学博士学位论文,2004.

17. 申春善.文化选择与民族文化课程建构——延边州个案研究[D].北京:中央民族大学博士学位论文,2012.

18. 孙伟霞.多元文化背景中校本课程开发研究[D].重庆:西南师范大学硕士学位论文,2004.

19. 王艳霞.课程中的文化选择研究[D].北京:中央民族大学博士学位论文,2007.

20. 王丽敏.基于乡土文化的农村校本课程开发[D].郑州:河南大

学硕士学位论文,2011.

21. 吴玉玲.宁夏回族乡土文化校本课程的开发和实施[D].兰州:西北师范大学硕士学位论文,2006.

22. 谢晓军.校本课程价值研究[D].太原:山西大学硕士学位论文,2007.

23. 严飞生.地域文化学的若干问题研究[D].南昌:南昌大学硕士学位论文,2006.

24. 赵海燕.学前教育民俗文化课程研究[D].重庆:西南大学博士学位论文,2012.

二、英文文献

1. ARENDS I A, WINITZKY N, TANNENBAUM M D. Exploring teaching: an introdutıon to education[M]. Boston: McGraw-Hill, 2001.

2. CAIRNS J, GARDNER R, LAWTON D. Values and the curriculum[M]. London: Woburn Press, 2000.

3. CARR D. Education, knowledge and truth: beyond the postmodern impasse[M]. London: Routledge, 1988.

4. COLLINS R. Four sociological traditions[M]. New York: Oxford University Press, 1994.

5. EISNER E. Educational imagination: on the design and evaluation of school programs[M]. New York: Macmillan, 1979.

6. FUJITA H, WONG S Y. Postmodern restructuring of the knowledge base in Japanese mass education: crisis of public culture and identity formation[J]. Education Journal, 1998, 26(2): 13-36.

7. GIBSON R. Critical theory and education[M]. London: Hodder & Stoughton, 1986.

8. GIDDENS A. The constitution of society: outline of the theory of structuration[M]. Berkeley: University of California Press, 1984.

9. HALLINNAN M T. Handbook of the sociology of education[M].

New York: Kluwer Academic/ Plenum Publishers, c2000.

10. KIMBALL S T. Culture and the educative progress[M]. New York: Teachers College Press, 1974.

11. KNIGHT P. The practice of school based curriculum development[J]. Curriculum Studies, 1985, 17(1): 37 - 48.

12. MARGLIN F A, MARGLIN S A. Dominating knowledge: development, culture, and resistance[M]. Oxford: Clarendon, 1990.

13. MERTON R K. Social theory and social structure[M]. New York: Free Press, 1957.

14. PAI Y, ADLER S A. Cultural foundation of education[M]. 3rd ed. New Jersey: Prentice Hall, 2001.

15. REID W A. The pursuit of curriculum: schooling and the public interest[M]. New Jersey: Ablex Publishing Corporation, 1994.

16. ROSS A. Curriculum: construction and critique[M]. London: Falmer Press, 2000.

17. SABAR N. School-based curriculum development: reflections from an international seminar[J]. Curriculum Studies, 1985, 17(4): 452 - 454.

18. SCHWAB J J. The practical: a language for curriculum[J]. Curriculum Studies, 2013, 45(5): 591 - 621. 19. TYLER R W. Basic principles of curriculum and instruction [M]. Chicago: University of Chicago Press, 1950.

20. YOUNG M F D. The curriculum of the future[M]. London: Flamer Press, 1998.

附　录

● 背景资料类

附录1　宁夏回族自治区行政区划表[①]

行政区	面积 (单位:km^2)	人口 (单位:人)	政府驻地	管辖情况	辖区名称
银川市	9 555	1 993 088	兴庆区	3个市辖区, 2个县, 代管1个县级市	兴庆区 西夏区 金凤区 永宁县 贺兰县 灵武市
石嘴山市	5 213	725 482	大武口区	2个市辖区, 1个县	大武口区 惠农区 平罗县

---

① 宁夏回族自治区统计局,宁夏回族自治区第六次人口普查工作领导小组办公室.宁夏回族自治区2010年第六次全国人口普查主要数据公报[Z].2011.

(续表)

行政区	面积 (单位:km²)	人口 (单位:人)	政府驻地	管辖情况	辖区名称
吴忠市	20 395	1 273 792	利通区	2个市辖区, 2个县, 代管1个县级市	利通区 红寺堡区 盐池县 同心县 青铜峡市
固原市	14 413	1 228 156	原州区	1个市辖区, 4个县	原州区 西吉县 隆德县 泾源县 彭阳县
中卫市	16 824	1 080 832	沙坡头区	1个市辖区, 2个县	沙坡头区 中宁县 海原县
全区	66 400	6 301 350	银川市	5个地级市, 9个市辖区, 2个县级市, 11个县	

附录2　宁夏回族自治区独立设置少数民族学校名单[①]

序	回小名单	序	回小名单
1	银川市兴庆区回民第一小学	25	金凤区第一回民小学
2	银川市兴庆区回民第二小学	26	金凤区第八回民小学
3	银川市兴庆区回民第三小学	27	金凤区第四回民小学
4	银川市兴庆区第十八小学	28	金凤区第七回民小学
5	银川市兴庆区唐徕回民小学	29	永宁杨和镇纳家户回民小学
6	银川兴庆区新水桥回民小学	30	永宁县望洪镇东和小学
7	银川市兴庆区通北小学	31	永宁县李俊镇王团回民小学
8	银川市兴庆区通西小学	32	永宁县望远镇望远小学
9	银川市兴庆区通南小学	33	永宁县望远镇通桥小学
10	银川兴庆区张桂英希望小学	34	贺兰县回民小学
11	银川市兴庆区大塘中心小学	35	贺兰县金贵镇联星回民小学
12	银川市兴庆区海军希望小学	36	贺兰县金贵镇新渠回民小学
13	西夏区回民小学	37	贺兰县立岗镇先进回民小学
14	西夏区兴泾镇回民一小	38	贺兰县立岗兰星小学
15	西夏区兴泾镇回民二小	39	贺兰县立岗镇兰光小学
16	西夏区兴泾镇回民三小	40	贺兰县立岗镇民乐回民小学
17	西夏区兴泾镇回民四小	41	贺兰县常信乡团结回民小学
18	西夏区兴泾镇回民五小	42	灵武市第四小学
19	金凤区植物园回民小学	43	灵武市东塔回民小学
20	金凤区光彩回民小学	44	灵武市郝家桥小学
21	金凤区泾龙回民小学	45	灵武市郝家桥回民小学
22	金凤区奕龙回民希望小学	46	灵武市大泉回民小学
23	金凤区曼新回民希望小学	47	灵武市沈家湖小学
24	金凤区西台回民小学	48	灵武市郝家桥镇王家嘴小学

[①] 宁夏回族自治区教育厅民族教育处.宁夏回族自治区独立设置少数民族学校名单[Z].2012.

(续表)

序	回小名单	序	回小名单
49	灵武市崇兴小学	77	同心县预旺中心小学
50	灵武市台子小学	78	同心县张家塬乡回民小学
51	灵武市韩渠小学	79	同心县下马关回民小学
52	灵武市杜木桥小学	80	同心县韦州镇女子小学
53	灵武市杜木桥回民小学	81	同心县兴隆乡李堡子村
54	灵武市崇兴镇中北小学	82	青铜峡市任桥回民小学
55	灵武市磁窑堡小学	83	青铜峡市余桥中心小学
56	灵武市马家滩小学	84	青铜峡市杨滩小学
57	灵武市五里坡小学	85	原州区同仁回民小学
58	灵武市白土岗回民小学	86	固原原州区开城镇开城小学
59	灵武市白土岗小学	87	原州区中河乡中河小学
60	石嘴山市惠农区静安小学	88	三营镇回民小学
61	平罗县城关回民小学	89	固原原州区炭山乡炭山小学
62	宁夏吴忠市利通区开元小学	90	寨科小学
63	吴忠市利通区上桥回民学校	91	西吉县回民小学
64	吴忠市新区回民小学（吴忠市利通区第十二小学）	92	硝河乡中心小学
65	吴忠市金积镇丁家湾小学	93	西吉县马莲乡中心小学
66	吴忠市金积镇回民小学	94	西吉县什字乡中心小学
67	金银滩镇团庄小学	95	西吉县兴隆希望小学
68	板桥回小	96	兴隆镇玉桥小学
69	吴忠市马莲渠中心学校	97	兴隆镇回民小学
70	盐池县冯记沟乡井沟小学	98	王民乡王民小学
71	同心县第一小学	99	王民乡小湾小学
72	同心县实验小学	100	西吉县西滩乡西滩小学
73	同心县石狮惠安小学	101	西吉县兴平乡兴平小学
74	同心县丁塘镇回民完小	102	西吉县沙沟乡中小学校
75	同心县河西镇中心完全小学	103	西吉县白崖乡白崖回小
76	同心县联合学校	104	新民乡马河滩民族小学

(续表)

序	回小名单	序	回小名单
105	泾河源白面民族小学	130	上庄子学校
106	泾河源涝池民族小学	131	北沟沿学校
107	兴盛乡兴盛民族小学	132	杨庄子学校
108	香水镇惠台民族小学	133	周段头学校
109	香水镇城关二小	134	贺口子学校
110	香水镇园子民小	135	白卷子学校
111	黄花乡华兴民族小学	136	油房岭学校
112	黄花乡平凉庄民族小学	137	王庄子学校
113	石岔小学	138	中圈口子学校
114	古城镇中心学校	139	大滩川学校
115	新集乡中心学校	140	黑套子学校
116	张湾小学	141	大台子学校
117	交岔乡中心学校	142	长流水学校
118	马莲梁小学	143	上海工投维宗希校
119	西沙梁小学	144	田滩学校
120	北滩小学	145	新庄子学校
121	马家梁小学	146	徐套中心小学
122	白岗小学	147	李士小学
123	马庄子学校	148	冯川小学
124	石坝水学校	149	土谷小学
125	五丰台学校	150	海原三小
126	东庄子河学校	151	海原回小
127	高岭学校	152	海原县三河镇回民女子小学
128	马家塘学校	153	李旺中心小学
129	下庄子学校	共计	153所回民小学

序	回中名单	学校类型	序	回中名单	学校类型
1	银川市唐徕回民中学	完全中学	3	平罗回民中学	完全中学
2	银川市第六中学	完全中学	4	固原市回中	完全中学

（续表）

序	回中名单	学校类型	序	回中名单	学校类型
5	泾源县第一中学	完全中学	29	寨科中学	初级中学
6	海原回中	完全中学	30	吴忠市利通区秦渠回民中学	初级中学
7	银川市第一中学	高级中学	31	海原县李旺中学	初级中学
8	贺兰县逸挥基金回民中学	高级中学	32	海原县关桥中学	初级中学
9	石嘴山市回民高级中学	高级中学	33	银川兴庆区月牙湖回民中学	九年一贯制
10	吴忠市回民中学（利通区）	高级中学	34	银川市金凤区良田回民学校	九年一贯制
11	同心县回民中学	高级中学	35	银川市金凤区丰登回民学校	九年一贯制
12	豫海回民中学	高级中学	36	灵武市大泉学校	九年一贯制
13	银川市回民中学	初级中学	37	惠农区回民学校（石嘴山）	九年一贯制
14	银川市兴庆区回民中学	初级中学	38	吴忠市巴浪湖农场回民学校	九年一贯制
15	西夏区兴泾回民中学	初级中学	39	吴忠市扁担沟镇中心学校	九年一贯制
16	永宁县回民中学	初级中学	40	青铜峡市回民中学	九年一贯制
17	永宁县杨和镇回民中学	初级中学	41	固原原州区官厅九年制学校	九年一贯制
18	贺兰县金贵回民中学	初级中学	42	中卫沙坡头区宣和镇东台学校	九年一贯制
19	贺兰县南梁台子回民中学	初级中学	43	中卫沙坡头区永康镇西台学校	九年一贯制
20	灵武市第三中学	初级中学	44	中卫市沙坡头区蒿川学校	九年一贯制
21	灵武市回民中学	初级中学	45	下流水九年制学校	九年一贯制
22	平罗县宝丰回民初级中学	初级中学	46	喊叫水九年制学校	九年一贯制
23	宁夏吴忠市板桥乡中学	初级中学	47	西吉回民中学	九年一贯制
24	盐池冯记沟乡回民初级中学	初级中学	48	六盘山高级中学	高级中学
25	同心县第二中学	初级中学	49	永宁县高级回民中学	高级中学
26	同心县海如女子中学	初级中学	50	同心县回民中学	高级中学
27	开城中学	初级中学	共计	50所回民中学	
28	固原市原州区中河中学	初级中学			

附录3　宁夏回族自治区《全区民族中小学校内涵发展建设五年行动计划》节选

为全面贯彻落实《宁夏中长期教育改革和发展规划纲要(2010—2020年)》和《宁夏教育"十二五"规划》,加强全区独立设置民族中小学校的建设,建设一批示范性民族中小学校,提高全区民族教育的教育质量和办学效益,现制定《全区民族中小学校内涵发展建设五年行动计划》如下:

一、指导思想

以科学发展观为统领,以提升学校教育质量与办学效益为核心,以校长和教师队伍能力建设为主线,以提高课堂教学质量为重点,以优化学校外部环境为契机,激活学校内部发展潜力,创新学校发展机制,推动学校内涵发展,办人民满意的民族教育。

二、总体目标

树立以提高质量为核心的教育发展观,注重教育内涵发展,推进民族中小学校提高管理水平和教育教学质量,建设一批标准化、示范性民族中小学校。到2020年,少数民族在校生人数在500人以上的普通高中达到自治区示范高中;少数民族在校生人数在300人以上的100所初中和少数民族在校生达到100人以上的300所小学达到义务教育标准化学校。

三、行动内容

(一)推进学校精细化管理,提升学校管理水平

1. 指导学校实施好五年发展规划。

2. 推进学校实施精细化管理。

3. 实施民族中小学校长能力提升计划。

4. 实施民族中小学校特色发展计划。开展民族中小学校"一校一特色"创建评选活动,鼓励各民族中小学校立足传统和优势,在传统文化、课程设置、体育与艺术、校园文化、民族经典等方面深入挖掘,明确目标,培育特色,打造品牌。到2020年,争取每所民族中小学都能培育一个或多个具有显著特色的教育品牌。

5. 促进学校有效发挥各项机制的作用。

（二）加强教师队伍建设，促进教师专业发展

6. 推进教师专业发展计划的实施。

7. 实施民族中小学校教师"跟岗实践"培训计划。

8. 实施民族中小学校"小课题研究计划"。

9. 开展民族中小学教师专业发展能力竞赛评选活动。

（三）深入推进教育教学改革，提高教育质量

10. 实施启迪智慧计划。

11. 实施"一校一本"校本课程开发计划。鼓励和支持学校根据自然条件、风土人情、教育环境，开发内容多样、设置灵活、有特色的校本课程，满足学生发展的多种需求，发挥学生的个性和特长，提高学生的综合素质。同时，培养、锻炼和提高教师的研究意识和能力，提高学校开发校本课程的能力，促进课程教学改革。自治区支持每一所学校开发、编印一本有特色、质量高的校本教材，组织开展校本教材开发和展评活动，推广和交流校本课程开发经验成果。

12. 实施探索发现计划。

13. 实施关注留守儿童和提高移民子女教育质量计划。

14. 推进学生自主管理发展计划。

（四）加强学校与社区的联系，优化学校外部环境

15. 加强组织网络建设。

16. 构建家长和教师共同育人的机制。

17. 广泛争取家长的参与。

（五）加强民族团结教育，创建"民族团结进步模范校"

18. 深入开展民族团结教育进校园活动。

（六）加强组织领导

二〇一二年五月十六日

附录4 2012年宁夏回族自治区教育厅《关于召开推进全区民族中小学内涵发展现场会的通知》

宁夏回族自治区教育厅

宁教函〔2012〕270号

自治区教育厅关于召开推进全区民族中小学内涵发展现场会的通知

各市、县（区）教育局：

为深入贯彻落实国家和自治区中长期教育改革和发展规划纲要，切实推进全区民族中小学内涵发展，促进各民族中小学树立以提高质量为核心的教育发展观，全面提高学校管理水平和教育质量，经研究决定，定于2012年9月27日至29日召开全区民族中小学内涵发展现场会。现将有关事项通知如下：

一、会议时间、地点

9月27日上午报到。

地点：灵武市戴斯宾馆。

二、会议内容

（一）进一步明确新形势下民族教育改革发展的目标和主要任务；

（二）解读《全区民族中小学内涵发展行动计划》；

（三）介绍灵武市推进中小学校内涵发展和义务教育均衡发展的做法和经验；

（四）创建"百标工程"项目学校经验交流和安排布署2012年"百标工程"项目学校评估验收工作；

（五）参观学校。

三、参加人员

各市、县（区）教育局局长或分管民族教育的副局长，民族中小学校长、2012年"百标工程"项目学校校长。

请各市、县（区）教育局及时通知所属学校，并于2012年9月25日下班前统一将本单位及所属学校参会人员名单报我厅民族教育处。

联系人：王淑萍　　　联系电话：0951-6026326

传　真：0951-6022177　　电子邮箱：466532295@qq.com

附件：1、全区民族中小学内涵发展现场会参会人员名单

　　　2、全区民族中小学内涵发展现场会参会人员回执单

二〇一二年九月十二日

附件1:

推进全区民族中小学内涵发展现场会参会人员名单

	教育局	2012年"百标工程"项目学校	民族中小学
合计	25人	13人	121人
厅直属学校		银川二十一小学湖畔分校	银川一中
			宁夏六盘山高级中学
			宁夏育才中学
			银川市第二十一小学
银川市			银川市唐徕回民中学
兴庆区		兴庆区回民第二小学	银川市回民中学
			兴庆区回民中学
			兴庆区唐徕回民小学
			兴庆区回民第二小学
			兴庆区新水桥回民小学
			兴庆区大塘中心小学
金凤区		金凤区宝湖实验小学	金凤区丰登回民学校
			金凤区良田回民学校
			金凤区第一回民小学
			金凤区第四回民小学
			金凤区第八回民小学
			金凤区奕龙回民希望小学
西夏区			西夏区回民中学
			西夏区兴泾镇回民三小
			西夏区兴泾镇回民四小
永宁县			永宁县回民高级中学
			永宁县回民中学
			永宁县闽宁中学
			永宁县逸夫小学
			永宁县玉泉营小学
			永宁县闽宁镇铁西小学
			永宁县闽宁镇玉海小学

贺兰县			贺兰县第一中学
			贺兰县第四中学
			贺兰县如意湖中学
			贺兰县回民小学
			贺兰县金贵镇新渠回民小学
			贺兰县南梁台子铁西小学
			贺兰县南台子小学
灵武市		灵武杜木桥小学	灵武市第一中学
			灵武市回民中学
			灵武市第一小学
			灵武市杜木桥回民小学
			灵武市崇兴小学
石嘴山市大武口区		石嘴山市第八中学	石嘴山市第一中学
			宁夏隆湖扶贫经济开发区六站小学
惠农区		石嘴山市第九小学	惠农区回民学校
			石嘴山市第二小学
平罗县		平罗县回民初级中学	平罗中学
			平罗回民中学
			平罗县灵沙九年制学校
			平罗县城关回民小学
			平罗县宝丰小学
吴忠市			吴忠市第一中学
			吴忠市第四中学
			吴忠市郭家桥乡中学
			吴忠市利通区第一小学
			吴忠市利通区第二小学
			吴忠市利通区第十一小学
			吴忠市利通区盛元小学
			吴忠市利通区开元小学
			吴忠市裕民小学
			吴忠市利通区扁担沟镇中心学校

青铜峡市		青铜峡第四中学	青铜峡市回民中学
同心县		同心县豫海回民中学	同心县海如女子中学
			同心豫海回民中学
			同心县王团中学
			同心县石狮中学
			同心县第二小学
			同心县第五小学
			同心县实验小学
			同心县韦州镇回民女子完全小学
盐池县			盐池县冯记沟中心小学
			盐池县惠安堡镇中心小学
红寺堡区			红寺堡中学
			红寺堡区回民中学
			红寺堡区第三中学
			红寺堡回民小学
			红寺堡区第二小学
			红寺堡区太阳山中心小学
			红寺堡区太阳山买河小学
固原市		固原市特殊教育中心	固原市回民中学
原州区			原州区三营中学
			原州区中河中学
			原州区城关镇同仁回民小学
			原州区三营镇第一小学
			原州区第十小学
西吉县			西吉县回民中学
			西吉县实验中学
			西吉县回民小学
			西吉县兴隆镇兴隆中学
			西吉县兴隆希望小学
			西吉县马莲乡中心小学
隆德县		隆德县第四中学	隆德中学
			隆德县杨河中学
			隆德县杨河乡中心小学
			隆德县张程乡张程小学

● **调查工具类**

附录5 民族中小学校本课程资源开发中的文化选择情况调查问卷(教师用)

编号 ☐

各位老师：

您好！为了有效地推进校本课程资源的开发与建设，发挥校本课程的功能，我们特设计该问卷以了解您对校本课程资源开发的理解和认识。为了保证调查结果真实、科学、有效，以下所有信息均以匿名制采集，恳请您认真如实填写，切勿遗漏，问卷结果仅作研究之用。

衷心感谢您在百忙之中支持本研究，谢谢！

2013年3月

填写须知：

(1) 请将符合您个人情况的选项填写在题号前的括号内，如没有符合的选项，请在横线上注明您的情况或看法；

(2) 问卷中的题目均为单项选择，需要填写的内容请务必在横线上填写，且不要空题不答。

(　　)A01 您的民族是：
　　　　A. 回族　　B. 汉族　　C. _____

(　　)A02 您的性别是：
　　　　A. 男　　B. 女

(　　)A03 您的最后学历是：
　　　　A. 中专　　B. 大专　　C. 本科　　D. 本科以上

(　　)A04 您的年龄是：
　　　　A. 20—30 岁　　　　B. 31—40 岁
　　　　C. 41—50 岁　　　　D. 50 岁以上

(　　)A05 您的教龄是：
　　　　A. 1—5 年　　　　B. 6—10 年

          C. 11—20 年　　　　　D. 20 年以上
（　）A06 您的职称是：
          A. 小教　　B. 中教　　C. 未评定
（　）A07 您现在的学校属于：
          A. 六年制小学　　　　B. 九年一贯制学校
          C. 完全中学　　　　　D. 初级中学
          E. 高级中学
（　）B08 您在学校参与校本课程资源开发吗？
          A. 经常　　B. 有时　　C. 偶尔　　D. 从不
（　）B09 您觉得您的学校更重视开设什么课？
          A. 像数学、语文、外语等学科课程
          B. 以实用技术为主的技能课
          C. 以音乐、美术、体育为主的活动课
          D. 与民族和家乡知识有关的课
（　）B10 您希望自己能够了解，并向学生传递回族文化吗？
          A. 非常希望　B. 不希望　C. 无所谓
（　）B11 您希望自己能够了解，并向学生传递家乡文化吗？
          A. 非常希望　B. 不希望　C. 无所谓
（　）B12 您认为让学生学习回族文化有好处吗？
          A. 非常好　B. 比较好　C. 不太好　D. 不好
（　）B13 您认为让学生学习家乡和回族的文化对今后的学习和生活有用吗？
          A. 非常有用　　　　　B. 比较有用
          C. 不太有用　　　　　D. 毫无用处
（　）B14 您在所教科目的教学中能主动开发一些课程资源吗？
          A. 经常能　B. 有时能　C. 偶尔能　D. 从不
（　）B15 您在所教科目的教学中能主动渗透宁夏地方文化和回族文化吗？
          A. 经常能　B. 有时能　C. 偶尔能　D. 从不
（　）B16 您对学生最大的期望是什么？
          A. 继续升学

B. 掌握一定知识技能,为家乡发展做贡献

C. 成为文化的传承者

D. 没什么期望

(　　)B17 您同意"教师本身也是重要的课程资源"的观点吗?

A. 非常同意　B. 比较同意　C. 不太同意　D. 不同意

(　　)C18 您认为校本课程资源开发中的文化选择应该由谁来做?

A. 学校领导来开发

B. 教师集体合作开发

C. 教师个体独立开发

D. 师生共同开发

(　　)C19 您在教学中注重民族文化和地方文化的讲授吗?

A. 非常注重　B. 比较注重　C. 不太注重　D. 从不注重

(　　)C20 您通常获得与家乡、回族有关的课程资源的最主要途径是什么?

A. 书刊杂志、网站及其他媒体

B. 自身经验,结合日常生活所见所想

C. 与学生沟通,了解学生需要

D. 从已有的课程或相关内容出发

(　　)C21 您上课分析问题或举例时会有意识结合本地区、本民族文化吗?

A. 经常会　　B. 有时会　　C. 偶尔会　　D. 从不

(　　)C22 您的校园里关于家乡文化和回族文化的介绍多吗?

A. 非常多　　B. 比较多　　C. 不太多　　D. 根本没有

(　　)C23 您认为学校通过哪种途径能最有效地传承家乡文化和少数民族文化?

A. 校园环境布置,如:展板、挂图、板报、雕塑

B. 组织弘扬、传承家乡文化和少数民族文化的主题活动

C. 带领学生参观文化馆、民族村、博物馆等名胜古迹

D. 开发、开设相关课程

(　　)D24 您认为以下内容中学生最想了解的是什么?

A. 汉民族传统文化

B. 现代科学技术

C. 家乡风土人情

D. 回族生产生活

E. 自己的身心成长指导

（　）D25 您了解中华文化吗？

A. 非常了解　　　　　　　B. 比较了解

C. 不太了解　　　　　　　D. 根本不了解

（　）D26 您了解家乡文化吗？

A. 非常了解　　　　　　　B. 比较了解

C. 不太了解　　　　　　　D. 根本不了解

（　）D27 您了解回族文化吗？

A. 非常了解　　　　　　　B. 比较了解

C. 不太了解　　　　　　　D. 根本不了解

（　）D28 您认为学生现在最缺乏哪些方面的文化知识？

A. 各学科课程中的

B. 汉民族传统文化和现代文化

C. 家乡文化

D. 少数民族文化

（　）D29 您认为以下内容对于学生今后的生活最有用的是哪些？

A. 为升学打基础的知识

B. 汉民族传统文化

C. 现代科学技术

D. 本地区及本地少数民族文化

（　）D30 您认为以下最适合被选择成为校本课程资源的是什么？

A. 少数民族文化资源

B. 当地的文化资源

C. 现代科学技术资源

D. 汉民族传统文化资源

E. 学生成长指导

（　）E31 您怎么看待学校所处地区的地方文化及少数民族文化资源？是否应该将这些内容引入校本课程？

A. 蕴含着丰富的教育价值,应该积极挖掘和利用到课程中来

B. 蕴含着一定的教育价值,但很难将其引入到学校课程中来

C. 对本地区、本民族的学生有价值,但没必要引入到学校课程中来

D. 有很多消极的内容,不应该引入到学校课程中来

( )E32 您认为校本课程资源开发中的文化选择应最关注哪方面的发展?
  A. 学校发展   B. 教师发展
  C. 学生发展   D. 文化传承

( )E33 您认为下列哪一项是影响校本课程资源开发中的文化选择的内容与结果的最主要因素?
  A. 学校特质(包括学校文化、校长素质等)
  B. 教师特质(包括能力素质、文化背景等)
  C. 学生特质(包括学生身心特点、文化背景等)
  D. 当地文化(包括文化类型、内容等)

( )E34 您认为校本课程资源开发中的文化选择最主要存在哪方面困难?
  A. 考试和升学压力   B. 文化类型多样
  C. 教师的能力薄弱   D. 学校领导不重视
  E. 缺乏指导和帮助

( )E35 您认为校本课程在文化传承中最应该发挥什么作用?
  A. 挖掘和选择优秀文化
  B. 传承和创新优秀文化
  C. 培养熟知文化的人
  D. 培养文化的传承者

( )E36 您认为将地方文化和少数民族文化引入校本课程资源开发最主要的价值是什么?
  A. 丰富课程的内容
  B. 激发师生情感(爱国、爱乡、爱家、爱校)

C. 增强学校的文化特色
D. 提高师生的文化适应性
E. 促进文化的传承与创新

F37 您认为校本课程资源开发中需要教师和学生树立什么样的新理念?
_____
_____

F38 您认为校本课程的资源要有什么样的特点?
_____
_____

F39 您认为校本课程资源开发的文化选择过程中教师角色发生了哪些变化?
_____
_____

F40 您认为校本课程资源开发的文化选择对于教师的专业发展有什么意义或挑战?
_____
_____

再次感谢您的支持与合作!

附录6 民族中小学校本课程资源开发中的文化选择情况调查问卷(学生用)

编号 □

亲爱的同学:

你好!我们特设计该问卷以了解你对校本课程资源开发的需要与认识。为了保证调查结果真实、科学、有效,以下所有信息均以匿名制采集,与你的学业考核成绩无任何关系,恳请你能认真如实选择与填写每一项内容,不要有遗漏或疏忽,问卷的结果仅作科学研究之用。

衷心感谢你对本研究的支持与配合,谢谢!

2013年3月

填写须知:

(1) 请将符合你个人情况的选项填写在题号前的括号内,如没有符合的选项,请在横线上注明你的情况或看法;

(2) 需要填写的内容请务必在横线上填写,不要空题不答;

(3) 所有题目均为单项选择。

( ) A01 你的民族是:
    A. 回族 B. 汉族 C. _____

( ) A02 你的性别是:
    A. 男 B. 女

( ) A03 你现的年级是:
    A. 小学1—6年级
    B. 初中7—9年级
    C. 高中10—12年级

( ) A04 你所在的学校属于哪个市?
    A. 银川市 B. 石嘴山市 C. 吴忠市
    D. 固原市 E. 中卫市

( ) B05 你喜欢你的家乡吗?
    A. 非常喜欢   B. 一般

C. 不太喜欢　　　　　　D. 很不喜欢

(　　)B06 你希望别人知道你的家乡是哪里吗？
A. 非常希望　　　　　　B. 希望
C. 不太希望　　　　　　D. 很不希望

(　　)B07 你希望别人知道你的民族吗？
A. 非常希望　　　　　　B. 希望
C. 不太希望　　　　　　D. 很不希望

(　　)B08 你喜欢你的学校吗？
A. 非常喜欢　　　　　　B. 一般
C. 不太喜欢　　　　　　D. 很不喜欢

(　　)B09 你的家人保留的少数民族生活习惯多吗？
A. 很多　　　　　　　　B. 有一些
C. 很少　　　　　　　　D. 几乎没有

(　　)B10 你觉得你的学校重视开设什么课？
A. 像数学、语文、外语等学科课程
B. 以实用技术为主的技能课
C. 以音乐、美术、体育为主的活动课
D. 与民族和家乡知识有关的课

(　　)B11 你希望了解和学习回族文化吗？
A. 希望　　　B. 不希望　　　C. 无所谓

(　　)B12 你希望了解和学习家乡文化吗？
A. 非常希望　B. 不希望　　　C. 无所谓

(　　)B13 你认为学校开设一些关于家乡文化和少数民族文化的课程好吗？
A. 非常好　　B. 好　　　C. 不太好　　D. 不好

(　　)B14 你经常会有意识地学习家乡文化和少数民族文化吗？
A. 经常　　　B. 有时　　　C. 偶尔　　　D. 从不

(　　)B15 你认为自己是学校里校本课程资源的开发者吗？
A. 是　　　　B. 不是　　　C. 不知道

(　　)B16 你觉得学校的校本课程里的内容通常是由谁来决定的？
A. 由上这门课的老师决定

B. 由我们自己决定
C. 老师和我们一起决定
D. 老师们一起决定

( )B17 当你看到回族的特殊风俗习惯时你会怎么样？
  A. 感到好奇   B. 不理解
  C. 觉得落后   D. 不感兴趣

( )B18 你觉得汉民族传统文化、家乡文化、少数民族文化被遗忘了吗？
  A. 没有遗忘   B. 部分遗忘
  C. 几乎遗忘   D. 完全遗忘

( )C19 你认为老师在教学中注重民族文化和地方文化的讲授吗？
  A. 非常注重   B. 比较注重
  C. 不太注重   D. 从不注重

( )C20 你通常主要从哪里获得关于家乡、回族的文化知识？
  A. 从书刊杂志及媒体中
  B. 从学校专门开设的课程中
  C. 从与周围人们的交流中
  D. 从老师们教学的课程内容中

( )C21 老师们上课分析问题或举例时会经常结合本地区、本民族生活实际吗？
  A. 经常会 B. 有时会 C. 偶尔会 D. 从不会

( )C22 你的校园里关于家乡和回族文化的介绍多吗？
  A. 很多 B. 一般 C. 很少 D. 没有

( )C23 你最希望通过什么方式学习关于家乡和少数民族的文化？
  A. 自己看书、读报、上网去学习
  B. 家长或长辈在生活中讲给我们听
  C. 老师在上课过程中选择一些相关内容讲给我们听
  D. 学校开设一些专门的课程让我们全面学习了解相关内容

( )D24 以下内容中你最想了解的是什么？
  A. 汉民族传统文化

    B. 现代科学技术

    C. 家乡风土人情

    D. 回族生产生活

    E. 自己的身心成长指导

(　　)D25 你了解汉民族传统文化吗？

    A. 非常了解　B. 比较了解　C. 不太了解　D. 根本不了解

D26 你能列举出3—5个我国的传统戏曲种类吗？

_____

D27 你能列举出3—5个我国的传统节日吗？

_____

(　　)D28 你了解家乡文化吗？

    A. 非常了解　　　　　B. 比较了解

    C. 不太了解　　　　　D. 根本不了解

D29 你能列举出3—5个宁夏特色旅游景点吗？

_____

D30 你能列举出3—5个宁夏的特色食品吗？

_____

(　　)D31 你了解回族文化吗？

    A. 非常了解　　　　　B. 比较了解

    C. 不太了解　　　　　D. 根本不了解

D32 你能列举出3—5个回族的传统节日吗？

_____

D33 你能列举出3—5个回族的传统体育项目吗？

_____

(　　)D34 你认为自己现在最缺乏的是哪方面的文化知识？

    A. 各学科课程中的文化知识

    B. 汉民族传统文化和现代文化

    C. 家乡文化

    D. 少数民族文化

(　　)D35 你觉得你在学校课程中学到最多的是哪些文化知识？

    A. 为升学打基础的知识

B. 汉民族传统文化

C. 本地区文化

D. 少数民族文化

(　)D36 你最希望在学校课程里学习哪些文化？

A. 少数民族文化

B. 当地的文化

C. 现代科学技术

D. 汉民族传统文化

E. 成长指导

(　)E37 你认为学习关于家乡和回族的文化对你的学习和生活有用吗？

A. 非常有用　　　　　　B. 有用

C. 用处不大　　　　　　D. 根本没用

(　)E38 你觉得学校课程里关于中华民族传统文化的内容对你有帮助吗？

A. 非常有　　　　　　　B. 比较有

C. 不太有　　　　　　　D. 根本没有

(　)E39 你认为学校校本课程中选择不同内容的进入课程最根本的目的是什么？

A. 增强学校特色　　　　B. 促进教师的发展

C. 满足学生成长需要　　D. 促进文化的发展

(　)E40 你同意"在校本课程资源开发中选择家乡文化或少数民族文化的内容是为满足学生成长需要，促进文化传承，培养爱家乡、爱民族的情感"这种认识吗？

A. 非常认同　　　　　　B. 比较认同

C. 不太认同　　　　　　D. 不认同

(　)E41 你认为下列哪一项是影响校本课程资源开发中的文化选择的内容与结果的最主要因素？

A. 学校特质（包括学校文化、校长素质等）

B. 教师特质（包括能力素质、文化背景等）

C. 学生特质（包括学生身心特点、文化背景等）

D. 当地文化（包括文化类型、内容等）

(   )E42 你认为校园里的雕塑、墙壁上以及班级墙报的挂图或名言警句等等有什么用？

A. 向学生和老师传递各方面文化知识
B. 让学生和老师热爱自己的学校
C. 体现我们学校的文化特色
D. 激励师生积极向上

再次谢谢你的努力合作！

附录7 访谈提纲

(一) 民族中小学校长(或主任)访谈提纲

1. 个人背景资料：

(1) 个人情况：民族、性别、工作及学习经历、受教育程度；

(2) 所在学校的基本情况、班级基本情况、学生基本情况(民族及其他)、学校所在地社会发展情况与文化类型；

(3) 在受教育的过程中接受不同文化教育的情况。

2. 所在学校校本课程资源开发情况：

(1) 贵校开设过哪些校本课程？

(2) 贵校从什么时候开始开设校本课程？

(3) 贵校校本课程面向哪些学生开设？

(4) 贵校校本课程资源主要由谁开发？

(5) 贵校校本课程有没有相应的校本教材？

3. 对各种文化的态度、了解情况、了解途径：

(1) 您认为宁夏的地方文化和回族文化传承有必要吗？您认为这些内容可以进入宁夏民族中小学校本课程中吗？

(2) 您认为这些文化的传承有哪些好的途径或方法？我们的学校可以为此做哪些努力？

(3) 您认为校本课程资源应该有哪些功能？在贵校这些功能实现了吗？

(4) 您认为学校建设中学校特色建设重要吗？学校特色从哪里可以体现出来？

(5) 作为学校的管理者，您认为自己在校本课程资源开发中的角色是什么？您在学校校本课程资源开发或者说校本课程内容选择的过程中都会做些什么工作？

(6) 您认为学校领导的兴趣爱好会影响学校校本课程资源开发中的内容和方向性吗？

(7) 您认为学校在校本课程资源开发中面临的最大的困难是什么？

(二) 负责校本课程开发的教师访谈提纲

1. 被访者个人背景资料:

(1) 个人情况:民族、籍贯、工作及学习经历、受教育程度、所教学科;

(2) 任教学校、班级基本情况、学生基本情况(民族、课程情况、所在地文化类型);

(3) 在受教育的过程中接受不同文化教育的情况。

2. 被访者所在学校校本课程资源开发的基本情况:

(1) 贵校的校本课程资源为什么想到选择这样一个内容或主题?

(2) 您在校本课程开发中参与了什么工作?您认为校本课程资源开发应该由谁来完成?

(3) 您认为在校本课程资源开发中存在哪些困难和问题?

3. 对校本课程资源开发中文化选择的态度与认识:

(1) 您认为可用来作为校本课程资源开发中所面对的文化有哪些?其中,您认为校本课程资源开发最应该传承的是哪些文化?

(2) 您对贵校校本课程资源中涉及回族文化持有什么样的态度?

(3) 在校本课程资源开发以及课程实施中您是否能够意识到对不同文化内容进行选择?

(4) 您认为校本课程资源开发中应该如何面对地方文化、学校文化和民族文化的差异?

4. 从文化选择的角度看校本课程资源开发的功能或价值:

(1) 您认为校本课程资源开发需要教师和学生树立什么样的文化理念?

(2) 您同意"教师也是校本课程资源开发中重要的课程资源"这种观点吗?为什么?您认为教师在校本课程资源开发中应该是一种什么样的地位和角色?

(3) 您认为校本课程资源开发中选择的内容应该发挥哪些作用?

(三) 民族中小学学生访谈提纲

1. 个人背景资料:

(1) 个人情况:民族、性别、学习经历、家庭所在地;

(2) 家庭背景:父母职业、民族习惯、接受当地文化的方式;

(3) 在受教育的过程中接受不同文化教育的情况。

2. 对文化认同的态度：

(1) 你对宁夏了解吗？了解些什么？你喜欢你的家乡吗？为什么？

(2) 你对回族了解吗？了解些什么？你喜欢你的民族吗？为什么？

3. 对文化价值的认识：

(1) 你觉得掌握一些关于家乡和回族的文化知识好吗？为什么？

(2) 你有理想吗？理想是什么？长大以后想在宁夏工作还是去外地工作？

4. 对校本课程资源开发中文化选择的态度与认识：

(1) 你了解你们学校的校本课程吗？你希望学校的校本课程给你们教一些什么内容？

(2) 你在平时通过哪些途径了解关于家乡、回族的文化？你在学校的校本课程中学到过关于家乡和回族的文化知识吗？主要是在哪门课里？

(3) 在家乡文化、回族文化、汉民族传统文化、现代科学技术中你最想学习的是什么？为什么？

(4) 老师们在开发这些校本课程时问过你们想学习什么内容了吗？平时上校本课程的课的时候，老师会让你们都做些什么？

附录8 民族中小学校本课程资源开发中文化选择的校长意向调查表

您好！以下是一个关于宁夏民族中小学校本课程资源开发情况的基本调查，恳请您按要求认真如实填写相关内容。需要选择的题目请在选项上打钩，需要填写的题目请将内容填写在横线上。

衷心感谢您的支持和帮助！

序号	项目内容	请您填写或选择	备注
1	您的民族	A. 回族　B. 汉族　C._____	
2	您的性别	A. 男　B. 女	
3	您担任校长职务的年限	_____年	
4	您所在学校的全称	全称：_____	
5	您所在学校的类型	A. 六年制小学　B. 九年一贯制 C. 完全中学　D. 初级中学 E. 高级中学	
6	您所在学校的所属市	A. 银川市　B. 石嘴山市 C. 吴忠市　D. 固原市 E. 中卫市	
7	您所在的学校有（或有过）校本课程吗？ 如果有的话，共开设了（或开设过）几门校本课程？ 请分别填写校本课程的具体名称 注：本题选择"有"请继续按顺序填写以下每项；如选择"无"请跳至第13项继续填写	请选择：A. 有　B. 无 几门： 名称：_____	
8	您所在的学校从什么时间开始开设校本课程？	_____年_____月	

（续表）

序号	项目内容	请您填写或选择	备注
9	您所在学校的校本课程面向哪些年级的学生开设？	_____	
10	您所在学校的校本课程有没有专职教师？	A. 有　B. 无	
11	您所在学校的校本课程有没有校本教材？	A. 有　B. 无	
12	您所在学校校本课程有没有课程方案及教学大纲？	A. 有　B. 无	
13	您认为校本课程资源开发中选择文化内容进入课程应该由谁来选？	A. 学校领导 B. 学校领导和相关教师集体共同 C. 教师个人　D. 学生和教师共同	
14	您认为有哪些资源可以进入宁夏中小学校本课程？或结合宁夏和学校的实际，您认为校本课程资源开发可以选择的内容有哪些？	A. _____ B. _____ C. _____ 其他：	
15	作为学校的管理者，您认为校本课程资源开发中所选择的文化内容有价值吗？	A. 有　B. 无	
16	您认为校本课程资源开发中所选择的内容应该有哪些价值或作用？	A. _____ B. _____ C. _____	
17	您认为学校在校本课程资源开发中进行文化选择的这些功能或作用实现了吗？	A. 很好地实现了　B. 基本实现了 C. 少量地实现了　D. 完全没有实现	
18	您认为宁夏的地方文化和回族文化传承有哪些好的途径和方法？我们的学校为此可以做些什么？	A. _____ B. _____ C. _____ 其他：	

（续表）

序号	项目内容	请您填写或选择	备注
19	您认为目前宁夏中小学在校本课程资源开发的文化选择过程中存在哪些问题和困难？	A. _____ B. _____ C. _____ 其他：_____	

2012 年 9 月 28 日

附录9 民族中小学校本课程资源开发中文化选择的课堂观察表

(2013年4月)

学校名称：_____　　年级与班级：_____

课程名称：_____　　听课时间：_____

观察维度	观察点列举	观察实录
文化选择的内容	1. 预设目标是什么？如何呈现的？ 2. 选择的具体内容有哪些？与目标的关联度如何？ 3. 选择的资源有哪些？（内容；形式：声音、图像、图片、实物、故事、挂图……） 　　A. 课前教师自备 　　B. 课前学生自备 4. 生成的内容有哪些？怎样处理的？ 5. 教材情况	
文化选择的意识	1. 相关资源的选择与准备情况 2. 创设了怎样的情境？ 3. 课堂教学依据内容灵活选择文化的情况 4. 学生互动中文化选择的意识 5. 学生自主学习各种文化的意识 6. 向学生推荐哪些课外资源？可获取的程度怎样？	
文化选择的行为	1. 如何选择和获取文化资源的？（途径、方法） 　　A. 课前教师自备资源 　　B. 学生课前准备资源 2. 选择的资源是如何呈现的？ 3. 教师的哪些陈述或做法涉及文化选择？	
目标达成的程度	1. 知识与技能 2. 过程与方法 3. 情感态度与价值观	

● **图文展示类**

附录10　访谈节选

民族中小学校长(主任)访谈(节选一)

2.(1) 贵校开设过哪些校本课程？

我们学校虽然是新学校,但是开发过一些校本课程,比如：我们借鉴人家已有的校本课程,开过"翻绳"课；还有,为了结合我们现有的识字教学,外请了老师开发过"书法"课；以前我们每周五还有阿语课,我们学校离阿语学校很近,所以就外请阿语学校的老师来开课,但是后来宗教局不鼓励我们开设这门校本课程,所以后来就只好改以兴趣小组的形式来学习相关内容了。以前我们还尝试过开设"京剧"校本课程,但是做了一个多月之后,结果就是：老师实在很为难,因为自己的先天条件和学生的先天条件有限,教唱京剧吧,有困难,要是这样的内容只给学生讲一些文化知识,学生又没有兴趣,学生根本不懂得京剧的文化内涵,没有应有的文化氛围和底蕴,所以学生接受不了这样的内容。现在我们还开设了"茶艺"校本课程,也是有外请的老师在开发、在讲课,每周有一次,也算是依托我们中华民族的传统文化开设的一门校本课程吧。

3.(4) 您认为学校建设中学校特色建设重要吗？学校特色应该怎么体现？从哪里可以体现出来？

说到这个学校特色,我觉得吧,我们的课程最终目标是要让学生对文化有所了解,让学生在文化的熏陶中有所发展,所以我们必须要用"目标"来约束或者说是规范我们的课程。校本课程要想落到实处就是要充分挖掘各种资源的特点和价值,资源一是要符合我们本地的经济条件、社会文化氛围、人的观念,二是要让这些资源能体现出一个学校的办学特色。我们有一年暑假在苏州接受培训,苏州的文化给人印象特别深刻,那种文化的氛围就无形中对那里的孩子产生了熏陶的作用,所以我觉得资源条件太重要了。我们现在很多学校让学生诵读国学经典，目的不应该是让学生能够背诵这些内容，而应该是让学生把这些内容与文化关联起来，我们应该寄希望于让孩子们了解中国文化的一部分，希望他们对文化的内涵有所了解。

3.（7）您认为学校在校本课程资源开发中面临的最大困难是什么？

我觉得校本课程开发最需要的就是专业的人才，我们的老师学科知识强，但是做校本课程资源开发不行，一是没积累，自己知道的也不是很多，二是没能力，学校教学任务重，老师没有时间和精力再去学习这些新的内容，而且我们也没有机会让老师去参加一些这方面能力的培训，好像也没有这些培训，所以老师是既没有时间，又没有能力去做校本课程资源的开发和校本课程的相关工作。但实际上，学生呢，又对这些现有的学科课程以外的文化有兴趣，而且这些文化对他们的发展确实是有价值的。于是，我们就只好总是外请老师来做这件事情，可是学校经费又有限，这也不是长远的办法。

再比如，我们之前很想开发一个以"水文化"为内容的校本课程，之所以没有开成，就是因为"水文化"所涉及的学科内容太多、太大，我们的老师不知道要如何下手，如何去操作，所以我们是很需要专家指导的，但是现在也没有这方面的指导。

民族中小学校长（主任）访谈（节选二）

2.（4）贵校校本课程主要由谁开发？

在我们学校校本课程基本上是以教师特长为基础开发的"班本"课程，我们的课程建设目标是"班班有主题，人人有舞台"。每个班级从低年级进校一直到高年级一个主题一直延续下来，到最后就形成了一门课程。当然，除了这种班本课程有老师开发外，我们还有学校包括我、教导主任在内的管理人员和老师一起开发的校本课程，这种校本课程是选择相对比较共性的内容，教师好驾驭的内容，比如我们的"国学经典诵读"，这是全校学生必学的校本课程。我们学校一周有两节课时的安排，一节是国学经典诵读，一节就是各班的班本课程。

3.（3）您认为校本课程资源应该有哪些功能？在贵校这些功能实现了吗？

我们的学校教育本来就是要促进学生的全面发展的，校本课程资源开发也应该是从学生发展的角度出发来展开的。选择什么样的内容来开发校本课程事实上与学生发展的需要联系最为密切，所以我们学校在校本课程开发也好，学校文化特色建设也好，目前都主要是紧紧围绕着"六个一"实践活动展开的，主要目的正是在于要促进学生的思想道德建设。

3.（7）您认为现在学校在校本课程资源开发中面临的最大困难是什么？

可供选择的文化种类太多了，但是学校的课时量极其有限；毕竟特长班和校本课程还是有区别的，我们的课程是要满足大多数学生的需要的，所以我们如果要完全接受每一个学生的不同的愿望，学校是没有足够的能力来保障完成的。适合每一个孩子的教育真的很难实现，所以我们只能在整体情况下来考虑校本课程到底开发哪一种或哪一类的资源。

此外，还有一个最现实的问题，就是我们的教师的能力和特长有局限，适合这个老师的课程资源，不一定适合那个老师，这个老师能驾驭的内容，不见得其他老师能驾驭，所以想要选择一个适用于所有老师教学的内容资源也很难，但是我们又没有专职的校本课程教师，就只好采取了"班本"课程的形式，这样就可以完全依赖教师个人的特长，在一定程度上结合学生的兴趣，每班确定一个主题，开发一门班本课程。

负责校本课程开发的教师访谈（节选一）

2.（1）贵校的校本课程资源为什么想到选择这样一个内容或主题？

我们学校长期以来一直认真贯彻《学校艺术教育工作规程》，我们把加强学校的艺术教育管理作为学校的一个体现特色的途径。课程建设中，学校领导要求要开齐、开足艺术类课程，在我们学校，音乐、美术的开课率达到100%。宁夏"花儿"是我们本地区特有的民族艺术，我们以前的校长最初就想到把"花儿"这种民族艺术引入到学校中来,可以结合学校、学生,还有我们老师的实际情况在学校里传承这门艺术。至于把它作为校本课程资源来开发建设,并且编写相关教材,还申报"非遗"这都是伴随着"花儿"在我们学校的不断开发、不断尝试之后才有的。

2.(2)您在校本课程开发中参与了什么工作?您认为校本课程资源开发应该由谁来完成?

我们学校的校本课程开发中主要是我们音乐组的老师加上学校相关领导一起协商开发和选择课程资源的。我们作为宁夏非物质文化遗产传承教育基地,围绕"花儿"进校园活动,我们原先的校长为我们确定了校本课程资源开发的大的方向,也就是选择和宁夏"花儿"相关的内容作为校本课程资源,然后由我们音乐组的教师具体选择了内容、编写了教材,同时还让学生自己结合学习生活实际编写了一些歌词作为教材内容。校本课程实施过程中,我们不仅在课堂上由老师教学生学唱"花儿"歌曲、改编撰写"花儿"歌词,我们还利用业余时间到"花儿"发源地开展采风活动,教学中我们还聘请了原生态歌手针对老师和学生进行"花儿"的讲解和现场表演,总之,这些形式让学生爱上"花儿"这门艺术,也让更多的人参与到"花儿"的传承中来。所以,我个人觉得校本课程资源开发中的文化选择应该是让相关的人员都来参与的。

负责校本课程开发的教师访谈(节选二)

3.(4)您认为校本课程资源开发中应该如何面对地方文化、学校文化和民族文化的差异?

我觉得不管是地方文化、学校文化还是回族文化,都可以成为校本课程资源开发的内容,关键看开发校本课程资源的教师是如何来选择的,或者学校的领导对这些内容有什么意见和建议,这些都会影响校本课程资源开发的文化选择。就拿我们学校已经开发出的校本课程来说,我们的校本课程内容非常丰富,有关于地方文化的内容,比如"西夏的历史",有关于少数民族的内容,比如"羊响板""回族文化",还有关于现代科技发展的内容,比如"机器人""多米诺骨牌"。这些内容其实并没有偏重于哪一方面,只要是学生感兴趣的,教师有能力开发的,学校都会根据实际情况支持教师去做的。要说差异性,我想就是地方文化和少数民族文化的内容会影响学校的文化吧,学校的文化特色又可以通过校本课程选择的这些内容来加以体现,彼此之间是相互影响的。

4.（2）您同意"教师也是校本课程资源开发中重要的课程资源"这种观点吗？为什么？您认为教师在校本课程资源开发中应该是一种什么样的地位和角色？

同意。因为我觉得教师在校本课程资源开发中虽然是开发者,但是每个教师都有其对校本课程资源的认识和看法,他们的这种认识和看法会影响校本课程的资源开发,这种影响实际上就是教师把自己的文化看作是一种资源从而对校本课程资源开发产生影响。比如说,一个回族老师依据他自己的回族文化背景就会在开发校本课程资源时把自己的这些文化背景中的内容融入到校本课程资源中去,这就体现出教师也是一种课程资源了。不知道我的这种认识对不对。

另外,我觉得教师在校本课程资源开发的文化选择中就是文化选择的主要指导者,也是文化选择的主要引领者和执行者,他不仅要参与课程资源的开发,还要指导学生运用课程资源,还要执行学校领导对课程资源开发的要求。

致　谢

　　本书是在我的博士学位论文基础上修改而成的。书稿完成之时，我再次回想起读博期间的点点滴滴，它就好似一个新生命的孕育过程，从论文的选题、开题、调研、撰写、修改到最后成稿，过程中每个阶段都有每个阶段的收获，每个阶段都有每个阶段需要感谢的人。时至今日，我想借本书谈谈读博阶段的学习与生活，分享自己的诸多收获与满心感激，把它作为对逝去的这段时光的总结与追忆，也算是对接下来岁月的憧憬与期许吧。

　　有效的学习是一个不断收获的过程，过程中收获的不仅仅有文化知识的积累、学习能力的提高，更有人际情感的丰盈。在陕西师范大学攻读博士学位的四年间，在无数老师的指导下，我接触到了以前未曾接触过的学科领域，学习到了以前未曾尝试过的学习方法，收获了无数良师益友。尤其论文最终以文化选择为视角，将以宁夏地区为个案的民族中小学校本课程资源开发中的文化选择作为研究对象，这样的研究过程本身对我个人来说也是一个激发自己爱国、爱家乡、爱自己民族的情感的教育过程。这些收获不仅对当时身处学习中的我从知识技能到情感态度价值观都产生过巨大的影响作用，对于如今已回归民族地区学校进行教育教学工作的我而言，也是一笔受益终身的财富，这些收获将会引领我的教育教学新生活。

　　在这一收获的过程中需要感谢的人太多太多，感激之情溢于言表。

首先,感谢在读博的四年间从课堂学习到选题开题再到毕业论文撰写,给予过我无私指导的老师们。他们是:我的导师田建荣教授;课程与教学论专业陈晓端教授、张立昌教授、胡卫平教授、黄秦安教授、周青教授;华南师范大学张广君教授等。诸位老师以自己在学术领域的深厚积淀和为人处世中的丰富阅历不断感染着我,鼓励着我,是他们将我引进博士学习生活,是他们教给我研究的态度和方法,是他们指导我论文的进步与完善,在此对这些亲爱的老师们表达我深深的感谢!

其次,感谢曾经在调研过程中给予我无私帮助的领导和老师们,他们是:宁夏回族自治区教育厅民族教育处王玉林处长、王淑萍处长;宁夏回族自治区教育厅教师工作处范占平处长、马希林副处长、马寅春老师、华俊昌老师;灵武市教育局王志勇局长;灵武市教师培训中心王学林主任、杨健主任;吴忠市教师培训中心贺欣主任、何志坚老师、金勇老师;中卫市教师培训中心韩荣主任;银川市唐徕回民中学刘孝群副校长、马维振老师;银川市唐徕回民小学闫梅校长、张兰芳老师;银川市兴庆区景墨回民小学田玉梅校长、宋明华老师;银川市兴庆区回民实验小学陈春校长、金莉主任;银川市兴庆区回民一小马伟主任、杨娟老师;灵武市四小李秀福校长;灵武市东塔中学周建珍校长;吴忠市朝阳小学金星校长、刘贵丽主任;吴忠市马莲渠中学魏正兵校长、马光耀老师;银川市兴庆区第三中学王艳主任;灵武市回民中学马强老师等。感谢诸位在繁忙的事务中以开放的胸襟和视野为我的学位论文增加了极其丰富的色彩。

再次,要感谢我的家人,是他们长久以来无私的理解、帮助与扶持伴我走过人生中一段段美好的时光。当然还要感谢四年学习生活中曾无数次与我并肩战斗,给予我诸多灵感和帮助的同学们、同事们、朋友们,是你们使我当时的异地求学岁月不至于太过孤单与枯燥。

最后,还要感谢我现在所在工作单位宁夏大学的领导给予我的帮助和鼓励,以及南京师范大学出版社的编辑们,是你们使我的论文进一步得以完善,并出版发行。

说到致谢,实际上需要致谢的人还有很多很多,每一本著作的完成都有赖于太多人的关心与帮助,在此对于上述提到的和未能提及的人们再次说一声衷心感谢!并祝愿大家一切都好!

本书作为我承担的全国教育科学"十三五"规划教育部重点项目的前期成果之一,在正式成书的时候,我想到圣雄甘地曾经说过:"我不愿墙壁挡住四路,我不愿杂物堵住窗户。我愿那微风送来世界各地的文化,但我不愿被风带走。"我有幸将这研究成果完善为现在这样一本个人著作,除了深深的感谢之外,我也越发热爱我的挚爱亲人,越发热爱我的家乡文化,在未来的日子里我将继续努力为家乡、为回族教育贡献我的绵薄之力。

2016 年 7 月 25 日
于宁夏银川